王朝的诞生

大唐王朝诞生记

王立刚 著

中国书籍出版社

图书在版编目（CIP）数据

大唐王朝诞生记 / 王立刚著. -- 北京：中国书籍出版社，2022.9
ISBN 978-7-5068-9116-5

Ⅰ.①大… Ⅱ.①王… Ⅲ.①中国历史—唐代—通俗读物 Ⅳ.①K242.09

中国版本图书馆CIP数据核字(2022)第133726号

大唐王朝诞生记

王立刚　著

丛书策划	王志刚
责任编辑	王志刚　彭宏艳
责任印制	孙马飞　马　芝
封面设计	东方美迪
出版发行	中国书籍出版社
地　　址	北京市丰台区三路居路97号（邮编：100073）
电　　话	（010）52257143（总编室）　（010）52257140（发行部）
电子邮箱	eo@chinabp.com.cn
经　　销	全国新华书店
印　　刷	三河市顺兴印务有限公司
开　　本	710毫米×1000毫米　1/16
字　　数	264千字
印　　张	21
版　　次	2022年9月第1版　2022年9月第1次印刷
书　　号	ISBN 978-7-5068-9116-5
定　　价	58.00元

版权所有　翻印必究

引 子

永遇乐·盛世唐朝

无定河边，轮台城上，玉门遥望。马饮交河，鞭扫阴山，凌烟廿四将。北斗七星，平明白羽，征人归雁洛阳。葡萄酒，弓刀带雪，忽报有人封相。

隋后一统，贞观之治，锦绣长安浩荡。南山沽酒，西园引才，东土僧玄奘！万国冠冕，青史翻遍，谁比盛唐模样？越千年，律诗绝句，妇孺耳旁。

大唐盛世是中华民族悠久历史中最为辉煌的篇章，起于公元7世纪上半期，终于公元8世纪中叶。唐朝政治开明，思想解放，疆域辽阔，国防巩固，民族和睦，文化繁荣，是当时世界上无比繁荣昌盛的国家之一。直到今天，海外华人仍被称为"唐人"，华人聚居地被称为"唐人街"，中国传统服饰被称为"唐装"。

盛唐时期的中国，国强民富，通过由京师长安直抵地中海沿岸的陆上丝绸之路，将辉煌灿烂的中华文明传播四海，众多国家的国君、使臣、客商、僧侣、学者、工匠、医生、胡姬纷至沓来，在长安完成了经济、文化、手工、乐舞、民族的大融合。唐朝还出现了在历史长河中光彩夺目的有为皇帝太宗李世民。大唐文化包容万邦，兼纳远近，世所罕匹，成为同一时期其他近邻民族文化的施惠者，在典章制度、木版印刷、城市规划、服装样式等方面，对日本、越南和朝鲜半岛都产生了巨大影响。特别是唐诗之美，成为人类在古典诗歌领域的巍峨巅峰，是中华民族文化的美学唤醒、通用话语和典型基因，无论华发垂髫，还是异国他乡，一直在汉文化圈绵绵流淌。

容易被人忽略或者为后世皇帝有意忽略的是，盛唐与之前的短命王朝——隋朝，渊源极深。在对隋朝乍兴乍亡经验教训的总结中，唐王朝自觉不自觉地进行了适当的继承和发展，从这个意义上来说，隋朝是唐朝的华丽前奏和深沉序幕。

出身关陇集团的隋文帝杨坚乘南北朝乱世，从创建关陇集团的宇文家族手中夺得北周政权，结束晋末300年大分裂局面，为难得一见的励精图治之主，短短二十余年便创下"开皇之治"，其典章制度对后世王朝影响深远。隋二世炀帝杨广滥用民力、国力，大业七年（611年）十月，山东地区率先爆发王薄起义，之后义军如星火燎原，燃烧各地，炀帝杨广依旧继续发动了第三次讨伐高句丽的战争，镇压各地反隋武装的官僚地主也纷纷起兵造反。大业十三年（617年），时任太原留守的关陇贵族后代唐国公李渊也于晋阳设计除掉副留守王威、高君雅起兵反隋。

一百二十天后，李渊攻下长安，立炀帝之孙代王杨侑为傀儡皇帝，即隋恭帝，改元"义宁"，遥尊远在江都的炀帝为太上皇，自为大丞相、唐王。第二年（618年）三月，江都发生兵变，炀帝被宇文化及缢死。五月，恭帝杨侑禅位，李渊定国号为唐，改元"武德"，定都长安，唐朝诞生。

期间，李渊率众子及文臣武将，略定山南、巴蜀三十余州及新安（今河南新安）以西之地，开始逐鹿中原。通过最关键的两场战争，即和窦建德的武牢关之战及王世充的洛阳之战，李唐王朝取得了中原的统治地位，这两场战争也让秦王李世民的功绩和声望名震朝野。

武德七年（624年），唐军破辅公祏，平江南，颁行新律令，初定租庸调制，基本完成天下一统。

天下甫定，秦王功高，被太子李建成联合四弟齐王李元吉处处打压排挤，而李渊的暧昧不清，使兄弟之斗愈演愈烈。武德九年（626年）夏，即唐朝一统天下的两年后，秦王李世民在长安宫城玄武门射杀太子李建成和齐王李元吉，高祖李渊也在当天让出军政大权，这也就是历史上有名的"玄武门之变"。

玄武门之变三天后，李渊立李世民为皇太子，并且下诏："军国庶事无大小悉委太子处决，然后奏闻。"又过了两个月，李渊将皇位传给太子李世民，自称太上皇，次日，八月初九，李世民在东宫显德殿即位，是为唐太宗。

唐贞观元年（627年）到贞观二十三年（649年），是唐太宗李世民在位的二十三年。对内，太宗听断不惑，从善如流，劝科农桑，减轻赋税，恭俭爱民，鼓励商业，完善科举制度，改革三省六部制，使得吏治清明，整个社会经济和文化都得到较好发展，出现了"唐时才士，无不遇之叹"的清明政治气象和"路不拾遗，夜不闭户"的良好社会风气；对外，军力逐渐强盛，疆域不断扩大，通过打击和怀柔两手策略，吞并征服东突厥、薛延陀、吐谷浑、契丹及西域诸国，被西北各族君长拥戴为"天可汗"，成为各族共主和最高领袖，这一时期也就是享誉古今的"贞观之治"。如果用一场战争来证明唐朝的强大，便是使臣王玄策靠借来的一万兵力横扫中天竺，创造了一人灭一国的奇迹。

"三代以后，治功莫盛于唐，而唐三百年间，莫若贞观之盛。"贞观时期的中国，虽然不是尽善尽美，但在中国封建社会发展史上，贞观时代是一大高峰。太宗不仅创造了封建王朝最文明的政治环境和最和谐的君臣关系，还奠定了大唐近三百年的王朝基业，其文治武功辉煌而伟大，成为后世帝王仰慕和追习的典范和楷模，唐朝成为中国历史上最为强盛的朝代之一。其为中国版图和文化的奠基之功，彪炳千古。

回首煌煌大唐，那是泱泱华夏的骄傲。

目 录

引　子 ··· 1

第一章　以隋代周，其兴也易 ································· 1
1. 得国之易莫如焉 ··· 1
2. 大崇惠政开皇治 ··· 8
3. 仁孝矫饰登储两 ··· 16
4. 东都宫树不曾秋 ··· 24
5. 锦帆应是到天涯 ··· 31

第二章　好大喜功，隋亡也忽 ································· 39
1. 布政定治大业中 ··· 39
2. 九重谁省谏书函 ··· 47
3. 征服四方有远略 ··· 54
4. 欲取燕城作帝家 ··· 61
5. 黎阳之乱玄感反 ··· 68

第三章　天下大乱，群雄割据 ································· 76
1. 吴公台下始怜君 ··· 76
2. 茫茫九土逐鹿场 ··· 84
3. 群雄聚义瓦岗寨 ··· 92

  4. 出镇太原非有意 ·············· 100
  5. 起兵晋阳正乘时 ·············· 108

第四章 太原起兵,称帝关中 ·············· 116

  1. 卑辞厚利结突厥 ·············· 116
  2. 风雨霍邑向河东 ·············· 123
  3. 直取关中帝长安 ·············· 131
  4. 洛口时运终难复 ·············· 139
  5. 西定河陇平秦凉 ·············· 147

第五章 武德功业,一统天下 ·············· 155

  1. 北灭马邑刘武周 ·············· 155
  2. 东取洛阳王世充 ·············· 162
  3. 武牢生擒窦建德 ·············· 170
  4. 卷土重来刘黑闼 ·············· 178
  5. 一片降幡出江南 ·············· 185

第六章 高祖禅位,秦王登基 ·············· 194

  1. 手足相争如水火 ·············· 194
  2. 喋血推刃玄武门 ·············· 201
  3. 神文圣武登帝位 ·············· 208
  4. 屈己纳谏妩媚间 ·············· 216
  5. 小邑犹藏万家室 ·············· 230

第七章 开疆垂统,四夷宾服 ·············· 239

  1. 四夷共尊天可汗 ·············· 239

2. 扬威西海通西域 ·· 247
3. 耀武葱岭连朔漠 ·· 254
4. 千载琵琶听胡语 ·· 261
5. 四方商贾聚长安 ·· 266

第八章　政清治明，盛世贞观 ·················· 275

1. 三省六部垂千古 ·· 275
2. 唯才是举应识我 ·· 290
3. 天下英雄尽入彀 ·· 299
4. 斗米三钱古未有 ·· 307
5. 依法治国宽简仁 ·· 314

主要参考书目 ··· 322

第一章
以隋代周,其兴也易

1. 得国之易莫如焉

建德六年(577年),北周武帝宇文邕灭北齐。宣政元年(578年),武帝去世,太子宇文赟继位,为宣帝。大象元年(579年),宣帝传位于七岁长子宇文阐,自称天元皇帝。大象二年(580年),宇文赟得病暴崩。大定元年(开皇元年,581年),九岁的静帝禅位于杨坚。立国二十五年的北周灭亡,隋朝建立。

五年之间,一年一变。隋文帝杨坚是如何代周而有天下的呢?

杨坚,汉朝太尉(掌全国军政)杨震后裔。杨震的八代孙杨铉,做过十六国时期慕容燕的北平太守(一郡长官)。杨铉之子杨元寿,北魏时期为武川镇司马(将军府属官),自此,杨家世代居于武川,传到杨忠,已经是第五代。北魏正光五年(524年),北方六镇起义,杨忠随流民到达河北,在山东娶妻吕苦桃,后加入梁军随陈庆之北伐,失败后,到荆州(今湖北荆州),成为武川同乡独孤信部下。北魏分裂为西魏和东魏,西魏定都长安(今陕西西安),被权臣宇文泰控制,因宇文泰及部下李虎、赵贵等俱为武川人,杨忠便追随宇文泰,屡立战功,后官至大将军、柱国、大司空、隋国公。

宇文泰赐给部分汉族将领鲜卑姓氏,杨忠被赐姓普六茹。

宇文泰首创府兵制,打破只征募鲜卑人入伍的惯例,广募汉民参军，在全国设置府兵选拔训练的折冲府。府兵平时务农，农闲练武，有事出征，自备武器、马匹。到西魏大统十六年（550年），宇文泰建立八柱国、十二大将军、二十四开府（军）的府兵组织系统，融合胡汉民族有武力才智人物的关陇集团正式诞生，八柱国为关陇集团的核心。

  柱国，战国时楚国所设，为保卫国都之官，后为楚国最高武官，也称上柱国，地位仅次于令尹。魏孝庄帝以尔朱荣有拥戴之功，拜其为柱国大将军，位在丞相之上。尔朱荣败亡，此官便废。西魏大统三年（537年），文帝以宇文泰佐建中兴之业，再次任以柱国。其后，功参佐命、望实俱重者也任此职。到大统十六年（550年），西魏朝廷担任柱国的共八人，分别为宇文泰（其子宇文觉建立北周后追尊为太祖文皇帝）、元欣（北魏献文帝之孙）、李虎（李渊祖父，北周代魏追封唐国公，唐国号即源于此）、李弼（李密曾祖父）、独孤信（有三女被封北周、隋、唐三朝皇后）、赵贵、于谨、侯莫陈崇。至隋，柱国作为勋官，不掌实职，唐以后沿用。

  自此，新兴的关陇贵族子弟登上国家政治军事舞台，纵横捭阖近二百年。其间，柱国宇文泰之子建立北周，十二大将军杨忠之子建隋，李虎之孙建唐。

  西魏大统七年（541年）六月十三日，杨坚生于冯翊（今陕西大荔，下同）般若寺，小名那罗延（梵文意为金刚力士），寺中尼姑智仙抚养他到十二岁。后来，杨坚回忆这段经历时，称尼姑智仙为阿阇梨（梵文意为导师）。之后，杨坚到太学（只招收贵族子弟的学校）读书，性格严肃庄重，虽至亲也不敢过分亲昵。杨坚十四岁时，被京兆尹（都城行政长官）薛善征召为功曹（郡守主要佐吏，掌选署功劳）。因父亲战功卓著，他十五岁被封为散骑常侍（皇帝侍从之官）、车骑大将军、仪同三司（北周府兵二十四军的二级军官），十六岁为骠骑大将军（北周府兵二十四军的军事主管）。

一次，北周太祖宇文泰见到杨坚后说："此儿风骨，不似代（代州，今山西代县）间人。"

西魏恭帝三年（556年），杨坚娶西魏柱国独孤信第七女独孤伽罗为妻，史称文献皇后。独孤信有七个女儿，长女嫁宇文泰长子宇文毓，为北周明敬皇后；第四女嫁李虎之子李昞，唐朝立国后追封为元贞皇后。三朝都为外戚，自古未有。

十月，西魏、北周的实际缔造者、关陇集团的核心人物宇文泰去世，因世子宇文觉仅仅十五岁，遗命四十二岁的侄子宇文护辅政。

第二年，在宇文护的主导下，宇文家族取代西魏元氏政权，定国号周，史称北周。宇文护被封为大司马，晋爵晋国公，开始专政。在之后短短的三年内，宇文护杀掉禅位的西魏恭帝元廓，废掉北周孝闵帝宇文觉，毒死明帝宇文毓，继立武帝宇文邕。宇文护前后执政十五年，成为北周的实际主宰者。

明帝时，杨忠告诉杨坚"两姑之间难为妇"，父子在皇帝和宇文护之间保持中立。被冷遇八年后，杨坚才被晋升为大将军，出任随州刺史，到任后即被召回京城，宇文护却不给他安排工作。时值杨母生病，杨坚衣不解带侍奉三年，孝顺之名传至朝野。宇文护拉拢不成，欲陷害杨坚，因杨忠部下、宇文护亲信侯伏、侯寿匡护得免。天和三年（568年），杨忠去世，二十七岁的杨坚袭爵随国公。

天和七年（572年）三月十八日，隐忍十二年的武帝以劝太后戒酒为名，领宇文护进含仁殿拜见皇太后。宇文护专心朗读《酒诰》之时，被武帝用玉珽击倒，又被事先藏在室内的卫王宇文直杀死。

因杨家为北周元勋，特别是不曾依附宇文护，武帝开始重用杨坚，让太子宇文赟娶了杨坚长女杨丽华为妻。三十二岁的杨坚成为外戚，朝中地位大大提高。

武帝的弟弟齐王宇文宪和心腹大臣王轨十分猜忌杨坚。

齐王密奏武帝，说杨坚相貌非常，每次见到杨坚，不知不觉就

第一章 / 以隋代周，其兴也易 /

若有所失，担心杨坚不能居人之下，应早早除掉。武帝回答说，杨坚"能当个将军就到头了"。武帝询问相术大师来和，隋公官运如何。来和回答说，"隋公是个本分人，可镇守一方。如带兵打仗，阵无不破。"宇文赟是武帝长子，顽劣异常，有一次，内史（王国地方行政长官）王轨跟武帝说，"太子不是当皇帝的料，普六茹坚貌有反相"，武帝不高兴地说，"若天命在此，又能如何！"武帝当然知道杨坚的能力、威望，却别无选择。虽然宇文赟不成才，但毕竟是嫡子，其余诸子或年龄更小，或更不成器。杨坚听后心中忧惧。

北周建德六年（577年），杨坚随武帝灭齐，任定州（今河北保定境，下同）总管（地方军政长官）。北齐时，定州西门一直关闭，有人建议北齐文宣帝高洋开门以便通行，高洋不同意，说："圣人来时自然开门。"杨坚上任后就命人打开西门，百姓认为杨坚就是圣人。

建德七年（578年），刚刚统一北方的武帝率兵讨伐突厥，中途突然患病，回到长安的当天就去世了。

杨坚的女婿、太子宇文赟即位，即北周宣帝。宣帝一反其父励精图治的作风，行为乖张暴戾。为抓紧权力、树立威信，宣帝开始了政治清洗。

齐王宇文宪是宇文泰第五子，十六岁镇守四川，在任时政声斐然，之后驰骋疆场，战功赫赫，在王室诸王中年龄最长、威望极高。宣帝召宇文宪一人入宫，指使于智（西魏八柱国于谨第五子）诬告他谋反，宇文宪当场被杀，年仅三十五岁，距武帝去世仅二十一天。

另一个被杀的是宇文孝伯，作为武帝的托孤重臣，他以没有附和揭发宇文宪谋反之故被杀。后杨坚称帝，十分庆幸宣帝诛杀宇文皇族重臣。杨坚回忆说，宇文孝伯是北周良臣，若此人当时还在，自己绝无可能代周建隋。

收拾完宗室，宣帝看到身上的杖痕，想到王轨和父亲曾经的对话，便派人到徐州（今山东临沂），捕杀刚击败南陈北伐军的徐州总管王轨。

一文两武重臣被杀，朝廷里有威望的大臣已寥寥无几，客观上为杨坚迅速上位扫清了障碍。三十七岁的杨坚再获提拔，晋位上柱国。

宣帝每次出巡，都让杨坚留守京城。

宣帝厌烦处理日常政务，又想控制朝政，便于大成元年（579年）二月，将皇位传给七岁的太子，即北周静帝，改元"大象"。他自称天元皇帝，成为太上皇。

五月，宇文赟又命宗室亲王中立有战功的五个叔叔离开京城，赴任地方，同时再次提拔岳父杨坚为大前疑，取代越王宇文盛，成为自己所设四辅官之首。

北周朝廷惯例，皇族命妇要定期入宫觐见。

大象二年（580年）二月，宇文赟看上了杞国公宇文亮的漂亮儿媳妇尉迟炽繁，强行令其饮酒并留宿宫中，宇文亮听说之后很害怕。

三月，南征回来的宇文亮打算在回军的路上偷袭韦孝宽，推赵王宇文招为帝，兵败被杀。宇文亮之子宇文温也受父亲造反拖累，被宣帝名正言顺地杀害。

宇文赟立即宣召尉迟炽繁进宫，封为长贵妃，再封皇后。这样，宇文赟打破前赵皇帝刘聪"三后并立"的纪录，相继册立了五个"皇后"，分别是杨丽华、朱满月、陈月仪、元乐尚、尉迟繁炽，其中杨丽华被封天元太皇后。

杨丽华性格温柔，与后宫其他嫔妃关系很好。宇文赟喜怒无常，行为乖张。有一次，他无端责问杨丽华，想加罪于她，杨丽华言语之间并未屈服。宇文赟极为生气，要逼杨丽华自尽。危急关头，杨丽华的母亲独孤伽罗亲自来到皇宫谢罪，在宫门叩头流血，宇文赟这才罢休。

看到杨坚日益位隆望重，宇文赟猜忌之心又起，恨恨地对杨丽华说："定要你家灭族。"随即，宇文赟命内侍传召杨坚入宫。他告诉身边人："一旦杨坚神情有变，立即杀掉。"杨坚进宫之后，面色平和和往日一样，才躲过一劫。

杨坚得知自己被宇文赟猜忌，内心十分不安。

宇文赟的亲信大臣内史上大夫（北周依《周礼》所设六官官名）、沛国公郑译与杨坚是同学，两人倾心相交。一次，杨坚在永安巷私下对郑译说，"我早想出镇地方，您是知道的，愿您稍微留意一下！"当时，宇文赟准备派郑译南征陈朝，郑译请求派一名领军元帅，说："平定江东，没有懿亲重臣督镇是无法成功的。可让随公同行，为寿阳总管，总督军事。"宇文赟同意了。巧的是，杨坚正要出发，突然得了足病，未能成行。

五月十一日，宇文赟深夜巡幸天兴宫，在没有任何征兆的情况下，突然得了重病。回宫后，召小御正（北周所设天官府大冢宰属官）刘昉和御正中大夫颜之仪入宫交代后事。二人到后，宇文赟突然失音，不能讲话。

刘昉认为静帝年幼，需要重臣辅政，而杨坚的身份、声望、能力都无人能及，便和郑译等人商量想请杨坚辅政，被杨坚严辞拒绝。刘昉正色说："公若为，当速为；如不为，昉自为。"就这样，"刘昉牵前，郑译推后"，杨坚入宫侍疾。

入宫前，杨坚问术士来和有无灾祸，来和说天命已有归属。

对宇文赟而言，卧房之外的事情已无法左右。他在当夜驾崩，时年二十二岁。

刘昉、郑译矫诏，让杨坚总知中外兵马事。颜之仪拒不签名，关键时刻，皇后杨丽华一锤定音，支持父亲，中央部队各卫的指挥权落入杨坚之手。

二十三日，朝廷正式宣布宇文赟丧信，并同时任命静帝叔父汉王宇文赞为上柱国、右大丞相，杨坚为假黄钺、左大丞相，附加规定百官均由左大丞相统领。右大丞相地位虽高于杨坚，但完全是名义上的官职，而左大丞相府则设在东宫。

这一安排，既让宇文皇室得到尊崇，又使杨坚掌握实权，控制了北周朝廷。

百官十分困惑，朝堂之上一片混乱。杨坚暗示担任宿卫的部下卢贲，在宫外领兵"招呼"群臣欲求"富贵者"跟随杨坚，前往东宫入左丞相府朝见。

开始，刘、郑二人打算以杨坚为大冢宰（北周所设六官的天官之长，掌国政），郑译为大司马（北周六官夏官之长）、刘昉为小冢宰，共掌朝政。杨坚私下询问御正下大夫李德林，李德林认为只有杨坚当大丞相才能压服众人。发丧之后，杨坚任命郑译、刘昉为丞相府长史、司马，李德林为府掾，郑、刘自此对李德林不满。

因为宇文赟暴亡，静帝年幼，其他宗室亲王已被强令就任封国，使得北周朝廷中央出现权力真空。杨坚作为皇亲国戚，是留在京城有能力和声望支撑局面的唯一人选，加上刘、郑二人的运作，极其容易地获得了掌控朝政的机会。

杨坚执政后，为政宽大，躬行节俭，朝野上下，人心悦服。他停止了历时八十年的军界鲜卑化和政治鲜卑化趋势，让改鲜卑姓的汉人全部恢复汉姓，采取各种措施，巩固自己的地位。

杨坚担心在外的周室诸王发动兵变，以千金公主将嫁突厥（一年前已定）为借口，以宇文赟的名义下诏征召赵王宇文招、陈王宇文纯、越王宇文盛、代王宇文达、滕王宇文道入朝观礼。十天后，才为宇文赟发丧。期间，杨坚被赵王请到府上饮酒，险些被害。随后，杨坚接受虞庆则的建议，尽灭宇文诸王。至大定元年，北周宇文皇族五十九王中的最后一人被杀，朝野内外，再无北周幼帝宗室亲王。

宇文泰的外甥、相州总管尉迟迥和郧州总管司马消难、益州总管王谦相继起兵反对杨坚。杨坚得到了关陇集团元勋并州总管李穆的支持，派韦孝宽、王谊、梁睿为行军元帅，先后平定了三总管引发的内乱。

杨坚刚当丞相，好友元谐说："您在朝中没有党援，如水中之墙，十分危险。"

在前景不明的形势下，并无殊勋的杨坚利用自己外戚的身份和超人的政治手腕，历时八个月，清除了朝廷内外一切反对势力。

杨坚曾经问太史中大夫（掌历法之官）庾季才："天时人事，如何处置？"庾季才回答："天道精微，难以意察。以人事卜之，符兆已定。"

是做周公，还是王莽？关键时刻，独孤伽罗让人传话说："形势已明，骑兽之势，定不得下，努力为之！"

大定元年二月二十四日，帝王禅让又一次出现在历史上。北周静帝以杨坚众望所归，宣布禅让。随王杨坚入正阳宫，即帝位于临光殿，定国号"大隋"，改元"开皇"，建都长安。自此，汉人天子（帝王代称）取代了长期统治北中国的胡人政权。

杨坚并不是第一个，也不是最后一个进行皇权禅让的权臣，但是，禅让为篡位披上了合法外衣，是一种没有战争的和平政变。相比于历次朝代更迭，以隋代周，无疑十分平稳安和。因此，清代赵毅说："古来得天下之易，未有如隋文帝者。"

美国学者迈克尔.H.哈特所著的《影响人类历史进程的100名人排行榜》中，隋文帝杨坚名列第82位。这位夺取外孙帝位的外公，究竟做出了什么丰功伟绩，而得到如此高度的历史评价？

2. 大崇惠政开皇治

文帝建隋初期，面临的是一个百废待兴的局面。

文帝在政治、经济、军事各个方面都进行了改革，创建了诸多意义深远的典章制度，在很短的时间内，造就了一个政治稳定、社会安定、百姓富足、国势强盛的繁荣治世，最终实现全国统一。

开皇元年（581年），文帝采纳少内史崔仲方的建议，废除北周模仿《周礼》建立的六官制度，参酌汉、魏旧制，增减损益，确立了以三省六部为主的中央政治制度。朝廷在中央设三师，三公，尚书、门下、内史（避文帝父杨忠讳，改中书为内史）、秘书、内侍五省，御史、都水二台，太常等十一寺，左右卫等十二府，建立起一整套完备的行政管理机构。

三师和三公是顾问性质的机构，一般授给有功官员。

五省负责处理国家政务。秘书省负责书籍历法，内侍省是宫廷宦官机构，尚书省是政令执行机关，门下省负责机要、审查政令，内史省起草诏令，是决策机关。其中最重要的是尚书、门下、内史三省，三省长官都是宰相。

文帝废除东汉以来的三公宰相制，将地方事权统归尚书省，尚书省成为"宰相机构兼行政机构"。因其事务庞杂，任务繁重，故又设吏部、礼部、兵部、都官、度支、工部六部。开皇三年（583年），朝廷改度支尚书为民部尚书、都官尚书为刑部尚书。这就是三省六部制。

文帝不设丞相，以两省分宰相之功，相权一分为三，几个宰相同时执政，防止了大臣专权。这种制度总结了秦汉以来的统治经验，发展和加强了中央集权。

文帝建立的这一组织完备的官僚机构，开创了中国封建政治体制新形式，影响深远，自隋定制，唐沿袭，一至于明清。

开皇三年，文帝采纳河南道行台（中央在地方的派出机构）兵部尚书杨尚希的建议，简化地方行政机构，把周、齐以来的州、郡、县三级体制，改为州、县两级。设州源起于西汉，后成为中央和郡之间正式的行政建制。北周末，全国有211个州、580个郡、1124个县，较之汉末，州增加了22倍，郡增加了6倍多。杨尚希指出了隋初郡县设置的弊端，有的地区百里内设有几个县，有的县人口不满一千户却由两郡同时管辖，郡县的大量冗员导致支出日益增多。于是文帝"存要去闲，并小为大"，罢郡为州，以州统县，裁减冗员。改革后，中央政府开支减省三分之二，地方政府开支减省四分之三，国家开支仅及南北朝时的三分之一。

"开皇之治"的成功，简化地方行政机构是一个基本因素。

地方行政改革的成功与否取决于被任命的官吏，官吏的质量又取决于任命官员的标准和方式。文帝要把选人用人权从世家大族手中夺回来，就必须废除九品中正制。九品中正制始于曹魏，是魏、晋、南北朝时期的官吏选拔制度。州郡设置善于识别人才的人为"中正"，由中正区别评判本地人士，分成九品。制度初建时，乡邑清议，不拘爵位，褒贬所加，发挥了劝励作用。后来，担任中正者"趋势则不暇举贤，畏祸则不敢疾恶，循至只问门第高下，不究贤愚善恶"，导致"下品无高门，上品无寒士"。

开皇八年（588年），文帝下诏废除九品中正制。

开皇十八年（598年），文帝要求五品以上京官及地方总管、刺史（州行政长官），在志行修谨、清平干济二科中举荐人才。官吏选拔体制自此发生变化，不再限于家世，还要检核人岗是否相适。

周、齐时，州郡僚佐由州郡自行调用。隋朝规定，六品以下官吏由吏部任命。从此，州郡不能自行任命属官。

为加强官员的铨叙考核，隋朝制定了州、县官员任职原籍回避制度，禁止下级官员在地方政府再度担任原职。朝廷还定时调整州、县官员，其中，刺史、县令三年调整一次，州、县属官三年一换，州、县辅官四年一换。

开皇元年和开皇三年，文帝先后两次让高颎、郑译、杨素与苏威、牛弘等人修订齐、周以来的法律。

南朝注重文采风流，崇尚清谈，不重名法，于律法无所建树。

北魏拓跋氏乘五胡之乱占据中原，历代君主都高度重视法律，改定律令不下十几次，以至北朝法制名家辈出，故有"南以文章盛，北以法制盛"之说。北周宇文泰醉心典章制度，制定大律，相比齐律，烦而不当。文帝建隋之初，率更令（掌漏刻、皇族次序、礼乐、刑罚之官）裴政便以齐律为蓝本，参考魏、晋、齐、梁各朝法典，折中而成隋律。隋律废止了前朝枭首、鞭打的酷刑，确定了死、流、徒、杖和笞的五刑内容；禁止严刑审讯囚犯；允许百姓如果有冤，可逐级上诉至中央。

开皇三年，文帝审阅刑部案卷，发现因为刑律太严、法条细密，各种违法案件多达数万。想到北周末年因严刑峻法而失去人心，文帝让苏威、牛弘等以缓刑薄罚为原则，再次修订隋律。新律去掉八十一条死罪、一百五十四条流罪和一千余条徒、杖等罪，定为十二篇（名例、卫禁、职制、户婚、厩库、擅兴、贼盗、斗讼、诈伪、杂律、捕亡和断狱）五百条，即著名的《开皇律》。王夫之认为，"今之律，其大略皆隋裴政之所定也。政之泽远矣，千余年间，非无暴君酷吏，而不能逞其淫虐，法定故也。"（《读通鉴论·隋文帝·三》）

因《开皇律》刑网简要、疏而不失，为唐律所沿袭，奠定了此后一千多年中国律典制度的基础。

开皇十二年（592年），朝廷禁止各州自行判决死刑。所有死刑判决一律交大理寺（官署名，负责刑狱，古代最高法庭）后报省审批。三年后，文帝又在中国历史上首次规定死罪"三奏后决"制度，沿袭至今，即最高法的死刑复核制度。

文帝亲览狱讼，严惩贪腐，还发明了"钓鱼执法"，就是私下派人馈送官员钱帛，有接受的立刻斩首。文帝还在朝堂放置大杖，当庭杖罚违法的功臣贵戚。

开皇十七年（597年），文帝命柳盛持节巡省河北五十二州，奏免二百多名赃污不称职的官吏，自此，州、县肃然。

只有适当地为分配田地和征收以农产品为基础的赋税制度作出安排，中华帝国的历代王朝才能持续繁荣兴旺。

开皇二年（582年），文帝在北魏孝文帝所定政策基础上重新颁布均田令。国家把官田、荒地按家庭人口平均分给农民耕种，按户征赋，称为"户调"。土地分成以下几类：露田（不栽树），由普通农户持有，身死之后归还国家再作分配；永业田，不在归还之列，通常种植桑麻；另有土地分配给有爵位和官职的人，主要是两类，可继承之地和属于某个官署的官田。

受田对象分三个阶层：

农民受田，男子十八岁（十八以上为丁，丁从课设，六十为老，乃免）受露田八十亩，妇人四十亩，外给永业田二十亩。一夫一妇之家，可受田一百四十亩。每丁夫妇每年交纳田租小米三石，户调绢一匹（四丈），加上三两棉或一端（五丈）布，麻三斤。

士兵受田，府兵垦田籍帐也和农民一样，籍帐仍归州、县。

官吏受田，分永业田、职分田和公廨田。各王以下至正七品的都督可受永业田，面积从一百顷至四十顷不等。职分田收入作为官吏俸禄的一部分。公廨田收入作为官署的办公费用。

通过推行均田制，无地少地的农民获得土地，耕地面积逐步扩大，农业生产得到发展和恢复。

文帝建隋，朝廷财政收入以向农民征收粮和织物的实物税为主。

开皇三年，文帝实行轻徭薄赋政策。按北周制度，农民年满十八岁即成丁，隋朝改为二十一岁成丁，劳役从十一岁提高到十六岁，劳役时间从每年一个月减至二十天，不服劳役的丁男可纳绢代替，称为"庸"。调绢一匹原来是四丈，文帝改为二丈，减少了一半。开皇十年（590年），又规定农民年满五十岁，可以庸代役。二次改革后，百姓赋税负担减少，服役时间缩短，促进了生产的发展。

开皇五年（585年），文帝为了增加赋役的来源，开始清查整顿全国户口。

南北朝以来，地方豪强大族把大量的朝廷编户变为依附佃客，通过假造户籍、虚报奴仆数量和谎报男丁年龄（或老或小）来逃避纳税和徭役。文帝强力推行大索貌阅，即根据相貌检查户口，就是朝廷按照户籍上的年龄和本人体貌进行核对，杜绝年龄造假现象。朝廷规定大宗亲（叔伯兄弟）以下，分立户籍。查验户口不实的里正（管理二十五家）、党长（管理一百家）发配边地，还鼓励民户互相检举。当年大索貌阅后，清查出无户籍百姓165万余口，其中，丁壮44.3万人。

文帝又采纳尚书左仆射高颎的建议，实施输籍定样，成为当时国家政务改革的一件大事。输籍定样，即每年正月初五通过大索貌阅查实户口、确定赋税基数，以此编制"定簿"，制定赋税标准，作为征发差役、确定税额的依据。自此，大量荫附人口成为国家编户，租调收入增加，府库充实，这是隋朝强盛的重要原因。

开皇三年，文帝废除古币，禁止私造钱币。国家铸造五铢钱为通用货币，每千文重四斤二两。自此钱货始一，全国流通，百姓方便，推动了国家的经济发展。

同年，文帝又下诏沿河设置粮仓。在卫州（今河南浚县西南，下同）置黎阳仓，陕州（今河南陕县东北，下同）置常平仓，华州（今陕西渭南华州，下同）置广通仓，转相灌输，把关东（指函谷关或潼关以东地区）、汾、晋一带的粮食陆续运到长安。同时，隋朝还在重要城市建立官仓。

文帝末年，天下粮食存储可供给五六十年。

一方面是轻徭薄赋，一方面是国家财力越来越雄厚，这是魏晋以后没有的事情。举两个例子，一是唐朝贞观十一年（637年），当时文帝已经去世33年、隋亡已经20年，监察御史马周居然向唐太宗报告，隋朝洛口仓里粮食、布帛还未用完；另一个是1969年，考

第一章 / 以隋代周，其兴也易 /

古人员在洛阳城内发现隋朝含嘉仓城遗址，有大小粮仓四百余个，其中160号窖保存着五十多万斤已经碳化的谷子。

开皇五年（585年），隋朝又在各地设义仓。百姓与军人按规定交纳一定数量的粮食，以备荒年之用。上户不过一石，中户不过七斗，下户不过四斗，平均0.7石。后来，关中大旱、关东水灾，义仓发挥了赈济作用。所谓关中，指的是定都陕西的封建王朝，对函谷关或潼关以西王畿附近地区的通称。

文帝进一步发展府兵制度，结束了国家的分裂局面。

隋初，府兵本人免除课役，但军资、衣装、轻武器和赴役途中的粮食须自备。出兵征防须由朝廷命将统率，调遣时持兵部所发鱼符，经过州刺史和军府将领勘合后，才得发兵。战争结束则兵散于府，将归于朝。这样，将帅就不能拥兵自重。

开皇七年（587年），文帝召后梁皇帝萧琮入朝，借机废黜梁帝，吞并后梁。

文帝采纳高颎的建议，在江南（泛指长江以南）粮食收获季节，以少数兵力虚张声势，佯装发兵进攻，迫使陈朝集兵守御而耽误农时。而陈朝部队一旦集合，隋朝便撤回部队，如此多次，陈军习以为常。陈朝麻痹懈怠后，文帝派人潜入陈朝境内，反复纵火，焚烧物资，使南陈财力枯竭，终被拖垮。开皇八年（588年）十月，隋设淮南行台省，以晋王杨广为尚书令，全面负责灭陈战役。第二年，隋军攻入建康。至此，文帝结束了西晋以后的分裂局面，中国再次统一。

文帝采纳长孙晟"远交近攻、离强和弱"的策略，造成突厥内部猜疑不和。

开皇四年（584年），东突厥沙钵略可汗称臣，上文帝尊号"圣人莫缘可汗"，成为中原王朝皇帝被游牧民族奉为可汗的第一人。随后，附属突厥的奚族五部遣使朝贡，契丹首领莫贺弗请降，靺鞨粟末部派人来到长安。至于蛮、僚、俚等族中的部落大姓，也先后归附。

开皇九年（589年），隋朝灭掉南陈后，岭南冼夫人拥护隋军进入广州城，被册封为谯国夫人，海南、儋耳归附者有千余洞。

隋军歼灭或重创了吐谷浑、契丹等国，边疆各国或款塞归附，或遣使贡献。

文帝勤于政事，对"营造细小之事，进出轻微之物"也亲自过问。一天之内，有时酬答百官，中午顾不上吃饭，半夜睡不了觉。文帝生活简朴，平时很少吃肉，后宫都穿洗旧的衣服。当时男子不穿绫罗绸缎、不佩金玉饰品成为一种社会风尚。

文帝对有功者却不吝重赏，财物布帛"宁可赏人，也不藏在仓库"。

文帝下诏求书，献书一卷赏绢一匹。巢元方的《诸病源候论》、陆法言的《切韵》，堪称一代名著。文帝在州、县安排博士教习礼仪，晚年却认为在校学生徒有其名，空度岁月，下令关闭学校，太学只留下七十二名学生。

文帝不喜辞藻华丽的文风，要求言之有物。泗州刺史司马幼之因文表华艳被治罪，治书侍御史（御史大夫副职）李谔更改文风的奏章被文帝诏令颁示四方：

"竞一韵之奇，争一字之巧；连篇累牍，不出月露之形，积案盈箱，唯是风云之状……文笔日繁，其政日乱。"（《资治通鉴·陈纪十》）

文帝自己不喜欢读书，流传下来的只有一首诗：

"红颜讵几，玉貌须臾。一朝花落，白发难除。明年后岁，谁有谁无。"

文帝晚年信佛，大量施舍寺庙，让僧侣重入佛门，在四十五个州建大兴国寺，每个寺院都颁发了舍利。

文帝晚年持法尤为严峻，大臣们请求宽恕奢侈建造宫室的秦王杨俊，文帝拒绝说："我是五子之父，难道不是万民之父？若依其意，何不另制皇子之法？"

　　文帝一改北周末年朝政苛刻、民心崩坏的混乱状态，开创了一系列定万世之基的典章制度，树立了一个治理国家的良主楷模，结束了晋怀帝永嘉（307年）以来长达二百八十余年的分裂，实现了自秦汉以来中国的又一次大一统。《隋书》上说，"君子咸乐其生，小人各安其业，强无凌弱，众不暴寡，人物殷阜，朝野欢娱。二十年间，天下无事，区宇之内晏如也。"

　　明太祖朱元璋十分推崇杨坚，认为文帝：

　　　　"勤政不怠，赏功弗吝，节用安民，时称奔驰。有君天下之德而安万世之功。"

3. 仁孝矫饰登储两

　　文帝晚年，独孤皇后在废长子皇太子杨勇、立次子晋王杨广的储君更易问题上发挥了关键性作用。

　　西魏大统十年（544年），秦州刺史、河内郡公（爵位名）独孤信喜得第七女，因崇佛之故，取名伽罗，这是一个极富佛教色彩的名字，梵语意思是沉香木、奇楠香。谁都未曾料到，三十七年后，这个女孩儿将会影响一个王朝的历史走向。

　　独孤皇后祖上出自北魏早年三十六部，是代北匈奴贵族，全家自云中镇守武川。父亲独孤信在北魏六镇起义时帮助宇文泰开创霸业，是北周柱国大将军、大司马，后进太保（北周三公之一）、卫国公（爵位名，低于郡王，高于郡公。因容貌俊美，号"独孤郎"，留下"侧帽风流"的典故）。

　　鲜卑族有母系遗风。《颜氏家训》说，"邺下风俗，专由妇人主持门户，诉讼争曲直，请托工逢迎。"即"妇持门户"旧俗，北朝妇人发挥才能成为一种社会风气。

独孤皇后母亲崔夫人是北魏永昌太守崔稚的孙女，出身清河崔氏六房之一的郑州崔氏。清河崔氏是魏晋后期汉族的政治文化世家，家族的文化教养在独孤伽罗身上也得到了体现。史载，独孤皇后"能谦恭，雅好读书、识达今古"。

作为汉化鲜卑人，独孤伽罗身上既有父系游牧民族的英气，又受母系汉族传统文化的熏陶，每次见到朝中公卿大臣的父母，都彬彬有礼。加上生于北周政权核心的高级贵族家庭，便具有了不一般的社会见识。

有大臣依据《周礼》，请求独孤皇后任命百官妻子，独孤皇后以"不能给妇人干政开个坏头"为由而拒绝。独孤皇后坚决不让她的家族掌握大权，可以位高但不能权重，以防外戚搞垮杨家天下。

一次，大都督崔长仁犯法当斩，文帝考虑到他是皇后舅家的表兄弟，想给予赦免，皇后说，"国家政事，不可顾及私人"，崔长仁随后被依法处死。

开皇初，突厥和隋朝贸易，出售一筐价值八百万钱的明珠，幽州总管阴寿劝独孤皇后买下来，皇后说："这不是我所必用。现今突厥屡次侵犯边疆，将士披肝沥胆，不如用这八百万钱分赏有功将士。"文帝需一两胡粉为药，到后宫取要不得，因为皇后不用。文帝想赐给柱国刘嵩妻子一件织成的衣领，后宫也没有。

独孤皇后不许文帝宠幸其他女子，有时十分妒悍。

开皇十九年（599年），文帝在仁寿宫遇到了尉迟迥的孙女。当年宇文赟死后北周三总管起兵反对杨坚，势力最大的尉迟迥兵败，他的孙女沦为宫女，长大后颇有美色，被杨坚宠幸。独孤皇后等文帝上朝，偷偷杀死了尉迟氏。文帝一气之下，一人骑马出了皇宫，不分道路，深入山谷二十余里。高颎、杨素追上文帝，拉住马缰劝解。文帝叹息说："我即使贵为天子，也是没有自由！"高颎劝道："陛下怎能因一妇人而轻天下？"文帝怨气稍稍平息，驻马很久，半夜才回宫。独孤皇后一直在阁中等候，见文帝回来，哭着道歉。高颎、杨素也从旁劝解，夫妇俩终于把酒言欢。

独孤皇后不让文帝纳妃，见诸王及朝臣侍妾怀孕，总是力促文帝将之罢官或削爵。当初，高颎的父亲高宾背齐归周，被大司马独孤信引为僚佐，赐姓独孤氏，因此之故，独孤皇后对高颎很是亲近。自听说高颎说自己是"一妇人"后，开始怀恨在心。文帝曾暗示高颎换储，高颎以"不可废长立幼"反对，皇后以此便有废高颎之心。高颎夫人贺拔氏病死，皇后让文帝劝其续弦，高颎以年老婉拒。不久，高颎爱妾生子，皇后挑拨文帝，高颎年老不娶而小妾却怀孕生子，有欺君之意，高颎受此诋毁，渐失文帝信任。高颎劝阻文帝征伐高句丽未果，后随汉王杨谅出征，秉公任事，有时没有采纳杨谅意见。杨谅不满，回来向文帝告状，文帝对高颎愈发不满。在处理王世积事件时，文帝以泄露宫中之事为由罢免高颎。

文帝每天上朝，皇后乘辇同行，直到大殿。皇后派宦官在阁中，政令有所过失，即传达匡正。文帝退朝，则一起回宫就寝。皇后议论时政多与文帝意见一致，宫中称之为"二圣"。夫妻朝夕相伴，情深意长。

文帝五子，都为独孤皇后所生，分别为长子杨勇、次子杨广、三子杨俊、四子杨秀和五子杨谅。

整个封建王朝，史书明确记载帝后长期同寝同居的，只有隋文帝和明孝宗。皇后对文帝的执政发挥了强烈和持续的影响，实在少见。

近五十年的人生风雨中，独孤皇后始终是杨坚最亲密的爱人、知己、智囊和精神支柱。由此，杨广才得以在皇后的影响下，登上太子之位。

太子杨勇失位，有以下几个因素：

隋初，文帝让太子参与军国政事，对于一些建议，文帝都采纳。但是相比于杨广南下平陈、北御突厥，太子杨勇并无显著功勋，时人认为太子卑弱、诸王擅权。杨勇性格宽仁和厚，但也率真坦诚，不会巧言做作，与文帝一贯严正的作风相冲突。文帝生活节俭，六宫都穿朴素的衣服，看见杨勇给一副蜀铠装饰花纹，很不高兴，告诫太子"没有喜好奢华而能长久的"，并送了一把旧佩刀和一盒咸菜酱，让太子引以为戒。冬至，杨勇在东宫大摆宴席，接受百官祝贺，文帝知道后更加生气，下诏禁止再有此事，杨勇日渐失去文帝的喜爱。东宫太子妃元氏出身北魏皇族，杨勇却不喜欢，对元氏非常冷淡，说，"阿娘不给我找一个好媳妇，真是可恨"。元氏没有生育嫡子，得了心脏病，从发病到去世也就两天时间，独孤皇后怀疑有其他原因，批评了杨勇。此后，杨勇便迷恋云昭训和其他宠妃，一连生了十个儿子。独孤皇后非常痛恨男子宠爱姬妾，对此强烈不满，派人监视杨勇，伺机发现杨勇的过失。

杨勇一系列行为严重违背了独孤皇后重视嫡长、重视世家门阀联姻关系、保证宗法权力稳定过渡的政治理念，太子妃元氏暴死更是加深了母子裂痕，皇后开始虑及文帝身后权力交接大政。

相比杨勇，晋王杨广对待朝中大臣十分敬重，极其礼貌谦虚，在诸王之中，声名最好。

开皇八年（588年），隋伐南陈，杨广率兵攻克建康，公开处决了投降的五个弄臣，封闭府库，秋毫无犯，天下称贤。杨广镇守江南，当地局势稳定，政绩突出。

听说了杨勇失宠的原因后，杨广只与萧妃住在一起，其他妃子生出儿子也不养育，受到皇后的夸奖。

文帝夫妇派人去杨广那里，来者无论贵贱，杨广与萧妃都到大门口迎送，盛宴款待，临走送上厚礼，文帝夫妇身边的侍从都说晋王仁孝。

文帝夫妇到访时，杨广把漂亮的侍女藏到别的屋子，只留下又老又丑的服侍左右，屏帐改成素色的粗布，乐器的琴弦大多折断，有灰尘也不让人擦拭，好像很久未使用的样子。

文帝夫妇认为杨广不喜好声色，对他的喜爱超过其他儿子。

文帝曾让善于看相的来和把儿子们看了一遍，来和说"晋王杨广贵不可言"。文帝又问上仪同三司韦鼎："我几个儿子谁能继承帝位？"韦鼎回答说："皇帝、皇后最喜爱的那个儿子，不是我所能预知的。"文帝笑着说："你是不肯明说啊！"

开皇二十年（600年），杨广例行朝见文帝后，即将返回江都（今江苏扬州，下同），向皇后辞行时，趴在地上大哭，诬告杨勇要陷害他。从独孤皇后愤怒且悲不自胜的回答中，杨广知道了母亲正为太子的行为大发雷霆之怒。皇后决心利用自身强大的影响力，外预朝政，推动废黜太子，册立晋王杨广，实现东宫易储。

杨广辞别母亲之后，洞悉了独孤皇后有意易储，便谋划争夺东宫之位。

寿州刺史宇文述帮杨广分析，废立太子是国家大事，还涉及父子骨肉亲情，实在不好操作，在文帝面前说话有分量的是左、右仆射高颎和杨素，高颎为人正派，而且和杨勇是儿女亲家，能帮助杨广的只有杨素。能够影响杨素的，则是他最信赖的弟弟杨约，杨素凡事必与之商量。

杨广给了宇文述很多金银珠宝，让他到长安活动。

宇文述每天宴请杨约，然后与之赌博，杨广给的金银珠宝都故意输给杨约，杨约赢了后表示感谢，宇文述告诉杨约，金银珠宝都是晋王赏赐，为的是让他俩开心，杨约十分吃惊。宇文述还给杨约分析利弊，指出杨素当权多年，处罚羞辱的朝臣不可胜数，而且，太子因为自己想干的事都被拦住，内心十分痛恨杨素，想要收拾杨素的朝臣也有很多，如果册立杨广，晋王一定永远铭记杨素的好处，这样做，才能化解累卵之危而成泰山之安。

杨约听完，马上和杨素商量，并提醒他，册立杨广的关键是皇后的态度。通过一次宫廷侍宴的机会，独孤皇后赏赐杨素很多财宝，两人达成默契，力促文帝行废立之事。

此后，杨素处心积虑地抬高杨广威望，并广结朝臣，攻击杨勇。杨广还买通东宫幸臣姬威，打听杨勇消息。

独孤皇后和杨素不断陷害杨勇，足够的"证据"终于被编造出来，杨勇多买了些马、把用以取火的古槐分赐卫士都被说成是作乱之用。杨广还命令部下段达威胁姬威，让他诬告杨勇多条罪状，包括求神问卦、希望文帝早死等，以欺骗并激怒生性多疑的文帝。

开皇二十年，文帝于武德殿废杨勇为庶人，立杨广为太子。杨勇磕头泪下，舞蹈而出，被囚于东宫。他认为自己无大过而被废，几次想见文帝申诉，都被杨广阻挠。杨勇爬到大树上大声喊叫，传到文帝住的地方。杨素说杨勇神志混乱，癫鬼附身，不能召见。文帝默许了这种说法，父子一生再未相见。

仁寿二年（602年），独孤皇后去世，追号"妙善菩萨"，葬于泰陵（今陕西咸阳五泉乡），谥号（贵族死后，按其生前事迹授予的称号）为"献"，史称"文献皇后"。

文帝十分思念独孤皇后，有一次得病时他伤心地说："假使皇后还活着，我不至于到现在这样。"

同年闰十月，六十二岁年迈的文帝又做出一件相当震撼的举动，亲自为皇后送葬。术士萧吉劝他说，"皇帝送葬对自身不利"，文帝置之不理，以垂暮之年，冒着严寒，奔波数百里，把皇后的灵柩送到泰陵陵园。

独孤皇后去世后，太子杨广当着文帝和宫人的面悲伤得要气绝，回到私宅则饮食、谈笑和平常一样。他表面上每天吃东西很少，私底下却派人烹饪肥肉脯鲊，放在竹桶中，用蜡封住，再用衣服当作包袱，裹着送进内宅享受。大业二年（606年），杨广的儿子杨昭去世，杨广只哭了几声，然后接着奏乐，和平常一样。大业十二年（616年），蔡王杨智积有病，不去找医生，临终，对亲人说："我今日才确定能够让我全尸埋于地下。"可见，杨广疏薄亲戚骨肉，缺少人情。

杨素和弟弟杨约及家族亲戚并为尚书、列卿，又因废黜太子及蜀王杨秀，威权愈盛，只有大理卿（掌刑狱之官）梁毗等三人毫不畏惧。

梁毗当了十一年的西宁刺史，有的蛮夷酋长送给他金子，他就把金子放在椅子旁，对着大哭，边哭边说："这东西饿了不能吃，冷了不能穿，你们因为这个互相残杀而死的，不可胜数，现在拿来送给我，想要杀我啊。"而后一一拒绝。文帝听说后，让梁毗做了大理卿。

梁毗见杨素专权，上奏说杨素所偏爱的都不是忠臣、所推荐的都是亲戚，提醒文帝，若以其为商朝的忠臣，恐怕他内心不一定想当伊尹。文帝十分生气，把梁毗下狱并亲自审问，梁毗恳切地说："太子、蜀王因罪被废之日，百官无不惊惧，唯有杨素喜上眉梢，抬起胳膊，面露喜色，这是因为他喜欢国家有事而使自身弄权。"一句话击中文帝内心。梁毗终未屈服，被无罪释放。

自此之后，文帝对杨素渐生猜疑，逐渐疏远。文帝还告诉杨素，作为宰相，三五日到尚书省处置大事即可，不必天天上朝办公，"外示优崇，实夺之权"，直至文帝去世，杨素不再通判省事。

独孤皇后去世后，文帝逐渐把管理国务的工作移交给太子杨广。有时去京师（首都的旧称）西北的仁寿宫避暑，便让太子杨广处理所有事务。

仁寿四年（604年）七月，文帝在仁寿宫病重卧床，尚书左仆射杨素、兵部尚书柳述、黄门侍郎元岩侍寝。太子杨广也被召来，住在大宝殿。

杨广想到如果文帝去世，须提前做好各项预案，就亲笔写信咨询杨素，杨素把建议一条条写下来回复杨广。宫人误把回信送到了文帝寝宫，文帝看见信中言语大有不恭之词，也看出了他们迫不及待的心态，心中大怒，使人宣召杨广。

此时宣华夫人（文帝宠妃）进来，文帝感觉神色不对，奇怪地询问原因，宣华夫人哭诉杨广乘她换衣时逼迫调戏，她一直抗拒才得以脱身。文帝捶床大骂："怎么可以将国家大事交付给他？独孤误我！"于是叫来柳述、元岩说："召我的儿子！"柳述等人要叫杨广来，文帝说："是杨勇。"柳述、元岩出了寝宫，起草敕书。杨素闻知此事，告诉了杨广。杨广假传文帝旨意逮捕柳述、元岩，关进大理狱；调来东宫将士警卫仁寿宫，禁止人员出入；把全部后宫人员赶到别的房间；命右庶子（太子侍从官）张衡入文帝寝宫侍候；派人假称文帝遗嘱，赐杨勇自尽。

不久，六十三岁的文帝杨坚去世。

大业八年（612年），张衡被小妾告发怨望及谤讪朝政，被炀帝赐令自尽。张衡临死前大喊："我都为人做了那等事，还指望活得很长么？"然后被塞住耳朵马上杀死，可以猜测，张衡当初侍寝文帝时的所作所为。

八天后，太子杨广即位，成为隋朝第二位皇帝。弟弟汉王杨谅以讨伐杨素为名起兵被镇压，杨勇诸子也全被处死。当初，文帝曾跟群臣说："前朝皇帝，喜好美妾，嫡庶相争，便发生废立之事，有的还导致亡国；我没有别的姬妾，五个儿子是一母所生，这是真正的兄弟。"等到晚年，父子兄弟互相猜忌，不得善终。

独孤皇后没有预料到，她和文帝寄予厚望的杨广，事实上建功之心强烈，对内大兴土木不止，对外屡发骄兵不停，民力凋尽，盗贼滋多。杨广没有变成秦皇汉武，却使帝国"行者不归，居者失业，人饥相食，邑落为墟"，最终二世而亡。

有人把隋亡归咎于独孤皇后。以当时而言，东宫易储，是从巩固王朝统治的角度出发，而非一己之私。杨广为帝自有功过之辨，不能以此责怪独孤皇后。

4. 东都宫树不曾秋

杨广登基，年号"大业"，取自《易经·系辞上》："盛德大业至矣哉，富有之谓大业，日新之谓盛德。"

北周天和四年（569年），杨广生于长安，小字阿摩，曾名英，文帝因"创业虽须英明，守成还须宽广"，改为"广"。

杨广容貌俊美，举止优雅，性情聪颖机敏，性格深沉持重，在诸王子中他特别得到文帝及皇后的宠爱。

北周时，杨广因父亲杨坚的功劳被封为雁门郡公。

文帝建隋后，杨广受封晋王，任并州总管，时年十三岁。第二年，在并州（今山西太原，下同）设置河北道行台尚书省，以杨广为武卫大将军、上柱国（隋置，以酬军功勤劳，无职掌）、河北道行台尚书令。

并州为隋朝北方重镇，是防御突厥的根据地。一次行猎遇到大雨，随从送上油衣，杨广说："士兵都被浇湿，我哪能单独穿这个。"当时就让人拿走雨衣。

开皇六年（586年），在寿春（今安徽寿县）设淮南行台，杨广转任淮南道行台尚书令，当年，被征拜为雍州牧、内史令（内史省长官）。

开皇八年（588年）冬，隋朝大举攻陈，二十岁的杨广作为行军元帅，率九十名总管出征。五十多万大军从东起沧海、西至巴蜀的漫长战线发起进攻，第二年春，灭陈。虽然实际指挥者为元帅长史高颎，但是一定程度上也提高了作为平陈元帅的杨广的威望和声誉。

开皇九年（589年），杨广进位太尉，再次担任并州总管，回镇并州。

次年，因为江南士族高智慧等起兵作乱，文帝调杨广为扬州总管，镇守江都，控扼江南地区，每年进京朝见天子一次。开皇十四年（594年），杨广随文帝祭祀泰山，命其兼领武侯大将军。次年，东封结束，杨广回镇江都。

开皇二十年（600年），西突厥达头可汗入侵，文帝以杨广为行军元帅，督率杨素、史万岁等人，分道抗击。杨广采纳行军总管长孙晟的建议，在水中下毒，突厥人畜喝了之后被毒死很多，于是达头撤退，众人随后追击，大败西突厥。

杨广南下平陈、北御突厥，成为文帝五子中最有功勋者。杨广文章写得好，担任扬州总管时，就设置王府学士，从事编述，被认为文武兼备、冠于诸王。

当年，太子杨勇被废，杨广被立为太子，时年三十二岁。文帝认为自己是凭借大兴公的爵位成就帝业，便令杨广出宫在大兴县居住，当晚却发生了地震。

仁寿初年（601年），杨广奉文帝命令巡抚东南地区。

仁寿四年（604年）七月，文帝去世，杨广即位，史称炀帝，时年三十六岁。

炀帝派遣车骑将军屈突通拿着文帝的玺书征召并州总管、汉王杨谅入朝。之前，文帝曾与杨谅秘密约定："如果我有玺书召你，敕字旁边另外加上一点，又与玉麟相符，你才可以应征而来。"杨谅看到玺书"敕"字旁没有"一点"，知道朝中发生变故，诘问屈突通，随后发兵造反。文帝轻易夺得北周帝位，认为其时北周诸子无权，所以建隋后，大封诸子为总管，统辖州县，执掌兵民。杨谅起兵后，有十九州跟随，后被杨素击败，除名为民，幽囚而死，二十余万家受累。

十月，炀帝下诏免除妇人、奴婢和个人家兵的赋税、徭役，并规定男子交纳赋税和服劳役的年龄为二十二岁，以缩短服役时间。文帝时按照周、齐旧制，妇人、奴婢、个人家兵都受田并服徭役，军人二十一岁才缴纳赋税。炀帝即位，天下户口日增，府库盈溢，便免去奴婢、妇人的赋税、徭役，天下人都说好。

自北魏实施均田制以来，妇人、奴婢受田至此终止。

十一月，炀帝到达洛阳，下诏营建东都。

之前，术士章仇太翼说炀帝是木命，雍州（今陕西西安西北）是破木之地，不可久居，还说"修治洛阳还晋家"，曾经是晋王的炀帝对谶语深以为然。

炀帝曾登上邙山观察地形，遥视伊阙（今河南洛阳龙门山），但见两山对望、一水长流，大发感慨："这不就是龙门么？前代皇帝为何不于此建都？"苏威说，古人并非不知，只是"等待陛下"，炀帝很高兴，自此伊阙便称龙门。

初四，朝廷征调数十万成年男子挖掘壕沟，设置关卡，从龙门向东连接长平（今陕西咸阳泾阳）、汲郡（今河南卫辉，下同），抵达临清关（今河南新乡东北），越过黄河后，再延伸到浚仪（今河南开封西北）、襄城（今县），到达上洛（今陕西商洛）。

长安（今陕西西安，下同）和洛阳，建都历史都很悠久。

西汉、新莽、东汉献帝、西晋愍帝以及十六国时的前赵、前秦和后秦、西魏和北周都以长安为都，东周、东汉、魏、晋以洛阳为都。

从地势上看，关中平原称为四塞之国，东有崤山，南有秦岭，西有陇山，北临黄河，山河围绕，易防难攻；洛阳，南有伊阙，北有羊肠，西有崤华，东有河济，地势也有可取之处。

从建都背景看，长安自汉末董卓之乱后，没有人迹；后秦国灭后，不再为都近一百多年。北魏孝武帝西奔宇文泰，长安再次为都。北周时都城沿袭旧规，无所改易。以关陇集团为统治基础的隋朝，因关中为诸臣桑梓之地而建都长安。传文帝梦洪水没城，心生忌讳，便在汉长安故城东南十三里龙首原新建大兴城。洛阳的情形也不乐观，高欢迁都邺城（今河南安阳），洛阳即被废置，城郭崩坏，宫殿倒塌，寺庙道观均成废墟。

炀帝计划营建东都洛阳，在当时有其经济和政治的现实考量。

隋初，京师长安作为全国中央政府所在地，政府机构扩大、驻军增多、人口增加，物质供应时有困难。开皇三年（583年），京师仓储不足，不得不转运关东和河东（指山西西南部，其地在黄河以东）粮食，但黄河礁石有时导致运船覆没。

开皇十四年，关中饥荒，百姓不得不就食洛阳。洛阳位于全国中部，比长安更接近河东。北周宣帝认为洛阳"世称朝市，上则于天，阴阳所会；下记于地，职贡路均"，转运汾河平原的粮食路程很短，山东和江淮的物资运输比较便利，特别是运河开通后，东南财物可直达洛阳，物质运输显然优于长安。

西魏、北周仅统治关陇、四川一带，建都长安足以控制。宇文泰以关陇一隅之地与据有山东（古地理区域名，指华山或崤山以东地区）富庶地区的高齐抗衡，幸能得胜，免于颠覆。北周建都长安，则对山东有鞭长莫及之感，故曾营建洛阳。

隋初建都长安，由于当时交通条件限制，政令不易远达四境。当时国内士族势力还相当大，山东一带的崔、卢、李、郑等豪门大族虽在反抗隋朝时为杨素所平，但还有一定影响。北周末年，范阳卢昌期就曾勾结北齐势力进行武装反抗。隋灭陈后，江南士族也煽动当地民众作乱，人多的有数万之众，人少的也有数户。

洛阳古号中州，交通发达，由此而控制山东，威服江淮，长安远不及洛阳。

炀帝在营建东京的诏书中指出："关中山河遥远，有事军队不能及时赶到，加上并州迁来的百姓都在河南（泛指黄河以南）。"在任命杨素等营建东都后，又下诏说："有时地方官吏虚报治结，冤屈不能及时申诉，长安关河重阻，无法自由前来，因此建立东都，方便皇帝亲自接待。"

这两篇诏书都表明，营建"控以三河，固以四塞"的洛阳，对于加强对全国的控制，巩固隋朝的统治，意义重大。

洛阳既然如此必要，前朝为何没有营建？

炀帝认为原因有两个，或者是国家没有统一，或者是政府没有资金，而这两个条件，炀帝认为自己都已具备。炀帝登基时，朝廷承平日久、士马全盛，全国已经统一，经文帝"开皇之治"，国力强盛，财力十足，耕地面积由1900多万顷增到5500多万顷，国家人口滋盛，京城内外仓库无不堆满，"古今称国计之富者莫如隋"，隋朝已成为亚洲最富强的国家。就长安府库来说，开皇十二年（592年），政府仓库容纳不了太多物资，因而增辟左藏院。两都和太原库存布帛，亦各有数千万匹。隋末时，东都的布帛还堆积如山，太原储粮可支十年。

三月十七日，炀帝命令尚书令杨素、纳言杨达、将作大匠（中央政府掌管宫室修建之官）宇文恺营建东京。

炀帝下诏征发大批民工，每月役使民夫多达二百万人，还从五岭、江南地区往北方运送奇材怪石。

大业二年（606年），凭借"赤仄之泉（钱），流溢于都内；红腐之众（粟），委积于塞下"（《隋书·帝纪·卷四》）的强大经济实力，历时一年，东京建完。宇文恺揣度炀帝喜欢宏伟豪侈，于是东京规模制度穷极壮丽。

洛阳新城在汉魏故城西二十里谷水之东，因洛河自西南流入城内，再向东流，故规划整齐不如长安。新城划分为宫城、皇城和外郭城三个区域，大致呈四方形。

宫城位于全城西北角，东西长五里二百步，南北长七里，周围三十余里，高四十七尺，为大内宫殿所在。

宫城之南为皇城，为文武官司所在。皇城南部端门外、洛河之上为天津桥。皇城的西南另有上阳宫。皇城和宫城之东还有东城，为官署所在，设有尚书省。宫城之北为曜仪城，再北有圆璧城，圆璧城之北为外郭。东城之北有含嘉仓城，仓北为外郭。东城之南到达洛河岸边。东城之东的洛河北岸和整个洛河南岸也是外郭城，亦称大城或罗城。外郭周围七十三里一百五十步，城内街巷纵横、分列各坊，共一百零三坊；坊间设市，洛河之南置丰都和大同市，之北置通远市。

三月，炀帝迁来天下数万家富商大户到东京居住。四月，炀帝从伊阙进入东京。次年五月，又令江南各州"科上户分房入东都住，名为部京户"，共六千余家。炀帝还命令诸州输送工匠至洛阳居住，专设十二坊居之。

从此，东京洛阳不但成为隋朝的政治中心，而且成为商业大都会，中外商旅，莫不辐辏，如通远市内停泊的各地舟船数以万计，丰都市内有一百二十个行业，三千多家商铺，各种珍奇物品像小山一样堆积出售。

三月二十一日，朝廷征调黄河以南郡县男女民工一百多万人，开挖通济渠，从西苑引谷水、洛水通向黄河，从板渚（今河南郑州荥阳北，下同）引黄河水通淮河。洛河从洛阳城横穿流过，中间沿用通济渠的一段，经通远市北向东流，以供运输。

开通济渠的作用之一就是运输东南漕粮。储粮的含嘉仓在洛阳城中，储粮不下于千万石，漕粮运来即能随时入仓，相当便捷；右掖门街西的子罗仓，储盐二十万石；仓西又有六十余窖，每窖容粳米八千石。炀帝还在洛阳附近的巩县（今河南巩义西）东南置兴洛仓（亦名洛口仓），仓城周围二十余里，一城内穿三千窖，每窖可容八千石；洛阳北七里筑回洛仓城，周围十余里，内穿三百窖。

东京建成后，炀帝又命宇文恺和内史舍人封德彝于洛阳城西营建显仁宫，该宫南接皂涧（今河南洛阳宜阳西南），北跨洛滨，周围十余里崇峰曲涧，秀丽标奇，林亭幽美。

五月，又筑西苑，方圆二百里宫殿无数，亭台楼阁林立，工程十分浩大。苑内有海，名积翠池，周围十余里，海中为蓬莱、方丈、瀛洲诸山，各相距三百步，高出水百余尺，台观殿阁、罗洛山上，掩映生姿，有如神变。海北有龙鳞渠，迂回曲折，流注海内，沿渠建造延光、明彩、合香、丞竺、凝晖、丽景、飞英、流芳、耀仪、结绮、百福、万善、长春、永乐、清暑、明德十六院，每院置一四品夫人主持。秋冬花叶凋落之时，剪锦彩为花叶，扎在树上，如锦彩褪色，随即换新，故四季常如阳春。

炀帝最喜欢于月明之夜，携带宫女数千人来游西苑，并自制清夜游曲，令宫女于马上演奏，弦歌往往通宵达旦。

炀帝经常在各地营造宫殿，长安、洛阳及江都宫殿很多，京师有西苑，洛阳有显仁宫，江都有江都宫。大业元年春，扬州总管长史王弘在扬子（今江苏仪征东南）造临江宫，渭南（今陕西）建崇业宫，临淮（今安徽）建都梁宫，涿郡（大业初改幽州置，今北京市西南，下同）有临朔宫，太原有晋阳宫等等。宫室虽多，日久也厌倦，于是炀帝亲自察看全国山川形势地图，选风景幽美之地再造宫苑，大业四年（608年）四月，又下令在汾州（今山西汾阳）之北营建汾阳宫。

大业二年，中国历史上第一次万国来朝出现在东都，炀帝在皇宫紫微城正殿乾阳殿接受万国朝贺，设九宾之礼，自端门外到建国门内，绵亘八里，列为戏场，炀帝还作《冬至乾阳殿受朝诗》："端拱朝万国，守文继百王。"

大业三年（607年），炀帝北巡启民可汗大帐。同年，征调黄河以北十余郡的成年男子开凿太行山，到达并州；又从榆林（今内蒙古准格尔旗东北十二连城，下同）向东到蓟州（今北京市），修筑长三千里、宽百步的御道，致使全国男性都在服劳役。修筑这些道路，既有利于外出巡行，又可在军事上迅速调兵以控制北疆。

七月，征发成年男子一百多万修筑长城，西起榆林，东至紫河（今内蒙古呼林格尔南），十天完工，以巩固边防。

大业五年（609年），炀帝改东京为东都。

对比文帝的谨慎节俭与炀帝的出游挥霍，的确，炀帝从勤奋、简朴、励精图治的父亲手中继承了一个统一和繁荣的王朝。为继续扩大帝国的领土和影响，炀帝在营建东都之后，又打算建造一个伟大的水利交通工程，并很快付诸行动。

5. 锦帆应是到天涯

中国自古就有利用自然河道修筑人工运河、灌溉农田和舟船运输的历史。

公元前486年，吴王夫差想北上伐齐称霸中原，但是从吴到齐陆路艰险且所费颇多，而吴国有水军的优势和先进的开河、造船、航运技术，为了解决军粮和辎重的运输问题，夫差便利用江淮之间湖泊密布的自然条件，就地度量、连通局部，开挖了一条运河，叫作"邗沟"，就是后来大运河在江苏境内的一段。

之后，秦始皇在湘桂之间开凿灵渠，以通漕运。两汉时，朝廷开凿漕渠，由长安引渭水入渠直通黄河，开凿阳渠，以利由汴入河。汉末，曹操先后开凿白沟、平虏渠、泉州渠、新河等，曹丕代汉建魏，迁都洛阳，修通汴渠、凿贾侯渠、讨虏渠和广漕渠。孙权在南方开凿了一条西连淮水、东接云阳的运河，称"破冈渎"。东晋桓温凿桓公渎，可由济水入黄河。晋朝荆州刺史杜预开凿杨口运河：

"起夏水（今汉水）达巴陵（今湖南岳阳）千余里，内泻长江之险，外通零桂之漕。"（《晋书·杜预传》）

文帝建隋后，随着南北政治、经济和文化日益发展，历朝修凿的局部运河已不能满足经济社会发展的需要，为漕运关中，开皇四年（584年），文帝派宇文恺带领水工凿三百多里水路建广通渠。

炀帝登基，政治中心逐渐转移到洛阳。炀帝掘长堑、筑驰道、建东都、巡长城，对于控制关东地区和巩固西北边防，作用较大，但对于控制江南地区，则有鞭长莫及之感。所以，开凿运河，保证运粮洛阳和运兵江淮，与营建东都一样，都是炀帝为巩固隋帝国的统治制定的同一政策的不同组成部分。

从政治上来说，隋灭陈后，南方的反抗一直存在。

灭陈次年，婺州（今浙江金华）汪文进、越州（今浙江绍兴）高智慧、苏州沈玄憎、转山（今江苏南京）李棱、永嘉（今浙江温州）沈孝彻、泉州（今地）王国庆、余杭（今浙江杭州余杭，下同）杨宝英等，或称天子，或称都督，影响所及，江南大抵悉反。隋派杨素、史万岁等调集大兵，历时两年，才予平定。其后，陈朝大将萧摩诃的儿子萧世略，也曾在江南起兵。萧摩诃和王僧辩的儿子虽身归北方，还曾怂恿杨谅在并州起兵。

开皇十七年（597年），交州（今越南北部，下同）人李世贤起兵抗隋。第二年，南宁爨氏也开始连续起兵作乱。

开皇二十年（600年），李英林起兵于熙州（今安徽潜山）。

仁寿元年（601年），潮州也有人作乱。

次年，交州李佛子起事。

由于隋朝南方地区不断起事作乱，文帝曾下诏收取天下兵器，并严禁私造武器，为了对付江南人民的反抗，特别于开皇十八年（598年）下诏：

"吴越之人，往承敝俗，所在之处，私造大船，因相聚结，致有侵害。其江南诸州，人间有船长三丈以上，悉括入官。"（《隋书·帝纪第二》）

炀帝开凿运河，就是继续文帝的政策。

从经济上来说，随着国家富强，人口增多，关中物资已不足以供给朝廷所需。而此时的江南，在孙吴一定程度的开发之后，加上南北朝时大量人口的南移和生产技术的南传，生产日益发达，经济日趋繁荣：

"会土（会稽）带海傍湖，良畴亦数十万顷，膏腴上田，亩直一金、鄠杜（长安附近）之间，不能比也；荆城（荆州）跨南楚之富，扬部（扬州）有全吴之沃，鱼盐杞梓之利、充仞八方；丝棉布帛之饶，复衣天下。"（《隋书·志·卷二十六》）

由于国家统一，政治安定，隋朝时江南经济继续发展，如宣城（大业时改宣州置，今安徽宣城）、吴郡（大业时改吴州置，武德初再改为苏州，今江苏苏州，下同）、余杭、会稽（大业时改越州置，今浙江绍兴）等地，"川泽沃衍，有海陆之饶，珍异所聚"。江南物资丰饶，如何运往北方？陆路运费太高，又无贯通南北的自然河流，开通运河便成为最好的选择。

炀帝为转运江淮物资支援两都，加上久任扬州总管、醉心六朝文物，更有文帝积聚的雄厚财力为基础，便下令以洛阳为中心，修建水利工程：

"发河南、淮北诸郡民，前后百余万，开通济渠。自西苑引谷、洛水达于河；复自板渚引河历荥泽入汴；又自大梁之东引汴水入泗，达于淮；又发淮南民十余万开邗沟，自山阳至杨子入江。"（《资治通鉴·隋纪四》）

三个水利工程连通后，即为后世所称大运河。

第一个工程是大业元年（605年）开凿的通济渠。

通济渠以洛阳西面的西苑为起点，引谷水和洛水入黄河，在板渚引黄河水到达淮河，至于山阳（今江苏淮安）。从板渚到淮河这段，旧有蒗荡渠，郦道元水经注称其为大禹所开。在山阳，炀帝组织人力疏浚邗沟，又命人引淮水经扬子到达长江。当年秋天完工，运河水面宽四十步，两岸筑为大道，栽种榆柳，树荫交加，从东都到江都两千多里，沿途每两个驿站间建一座行宫，为临时休息之地，自京师到江都，有离宫四十多座，扬州还营建了江都宫。通济渠加

第一章 / 以隋代周，其兴也易 /

上邗沟，将洛阳与扬州连为一体。扬州是炀帝早年"龙潜之地"，故名江都。运河经济的繁荣发展，为扬州成为天下最繁华之地奠定了基础，始有"扬一益二"之称。

第二个工程是大业四年（608年）开凿的永济渠。

永济渠以洛阳为起点，疏浚三国曹魏旧渠，利用部分天然河道，引沁水南达黄河，北向直至涿郡。开凿通往东北的永济渠除了转运河北税收还有军事目的，运兵以防御北方和东北区域。炫耀财富和威严固然重要，转运兵饷备战高句丽也是目的之一：

"将兴辽东之役，自洛口开渠达于涿郡，以通漕运。"（《隋书·阎毗传》）

第三个工程是大业六年（610年）开凿的江南河。

江南河以京口（今江苏镇江，下同）为起点，引长江水经太湖流域直至余杭，入钱塘江。河宽十余丈，沿途建有驿宫，以备炀帝东巡会稽。江南河，可谓通济渠的延长，其流经的太湖流域及末端的杭嘉湖平原，为天下富庶之地，经由此河，可使江南财货源源不断地运往洛阳。

通济渠、永济渠、江南河连通后，构成了全长五千多里的大运河，它南起余杭，北到涿郡，贯通了帝国南北。

史称大运河"在隋之民不胜其害也，在唐之民不胜其利也"。通济渠的工役，丁夫死亡三分之二，沿河人民所受侵扰更难胜言，督工的大将麻祜尤为酷虐，沿河百姓望风生畏，以至于恐吓小儿常用"麻祜"之语。开永济渠时，因丁男不够，后期还役使过妇人。

大业元年八月十五日，炀帝乘龙舟巡幸江都，兵卫仪从之盛，可谓空前。

出发前，建造大小船只数千艘。炀帝坐的船叫龙舟，高四十五尺，宽五十尺，长二百尺。船有四重，上重有正殿内殿和东西朝堂，中间二重共计一百六十房，皆以金玉为饰，雕刻奇丽，下重为宦官内侍所居。龙舟由一千零八十名殿脚用青丝大绳牵引而行，殿脚都穿锦彩衣袍。皇后坐的船叫翔螭舟，比龙舟稍小而装饰相同，由九百名殿脚牵引前进。嫔妃所乘的是浮景舟，有九艘，每艘用殿脚二百人。贵人、美人和十六院夫人所乘的是漾彩舟，有三十六艘，每艘殿脚一百人。又有朱鸟舫、苍螭舫、白虎舫、玄武舫各二十四艘，飞羽舫六十艘，青凫舸、凌波舸各十艘，并宫人所乘。诸王、公主和三品以上官乘五楼船，有五十二艘。四品以上官及僧尼道士乘三楼船，共一百二十艘。五品以上官和诸国番官乘二楼船，共二百五十艘。装载羽仪服饰和百官供奉物的是板翕，有二百艘。六品以下九品以上乘黄蔑舫，共两千艘。又有平乘、青龙、艨艟、艚艟各五百艘，八棹、艇舸各二百艘，并十二卫兵士所乘。共用挽船者八万余人，挽漾彩以上的殿脚就有九千余人。船只之多，人从之众，装饰之美，仪卫之盛，极尽豪华排场。

　　炀帝由显仁宫出发，经过贯穿洛阳的漕渠，到达洛口改乘龙舟，历时五十天，随从船只才由洛阳出发完毕。一路船只首尾相接二百余里，二十余万骑兵沿河两岸护行，五百里以内范围的州、县贡献食物，宫人吃不了，多在临行时弃埋掉。

　　当年十月，炀帝到达江都，居住半年后，于第二年三月十六日启程返回东京。

　　在这之前，炀帝已让吏部尚书牛弘等议定陆路舆服、仪卫制度，由太府少卿（掌营造器物）何稠营造完成并送往江都。

　　何稠心思精巧，博览图书，参会古今，多所损益，力求华盛，在衮冕上画日月星辰，用漆纱制作皮弁，制作黄麾三万六千人仗及辂辇车舆、皇后卤簿、百官仪服，所需骨角齿牙皮革毛脂等物，都从民间征取：

　　"朝命夕办，百姓求捕，网罟遍野，水陆禽兽殆尽，犹不能给，而买于豪富蓄积之家，其价腾踊，是岁，翟雉尾一直十缣，

第一章 / 以隋代周，其兴也易 /

白鹭鲜半之。"(《隋书·食货志》)。

乌程（今浙江湖州南）有棵大树，高达百尺，没有枝丫，上面有白鹤的巢穴，有人想摘下来，因爬不上去，就砍伐树根，白鹤怕伤害幼鸟，自己拔掉氅毛扔到地面，时人称之为瑞兆，说"天子造羽仪，鸟兽自献羽毛"。

制作舆服、仪卫，前后役工二十多万人，花费金银钱帛以亿万计。炀帝用这支仪仗，前呼后拥出行，仪卫队伍绵亘二十多里。四月二十六日，从伊阙进入东京。

炀帝喜爱巡游，经常乘船沿运河往返于大兴城和东京之间。

大业六年、大业十二年（616年），杨广两次巡游曾任九年总管的江都。他说："自古天子就有巡狩的惯例，而江东那些皇帝大多搽脂敷粉，坐于深宫，不和百姓相见，这是哪种道理？"一个朝臣答道："这是他们国运不能长久的原因。"炀帝每次出行，浪费无数库藏，而所经之处，凡是敬献丰盛的加官晋爵，否则就加以责罚，乃至死罪。

炀帝开凿运河，客观上说，顺应了当时社会发展需要，对于帝国的经济发展发挥了巨大作用。

第一，运河西通河洛、南达江淮，把黄河、淮河、长江、钱塘江联系起来，把中国最富饶的华北平原和东南沿海地区连通起来，大大地缩短了南北距离，在新式交通工具诞生之前，运河一直是国内沟通南北的交通大动脉。

第二，南北物产交流有了通畅的渠道，对经济发展起了很大作用。运河开通后，"商旅往还，船乘不绝"，转运东南财物很多。"东南四十三州地，取尽脂膏是此河"。隋末翟让起义，徐世勣建议，"宋（今河南商丘）郑（今河南郑州）两郡之间，接近御河，商人来来往往，船只络绎不绝，在那里打劫，可以抢到很多东西。"之后，翟让在运河抢劫了官私船上的大量财物，兵众大振，由此可见运河经济的繁荣。同时，与经济发展同步，运河沿岸还兴起了许多商业城市，通济渠南端的江都逐渐成为全国的经济中心。

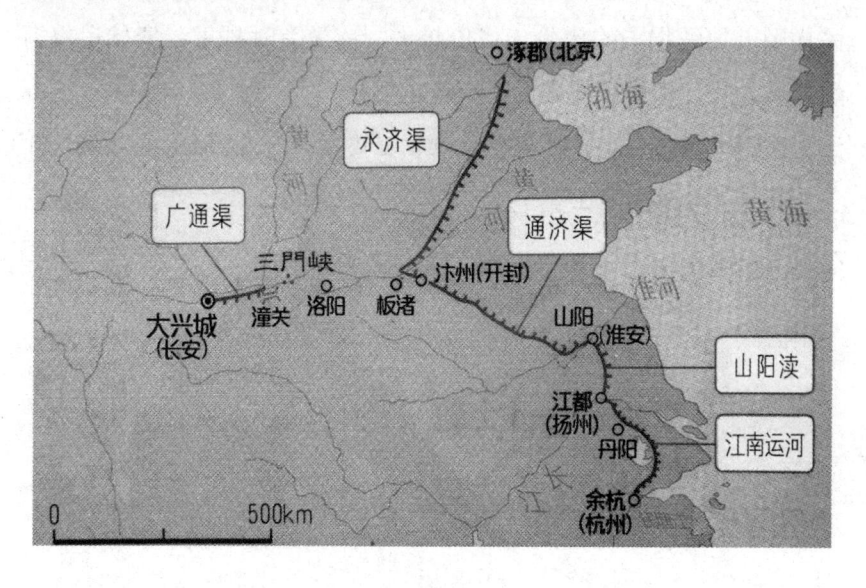

隋大运河走势图

第三，隋朝因为国祚短促，大运河的作用不很明显，但在继隋而兴的唐朝，大运河发挥了巨大作用，进一步加强了南北经济联系。此后，唐、北宋都经常开凿、疏浚、整修隋大运河。唐朝诗人皮日休曾说："（大运河）北通涿郡之渔商，南运江都之转输，其为利也博哉！"

"尽道隋亡为此河，至今千里赖通波。"对大运河的评价，历史上众说纷纭，莫衷一是。炀帝开凿运河、巡游四方，初衷在于听取民众议论，广泛征求意见，知晓刑法政令利弊得失，只是由于执意于东征高句丽，而忽略了国内此起彼伏的起义，进而导致帝国灾难性的覆亡，炀帝的历史评价才遭到了歪曲。

2014年6月22日，包括隋唐大运河、京杭大运河、浙东运河在内的三大部分十段河道被列入"世界文化遗产"，成为中国第四十六个世界遗产项目。

在盛大的文化古迹上，几乎都存在着这样一个"悖论"：越是能在后世为本民族赢得文化奇迹盛誉的东西，越是在建造时付出劳民伤财、损民损国的代价。代价越大，盛誉有时越重。秦始皇修万里长城如此，隋炀帝开凿大运河也是如此。

"运河为后世开万世之利，可谓不仁而有功矣。"（明·于慎行·《谷山笔尘》）

第二章

好大喜功，隋亡也忽

1. 布政定治大业中

在帝国的建设上，相对于文帝，炀帝也留下了鲜明的个人印记。

大业元年（605年），炀帝就下诏说："只有听取民众的议论，和百姓商量，才能检验刑法政令得失；现在我要巡行江淮、大海，观省当地风俗。"

大业二年（606年），炀帝并省天下州、县，并设置进士等科，开始考试得人。朝廷要求司隶刺史如果发现行为模范、文才出众和学有专长的人，经考察后要送往京师。寒门学子从此春还秋往，乌聚云合，打开了参政的大门。中国封建制度延绵上千年，通过科举考试选拔治国人才的制度起了至关重要的作用。

七月，炀帝下令，百官不能仅凭一般考核而增高品级，必须具有显著的道德品行且功绩超群的才可提拔。还下诏允许父母可跟随做官的儿子赴任到官府居住。

炀帝吝惜名位，群臣应该提拔升官的，多以兼职暂代，即使官员出缺，也空着不补充。当时的吏部尚书牛弘不得独自行使自己选官的职责，炀帝让他和纳言苏威、左翊卫大将军宇文述、左骁卫大将军张瑾、内史侍郎虞世基、御史大夫裴蕴、黄门侍郎裴矩一起研究人事问题，时人称"选曹七贵"。即使七人一同在坐，但都由虞世基最终决策，虞世基收受贿赂，送钱多的则越级提拔。

炀帝接受通事谒者韦云起的建议，斥逐朝中山东士族。所谓山东，是相对于关中、塞外、河东、陇右的文化地理概念，隋唐时泛指崤山以东广大地区，包括今河北、山东、河南等省。韦云起上奏说："现在朝廷之内，山东人很多，他们自为门户，互相引荐，欺上瞒下，共为朋党。如果不在萌芽时加以抑制，将来定会把持朝政，见到此种情形，我痛心扼腕，不能不说。"并附上山东士人朋党姓名及事迹。炀帝让大理寺调查，流放了左丞郎蔚之、司隶别驾郎楚之，免官九人。

九月，炀帝认为文帝时代的法令严密苛刻，要求修订律令，废除十恶条款。次年，牛弘等修成《大业律》，凡十八篇、五百条，具体为名例、卫宫、违制、请求、户、婚、擅兴、告劾、贼、盗、斗、捕亡、仓库、厩牧、关市、杂、诈伪、断狱。新律实际是离析《开皇律》中的户婚为户、婚，盗贼为贼、盗，斗讼为斗、告劾，厩库为仓库、厩牧，并增加请求、关市二篇，条目改变不多，所以《唐律》修订时体例沿袭《开皇律》而不取《大业律》。《大业律》五刑之内降重为轻的有二百余条，枷杖决罚讯囚的惩罚力度也大为减轻。当时百姓不满意法律严苛，炀帝改订刑律，人心大悦。但律成以后，时局混乱，征役繁兴，官府办事都是临时胁迫，只求完成任务，法律搁置，并未真正执行。炀帝末年，群盗蜂起，便再订严刑，凡是获偷盗东西以上罪名的，无论轻重，不用上奏，可以处死。百姓纷纷聚在一起，攻城掠邑，诛杀严惩也无法禁止。大业九年又下诏，凡是当了强盗的，都要抄家。杨玄感造反，被诛九族，参与起事的重犯被车裂砍头，或者被剐、再用箭射死，并让公卿以下官员咬下罪犯身上的肉吞食。直到隋恭帝即位，才得以按法行事。

炀帝因为启民可汗即将入朝，想以华丽的音乐夸耀，便增加文帝时期的七部乐为清乐、西凉、龟兹、天竺、康国、疏勒、安国、高（句）丽、礼毕九部乐。

裴蕴提议，将周、齐、梁、陈各朝曾经的乐家子弟编为乐户；朝廷中六品以下和普通百姓中有擅长音乐的，都在太常寺当值，炀帝采纳了他的建议。于是，四方散乐全部聚集东京，在芳华苑积翠池旁演奏。有人扮做猞猁跳跃，激起水花满街，鼋鼍、龟鳖、水人、虫鱼，遍布地面；又设计鲸鱼喷雾，遮挡阳光，瞬间又变成黄龙，长达七八丈；又让二人抬着竹竿，上面有人跳舞，上下跳跃，左右腾挪；又有神龟背山，化作人形吐出火苗，千变万化；表演的艺人都穿着锦绣彩绘的衣服，舞蹈之人环佩叮当，点缀好看的羽毛。炀帝让京兆、河南地区制做衣服，两京锦彩为之售卖一空。炀帝乐谱大多为艳曲，让乐正白明达谱成新声演奏，音调极其哀怨，炀帝十分高兴。后来，朝廷还设置博士弟子，传授技能，太常寺乐工达到三万多人。三年后，西域二十七国君长来朝，炀帝又在东都天津街盛陈戏乐。据《隋书·志·音乐》描述："金石匏革之声，闻数十里外，弹弦撅管以上一万八千人，大列炬火，光烛天地。所费钱财，不可胜计。"

两次演出都在正月十五日，从此，元宵放灯演戏成为中国民俗。

大业三年（607年），炀帝对朝廷有关典章制度进行大范围改革。

更改了度量权衡，一切依照古代标准执行。官员品位设为一至九品，每个品级只设置正、从两档，废除上、下阶。改上柱国以下官名为大夫。开皇中，文帝设置国王、郡王、国公、郡公、县公、侯、伯、子、男等九等爵位，炀帝只留下王、公、侯三个等级，其余全部废除。炀帝分设门下、太仆二司，取殿内监为名，设为殿内省，与尚书、门下、内史、秘书并为五省。尚书省吏、户、礼、兵、刑、工六曹，各设置侍郎一人为副职，其余诸曹侍郎改称为郎。

朝廷的监察机构增设谒者、司隶台，与御史合称三台。谒者台设大夫一人，负责受诏慰问、出使安抚、持节察授，对受冤的上奏朝廷，进行申诉，并设置两名司朝谒者作为副职。司隶台设大夫一人，负责巡察各地，设置别驾二人，分别巡察京城，一人负责东都，一人负责京师。设置刺史十四人，负责巡察京城之外地区，各郡设置从事四十人，为刺史巡察时郡里配合的副手。每年二月，刺史乘坐一匹马驾驶的轻便小车巡察郡县，十月回朝入奏。刺史巡察郡县共有六项内容：

"一察品官以上理政能否；二察官人贪残害政；三察豪强奸猾，侵害下人，及田宅逾制，官司不能禁止者；四察水旱虫灾，不以实言，枉征赋役，及无灾妄蠲免者；五察部内贼盗，不能穷逐，隐而不申者；六察德行孝悌，茂才异行，隐不贡者。"（《隋书·志·卷二十三》）

太府寺分剥出部分职责，设为少府监，改内侍省为长秋监、国子学为国子监、将作寺为将作监，加上原有的都水监，合称"五监"。太府寺只负责京都坊市五署及平准、左右藏等八署。京师东市称都会，西市称利人。东都东市称丰都，南市称大同，北市称通远。改各监长官令的名字为监，只有市、署长官仍旧称为令。

鸿胪寺典客署改为典蕃署。当初炀帝在建国门外设四方馆，负责接待四方使者，后撤销，有事则再设，隶属于鸿胪寺。接待东方国家的称东夷使者，接待南方国家的称南蛮使者，接待西方国家的称西戎使者，接待北方国家的称北狄使者，各设一人，负责该区域方国及互相贸易事务。每名使者有下属吏员，典护录事、叙职、叙仪、监府、监置、互市监及副职、参军各一人。录事负责纲纪，叙职负责考核贵贱立功，叙仪负责小大次序，监府负责各国贡献财货，监置负责安置各国驼马船车并纠察非法违纪，互市监及副职负责市场贸易，参军负责出入境交易。

文帝晚年只保留国子学，有学生72人，炀帝即位后恢复了教育行政机关国子监，四门学和州县学也再度举办。国子监依旧设置祭酒为主官，增设司业一人、丞三人，设置主簿、录事各一人。国子学和太学都设置博士、助教，前者学生名额不限，后者学生定额五百人。

改革府兵制度，增改军队左、右翊卫等为十六府，分别改左右卫为左右翊卫，左右武卫名称不变，改左右武候为左右候卫，改领军为左右屯卫，改左右备身为左右骁骑卫，增加左右御卫，改领左右府为左右备身府，左右监门府名称不变。其中，称"卫"的有十二个，称"府"的有四个。

十二卫，各设置大将军一人、将军二人，负责府事并统领各鹰扬府。炀帝改领兵主官骠骑为鹰扬郎将，正五品；车骑为鹰扬副郎将，从五品；大都督为校尉；帅都督为旅帅；都督为队正，增加设置队副作为副职。改三卫为三侍，文帝时三卫的直阁将军、直寝、奉车都尉、驸马都尉、直斋、别将、统军、军主、幢主之类，一并废除。制定府兵军士名称，左右翊卫所领士兵名为骁骑，左右骁卫所领士兵名豹骑，左右武卫所领士兵名熊渠，左右屯卫所领士兵名羽林，左右御卫所领士兵名射声，左右候卫所领士兵名佽飞，士兵总称为卫士，每卫设置护军四人。不久，又改护军为武贲郎将，正四品，又设置武牙郎将六人，为每卫主将副职，从四品，各卫都设置长史，从五品。又有录事参军、司仓、兵、骑、铠等员，翊卫又增加亲侍。鹰扬府每府设置鹰扬郎将一人，正五品，副鹰扬郎将一人，从五品，各有司马及兵、仓两司。鹰扬府属员有亲、勋、武三侍，不归翊卫府所管的鹰扬府，不设三侍。每个鹰扬府设置越骑校尉二人，管理骑兵，设步兵校尉二人，统领步兵，都是正六品。左右候卫增加设置察非掾二人，专门负责纠察弹劾之事。大业五年，又改副郎将为鹰击郎将。

左右备身府，各设备身郎将一人为主将，设直斋二人为副职，负责宫廷侍卫，属下有千牛左右、司射左右各十六人。千牛负责指挥千牛刀宿卫，司射负责提供弓箭。府中设置长史、录事、司兵、仓、骑、参军等人，又设折冲郎将统领骁果。

府兵除务农和农闲组织训练之外，还有两项任务，一是按规定番上，或宿卫京师，或在本地承担与军事治安有关工作；二是战时被征。隋朝常备军有两种，一是在京番上宿卫京师的部队，二是戍守军事要地的防人，前者归十六卫统率，后者归都督府下的镇戍统领。

变更地方行政制度，改州为郡，郡的主官为太守。废除州官长史、司马，设赞务一人为副职。再设东西曹掾。郡还设有主簿及司功、仓、户、兵、法、士曹等书佐属吏，根据郡的规模大小增减。改行参军为行书佐。以前设有兵处负责军事，由刺史统领，炀帝则另外设置都尉，副都尉领兵，不受郡管辖。又单独设置京辅都尉，办公地在潼关。后来，各郡增设通守一人，职位低于太守。京兆、河南，则称为内史。又改郡的赞务为郡丞，职位在通守之下。改县尉为县正，不久改县正为户曹、法曹，各有所司，以对应郡的六司。河南、洛阳、长安、大兴，增置功曹，共为三司。改郡县佛寺为道场，改道观为玄坛。京都各坊改为里。

牛弘有一次问旅骑尉刘炫，为什么现在官吏比前朝多了许多，少员却办不成事情？刘炫回答说：

"古人委任责成，岁终考其殿最，案不重校，文不繁悉，府史之任，掌要目而已。今之文簿，恒虑覆治，若锻炼不密，则万里追证百年旧案。故谚云：'老吏抱案死。'事繁政弊，职此之由也。"（《资治通鉴·隋纪四》）

牛弘又问："魏、齐之时，县令、刺史每日从容办事，现在却忙忙碌碌，没有宁时。为什么啊？"刘炫认为："以前，州只设置负责朝廷纲纪之人，郡设置郡守、郡丞，县设置县令，其余僚属由长官自己安排任命，赴任之时，每州不过数十人。现在则不同，州县大小官员都由吏部任命，纤小细微之事都要考核监察。省官不如省事，减少官员不如减少事务，事务不减少，却怎么能希望官员每日清简从容？"牛弘认为他说的对，却不能在实际中采纳施行。

大业五年（609年），炀帝下诏天下均田，免去妇人、奴婢、部曲之课。民部侍郎裴蕴认为民间脱漏户口和年龄作假很多，请求貌阅。如果发现一人不实，则发配乡正、里长。朝廷还鼓励百姓相互揭发，如纠出一丁，即令被纠之家代输赋役。到年底，全国各郡计账进丁24.3万、新附人口64.15万。炀帝临朝看见貌阅结果，对百官说："前代没有贤才，导致人口假冒；现在户口查实，全由裴蕴。"至此，裴蕴渐见亲重，不久，擢授御史大夫，与裴矩、虞世基参掌机密。

炀帝临朝时表情严肃庄重，说话下诏，辞义优美，实际上却喜欢声色宴游。大业六年（610年），炀帝在两都及外出巡游之时，经常让僧、尼、道士、女官随行，称之为"四道场"。炀帝十分宠爱萧琮的侄子梁公萧矩和宇文庆的孙子宇文晶，他每日在宫苑树林的亭子里大摆酒宴，让燕王杨倓和萧钜、宇文晶及高祖嫔妃一桌，僧、尼、道士、女官一桌，炀帝和宠幸的妃子一桌，众人吃喝宴饮，互相劝酒，酒酣则更无规矩，以此为常。杨氏妇女中漂亮的，也常常进宫。宇文晶可以随意出入宫廷大内，至于妃嫔、公主，行为中有不检点的地方，炀帝也不怪罪。

大业八年（612年）正月，有嵩山道士潘诞自称自己三百岁，要为炀帝炼制金丹，炀帝为他建造了一座嵩阳观，有数百间华丽的房屋，找来童男童女各一百二十人作为仆从，日常差役则达数千人，花费巨万。潘诞说炼制金丹应用石胆、石髓，朝廷便征调石匠，开凿嵩山上高大的岩石，有几十处都深达百尺。过了六年，金丹没有炼成，炀帝责问，潘诞回答说："没有石胆、石髓，如果能得到童男童女的胆髓各三斛六斗，可以作为替代品。"炀帝大怒，押往涿郡斩首。潘诞将死时，还在对人说"这是天子无福，等我羽化之时，我应升天为佛"等语。

炀帝擅于写作，他的名作《饮马长城窟》自有一种辉煌壮丽、

第二章 / 好大喜功，隋亡也忽 /

45

气吞山河的王者之风,《春江花月夜》也极见文采风流。炀帝对自己的文才十分自负,大业九年,曾对身边的侍臣说:"天下人都说我是继承了先皇的功业才领有四海之地,可是假设让我与满朝的士大夫们以才学高下进行选拔,我也应当成为天子!"

炀帝喜好读书著述,增加秘书省官员到一百二十人,不足人员在学士中补充。炀帝自当扬州总管时,王府学士就有百人,他们经常修书编撰,等到登上帝位,前后时间近二十年,修撰工作从未停止。自经术、文章、兵、农、地理、医、卜、释、道乃至博弈、鹰狗,全都出版新书,十分精美,共编成三十一部、一万七千多卷。他还主持编撰长洲玉镜四百卷、区宇图志一千二百卷,叙山川则卷首有山水图,叙郡国则卷首有郭邑图,叙城隍则卷首有公馆图。

当初,西京嘉则殿有藏书三十七万卷,炀帝让秘书监柳顾言等重新编制目录,淘汰重复杂书,一共得到正品御本三万七千多卷,放在东都修文殿。又誊写五十部副本,挑选后分为三个品级,分别放置在西京、东都的宫、省、官府,这些正本御书全都装帧精美华净,宝轴锦褾。书籍分类以甲乙丙丁为目,分统经史子籍四类,四部分类法为各朝沿用。炀帝严禁谶纬之学,烧掉有关书籍,致其失传。

炀帝在观文殿前设置十四间书室,窗户床褥厨幔,都极其珍丽。每三间开一个方形窗户,挂着锦幔,上面安有两名飞仙,户外地中安置机关。炀帝每次到达书室,便有宫女拿着香炉,前行发动机关,飞仙随之而下,收幔而上,入室之门和厨房的门也自动开启,等到炀帝走出书室,则垂闭如故。

大业十一年(615年),炀帝因为郡县人口逃亡,盗贼增多,便下诏,百姓都进城居住,田地根据远近进行分配,郡县驿亭村坞全都修筑城池。此为唐所继承。

大业四年(608年),天下共有190郡、1255县、890余万户,国土东西9300里、南北14815里,"隋氏之盛,极于此矣。"(《资

治通鉴·隋纪五》）

2. 九重谁省谏书函

炀帝对于帝国的建设，继承和发展了文帝的方针政策，在选人用人上，也有自己的个性色彩。

炀帝是在杨素的支持下得到东宫大位的。

杨素，弘农华阴人，年轻时生活落拓，但心有大志，不拘小节，好学，擅长文辞，美须髯，仪表俊美。

杨素因为父亲守节不投降北齐而再三请求朝命，惹得北周皇帝大怒，命左右推出去斩首。杨素大声说："我侍奉无道天子，死得其所。"皇帝认为他言语豪壮，渐受礼遇。皇帝十分满意他写的诏书，对杨素说："你好好努力，不要担心不富贵。"杨素回答："我只是怕富贵来逼我，我无心追求富贵。"

等到杨坚当上北周丞相，杨素深与之交，杨坚也很器重他。文帝受禅，即想灭陈，杨素被任命为行军元帅，坐在平乘大船上，容貌雄伟，陈朝人望见后十分害怕，说："清河公就是江神啊。"西突厥达头可汗侵犯边塞，杨素为灵州道行军总管，重创达头，杀伤突厥兵不可胜计，跟随杨素征伐者，虽微功必录，至于他将，虽有大功，多为文吏谴却。杨素为行军元帅，出云州出击突厥，接连打败敌军，再次开战时，恐怕突厥兵逃走，于是亲自带领两名骑兵，加上投降的两个突厥人，和突厥大军并行，突厥军没有察觉，等到突厥军安营未定，杨素催促后军掩杀，从此突厥远遁，漠南再无突厥王庭。炀帝即位，汉王杨谅谋反，杨素领兵将行，计日破贼，战事的进展和他所拟定的日程一样。大业元年，杨素被任为尚书令。

杨素爱财，东、西二京的房子十分华丽，经营了不少产业，各地旅店、水磨和良田数量以千百计。

当初，杨素因易储之策及平定杨谅的功劳，功高盖世，朝宴之际，或失臣礼，被炀帝猜忌，表面上礼遇颇重，实际已渐渐疏远。大业二年（606年），杨素病重，炀帝派名医诊治，赐给好药，私底下却询问医生病情，恐其不死。杨素也知道自己位极人臣，不肯服药，也不调养，每每对杨约说："我哪还需要活着啊？"

文帝重臣高颎刚当上仆射（尚书省长官）之时，高母告诫说："你富贵至极，只差一砍头，应谨慎。"高颎因而常常担心大祸临头。高颎因劝文帝"长幼有序"、不可废黜太子杨勇，遭独孤皇后诬告，后因事除名，诏下之日欢然无恨色。

炀帝即位后高颎复职，被任命为太常卿。炀帝征集散乐，高颎劝谏不听，高颎退朝后，对太常丞李懿说："北周天元皇帝宇文赟喜好声乐，以致身亡，殷鉴不远，怎么能再次犯错呢！"高颎看到炀帝优待突厥启民可汗过厚，对太府卿何稠说："这个突厥人很熟悉国家虚实，山川险易，将来恐为后患。"又对观王杨雄说："近来朝廷法纪全无。"炀帝认为他诽谤朝政，下诏诛杀高颎。

高颎胸有文武大略，明达世务，自从被文帝任用，竭诚尽节，引荐忠良，以天下为己任；苏威、杨素、贺若弼、韩擒虎都是高颎所推荐，其他立功立事的例子不可胜数。高颎当朝执政将近二十年，朝野推服，物无异议。海内富庶，高颎是出了大力的，史称其为"真宰相"。听闻高颎被杀，天下称冤，无不伤惜。

文帝时另一个有才能的大臣是礼部尚书宇文弼，以才能著称，历任要职，声望甚重，议论时事人物，多被推重赞许，炀帝十分忌惮。看到炀帝渐好声色，礼部尚书宇文弼私下对高颎说："以前北周天元皇帝十分奢侈，现在看来，不是有比他更严重的么？"又说："修筑长城，不是太着急的事情。"

平陈时与高颎功劳相当的名将贺若弼居功自傲，以宰相自许。不久，杨素当上仆射，贺若弼还是将军，心中不平，形于颜色，说高颎和杨素只能吃饭而已。

贺若弼犯错被抓进大牢，文帝数落他说："你有三个太猛：嫉妒心太猛，自以为是、诋毁他人心太猛，心中没有皇帝心太猛。"又念及他的功劳而释放。

突厥来朝，文帝赐射，贺若弼一箭即中。文帝说："除贺若弼，无人能此。"贺若弼说："臣如赤诚奉国，当一箭中的，否则射不中。"结果一箭中的。文帝十分高兴，回头对突厥使者说："此人，是上天赐给我的！"

炀帝为太子之时，问贺若弼："杨素、韩擒虎、史万岁三人都是良将，他们优劣如何？"贺若弼评论说："杨素是猛将，不是谋将；韩擒虎是斗将，不是领将；史万岁是骑将，不是大将。"炀帝追问："谁是大将？"贺若弼说："您挑谁是谁。"言下之意，自为大将。

炀帝即位，贺若弼遭到猜忌。贺若弼和人私下议论宴请突厥可汗太为奢侈。他和高颎、宇文弼等人的言行都被人报告给了炀帝，他们因私议皇帝得失被杀。

当初，萧琮因为萧皇后的原因，被炀帝亲重，任内史令，改封梁公，萧氏宗族都被炀帝随才擢用，萧氏兄弟布列朝廷。萧琮性格淡雅，不以职务为意，和贺若弼关系很好。贺若弼被杀后，又有童谣说："萧萧亦复起。"炀帝因而十分忌讳，萧琮被废于家，不久去世。

年迈的薛道衡当时是最重要的儒家学者，被称为"关西孔子"。大业初，从番州刺史任上被召至京师，炀帝想用为要职秘书监。薛道衡到达长安，上《高祖文皇帝颂》，盛赞文帝的成就，炀帝看到后，心里不高兴，拜为司隶大夫。赶上朝廷讨论新订法令，议而不决，薛道衡便说："假如高颎不死，早就定了，实施都该很久了。"炀帝知道后，认为他在回忆高颎，并想起了少时和他一起工作被视为童稚而遭受轻视的不愉快的情形。薛道衡自以所犯不是大错，觉得有司上奏之时一定得到赦免，让家人准备酒食，以备释放后宾客问候，

第二章 / 好大喜功，隋亡也忽 /

结果被盛怒的炀帝处以绞刑。行刑之际，炀帝解恨地说："你还能作'空梁落燕泥'吗？"另一个文人王胄死时，炀帝也说："看你还能写出'庭草无人随意绿'的句子吗？"

还有人在文帝、炀帝期间都被重用。

炀帝即位，纳言（门下省长官）苏威与左翊卫大将军宇文述、黄门侍郎（门下省掌诏令之官）裴矩、御史大夫（御史台主管）裴蕴、内史侍郎（中书省副职）虞世基参掌朝政，时谓"五贵"。

苏威五岁丧父，为北周权臣宇文护的女婿，见宇文护专权，怕大祸临头，躲进深山。苏威父亲苏绰是西魏度支尚书，因国用不足，所行税法很重，认为非"平世之法"，喻之以张弓，慨叹其后君子谁能弛之，苏威以为己任。

杨坚代周后，苏威当上纳言、民部尚书，便轻典治世，减少赋役。后苏威遭人非议，文帝说：

"苏威不值我，无以措其言；我不得苏威，何以行其道。"

（《隋书·苏威传》）

文帝晚年去仁寿宫，都留苏威在长安主持政事。

苏威"久处机衡，多所损益；罄竭心力，知无不为"，完成过很多民事和军事任务。炀帝被困雁门（大业时改代州置，今山西代县西南，下同），想自行突围，被苏威以"轻骑突进是突厥所长"劝阻。回到太原，苏威因义军蜂起，提议回到长安稳定局面，炀帝在宇文述的劝说下又改主意去了洛阳。

在江都，炀帝询问盗贼之事，宇文述回答"贼少"，苏威不忍欺骗炀帝，委婉地说："贼近，前日占长白山，现已到荥阳、汜水。"五月初五，百官献给炀帝珍宝，苏威别有深意地献上一部《尚书》。苏威建议"赦免群盗，遣讨高（句）丽"，炀帝生气地说："我亲去尚未攻克，这帮盗贼能有什么帮助。"

由于裴蕴背后使坏，苏威被除名为民。当炀帝想再次启用时，因裴蕴、虞世基说其"年老糊涂、衰弱生病"而作罢。

苏威一生经历曲折丰富，为文帝、炀帝父子尽忠效劳又几度免官，在弑杀炀帝的宇文化及手下任职，支持皇泰主杨侗称帝，协助王世充治理洛阳，不被李世民重视，八十二岁病死于长安家中。

宇文述是代郡（今山西大同东）武川人，杨坚辅政时，协助韦孝宽击败尉迟迥，曾率三万大军征陈。平素与杨广关系很好，深度参与东宫易储，被任为左卫率（太子宿卫之官）。率官定制四品，因宇文述之故提为第三品。炀帝即位，受厚赐。宇文述攻打吐谷浑，俘获其王公、部众约四千人。与苏威一起参与朝政，却更得炀帝宠爱，势倾朝野。炀帝赏赐四方贡品，使者相望于路而不绝。宇文述生性贪婪，别人的稀世之珍无不据为己有。

第一次征伐高句丽，宇文述负责军队指挥，惨败之后除名为民。第二次征伐高句丽时，他官复原职，遭逢黎阳之乱，回师大破反军，把杨玄感的脑袋献给炀帝。宇文述得病时，洛阳的炀帝想亲自去江都探望，被大臣拦住。他临死时恳请炀帝宽恕他的两个儿子，不久，其中的一个儿子就杀害了炀帝。

裴蕴的父亲是南陈官员裴忌，被北周所俘，后来在隋为文帝效劳。裴蕴秘密请求文帝，让他在陈朝充当隋朝内应，陈朝灭亡后，他在隋历任要职。查实户口一事，被炀帝大加赞赏，提拔为御史大夫。裴蕴善于体察炀帝心思，然后决断：

> "欲罪者，曲法顺情，锻成其罪；欲宥者，则附从轻典，因而释之；为人机辩，所论法理，或重或轻，皆由其口，剖析明敏。"
> （《隋书·裴蕴传》）

裴蕴能言善辩，口若悬河，或重或轻，皆由其口，剖析明敏，时人不能诘问。

平定杨玄感谋反后，炀帝要全都杀死参与者以震慑他人，裴蕴因此杀死数万人。裴蕴批评年迈的薛道衡负才恃旧，有轻炀帝之心，致其被杀；当苏威试图委婉地告诉炀帝天下大乱的严峻形势，裴蕴背后却说"天下哪里有那么多盗贼"，导致苏威祖孙三代被除名罢官。

江都兵变前，江阳长张惠绍驰马告诉裴蕴实情，裴蕴打算矫诏发外城兵抓捕宇文化及，派人告知虞世基，虞世基怀疑造反不实，压下来不同意，随后裴蕴被杀，死前叹道："谋及播郎（虞世基），竟误人事。"

裴矩是河东闻喜（今闻喜县）人，孤儿，在北齐长大。

齐亡，杨坚遇之于定州总管任上。

建隋次年，裴矩南下巡抚岭南，解广州之围，成功安抚二十余州。作为炀帝"经略四夷"的主要顾问，裴矩有效地遏制了突厥的军事和外交活动，收集西域（指玉门关、阳关以西地区的总称）各国风俗、山川险易情况，写成三卷《西域图记》。他负责西域诸蕃在张掖（今甘肃张掖西北）与中原互市事务，主张采取财富和威望的方式征服、安抚西域而非武力。自此，西域各国往来京师所经州县：

"疲于送迎，靡费以万万计，卒令中国疲弊以至于亡。"（《资治通鉴·隋纪四》）

炀帝在江都时，从驾骁果时有逃散，裴矩建议让骁果挑选江都境内寡妇及未嫁女子为妻，骁果十分高兴，都说是"裴公之惠"。江都兵变，叛兵说和裴矩没关系。再后来，裴矩被宇文化及和窦建德相继任用驱使，直到举山东之地降唐。

虞世基是陈朝官员之子，年轻时被公认为"南金之贵，属在斯人"。

炀帝即位，虞世基受到赏识而优遇更深。虞母去世，虞世基十分悲痛，身体衰弱，接受诏令时几乎不能站立，得有人搀扶。炀帝让他多吃肉，他一吃就哭，不能下咽，因而，炀帝多次派人劝他为国惜身。虞世基所言多合炀帝心意，是以亲礼更厚，专典机密。时逢多事之秋，每日四方奏折以百计上报，有些事廷议不决，虞世基到后立即起草敕书，一天百纸，无所纰漏。

炀帝被困雁门，采纳虞世基重给赏格、停征高句丽的建议，突围后却食言，自此朝野离心。虞世基看到高颎、张衡被杀，惧祸及己，更加小心翼翼，看炀帝脸色行事，不敢不顺从炀帝的性子。他知道炀帝不愿听到郡县被占的消息，外间有变就不告诉炀帝。瓦岗军围攻洛阳，越王杨侗派遣太常丞（官名称丞者一般系佐官）元善达到江都请炀帝返回东都，元善达泣不成声。虞世基看炀帝面露忧虑，说："越王年幼，有些人欺骗他。若如他所说，元善达为什么能到江都？"炀帝因而勃然大怒，故意让元善达去义军密集的东阳催运粮草，元善达随后被杀。

　　虞世基默许继室孙氏前夫之子顽鄙无赖的夏侯俨鬻官卖狱，聚敛钱财，却从不资助一贫如洗的弟弟虞世南，受到朝野讥讽。他在江都兵变中被宇文化及杀死。

　　另一个为文帝父子效忠的大臣是生性宽厚恭俭的牛弘。

　　牛弘笃志于学，虽公务繁杂，但手不释卷；荣宠虽冠于当世，但车子、服饰都很朴素。他曾建议文帝搜集书籍，藏于秘书省，保存了南北朝时期许多文献。牛弘参与或者主持制定隋朝的典章制度，"采百王之损益，成一代之典章"。独孤皇后去世，百官不能确定礼仪章程，牛弘在须臾之间安排好全部丧仪制度。

　　有一次牛弘去宣布诏谕，到了台阶下竟然说不上来，请罪说"都忘了"，文帝称赞他质朴正直。杨素恃才傲物，见到牛弘却立即改容自肃；攻打突厥前辞别牛弘，说其"其智可及，其愚不可及"，牛弘也不生气。

　　牛弘的弟弟牛弼酗酒，醉后射死了牛弘驾车的牛。牛弘回家，妻子出迎并告诉他"小叔子射死了牛"，牛弘不吃惊也不追问，直接说了一句"做牛肉干"。牛弘坐下后，妻子又说"小叔子忽然射死了牛，真是怪事"，牛弘说"我已知道了"，脸色仍旧不变，读书如常，其宽和大抵如此。

炀帝为太子时和他互赠诗文，即位后更亲重宠遇。

文帝旧臣始终得到信任的，只有牛弘一人。牛弘死于江都，炀帝深为悲痛。

当初，炀帝想营造汾阳宫，让御史大夫张衡画图上奏。张衡乘机进谏，劝说炀帝体恤百姓疾苦，稍加停止营造宫殿，炀帝心中不高兴。很长时间后，张衡督役筑楼烦城，又督役建造江都宫。礼部尚书杨玄感使至江都，张衡还对杨玄感说"薛道衡实为冤死"，被杨玄感上奏炀帝，差点儿被杀，后除名为民，放还田里。

大业九年，炀帝从容地对秘书郎虞世南说：

"我性不喜人谏，若位望通显而谏以求名者，弥所不耐。至于卑贱之士，虽少宽假，然卒不置之地上。汝其知之！"（《资治通鉴·隋纪》）

3. 征服四方有远略

隋朝是结束南北朝长期分裂的一个大一统王朝。

大业五年（609年）之前，炀帝集中精力经营从文帝手中继承下来的隋朝，通过一系列改革，使之继续繁荣富强并获得臣民的拥戴，巩固了帝国的统治，当时的隋朝已是一个天下统一、甲兵强锐、风行万里、威动殊俗的东亚强国。

大业五年之后，炀帝"慨然慕秦皇汉武之功"，凭借富强的国力，扬威内外。隋朝南征林邑（今越南南部），分其地置荡、农、冲三州，后改为比景、海阴、林邑三郡，在两汉日南郡之南。炀帝远征吐谷浑，取得西海（今青海省青海湖）以西地区，伊吾（今新疆哈密，下同）吐屯设等献西域数千里之地后，又置西海、河源、鄯善、且末等四郡。隋朝疆域不仅奄有今青海省昆仑山脉以北各地，而且远及今新疆东叶尔羌河之西。

隋朝连续开展的对外活动，有的是通过军事威慑，如东突厥臣服后，西突厥还十分强盛，为了控制龟兹、铁勒、伊吾等国，炀帝发兵攻打西域；有的是通过利益诱导，如为了发展对外贸易，炀帝派裴矩驻在张掖，招徕西域胡商；有的是通过外交怀柔，如炀帝曾北巡塞外，亲临突厥启民可汗牙帐，并写诗一首：

鹿塞鸿旗驻，龙庭翠辇回。毡帷望风举，穹庐向日开。呼韩顿颡至，屠耆接踵来。索辫擎膻肉，韦韝献酒杯。如何汉天子，空上单于台。

隋朝边境战争有三种动机：一是要确保东亚新帝国在地缘政治上的支配地位，如因高句丽不朝、侵扰边境，为了体现帝国权威，连续进行了三次征伐战争；二是出于掠夺的欲望，如隋朝发兵攻灭吐谷浑，占有其地，设置郡县；三是由于个人的猎奇心理，西域利尽西海，多产珍异，宇文述由于和陇右诸胡子弟合作而金宝累积，为了获得更多财富，炀帝便醉心连通西域。

在北方，炀帝开始征服契丹、威慑东突厥。

大业元年（605年），通事谒者（炀帝所设官署谒者台中引见臣下、传达使命之官）韦云起击败契丹。当年，契丹侵扰营州（今辽宁朝阳，下同），炀帝用"用突厥平契丹"之略，命韦云起率突厥兵讨击。

韦云起分二万名突厥骑兵为二十营，相距一里，不得交杂，闻鼓声而行，角声而止。一名纥干违反军令，马上被斩首示众。自此，突厥将帅到军营进见，都跪着行走，两腿发抖，不敢仰视。韦云起让突厥假称前往柳城（今辽宁朝阳）和高句丽交易，并严禁全军上下泄露军情。因为契丹当时还尊奉依附突厥，彼此之间一直相互信任，所以没有猜疑，未做任何防备。大军距离契丹军营五十里的时候，韦云起发起偷袭，俘虏契丹男女四万人，杀掉全部男子，赏给突厥俘获的女子和畜产一半。这次战役，没有调动隋军，只是用突厥兵攻打契丹，借此造成他们之间的仇恨，使其不能合谋而成边患。

这次胜利增强了炀帝向外扩张的信心，他非常高兴，提拔韦云起做了治书侍御史。

东突厥在文帝时已经归顺隋朝，但是到炀帝时，国力已经恢复，"人民羊马，遍满山谷"。对此，炀帝不得不多少怀有忧虑，修长城、筑驰道，并几次北巡，目的都是为了威慑突厥。

大业三年（607年），炀帝想去一趟突厥启民可汗的牙帐，准备从榆林郡出发，直奔突厥中部。

太府卿（掌国家财货政令及京都各市度量平准之官）元寿提议，随从部队分成二十四军，每日发一军，每军相距三十里，旗帜相望，钲鼓相闻，首尾相属，千里不绝，以示军容盛大。定襄太守周法尚提出，如果突然遇袭，会因兵力分散导致部队首尾不能相救，主张应结为方阵前进，确保安全，被炀帝采纳。炀帝从榆林出发，五十多万甲士、十万匹战马经过云中（今内蒙古托克托东北，下同），沿着金河（今内蒙古大黑河）行军，沿途旌旗辎重，绵延千里不绝。

工部尚书宇文恺制造了一座观风行殿，上有侍卫数百人，下面安装轮轴，可灵便推移，还制成周围两千步的行城，"以板为干，衣之以布，饰以丹青，楼橹悉备。"以庞大的军容和奇巧的制作，向突厥示威。胡人见之惊以为神，每次望见炀帝御营，在十里之外纷纷跪下，以额触地，没有一个敢坐在马上的。就连突厥启民可汗也在长孙晟的威重下，亲自用佩刀除去牙帐中的庭草，并说："这是将军的恩惠，我的幸运！"

为了展示隋朝的繁荣强盛，突厥入朝时，炀帝大集百戏散乐以夸耀中原之乐。西域诸国使者拜谒，则让武威、张掖士女穿上盛装，骑马乘车，绵延数十里，展示隋朝之盛。外商到洛阳丰都市交易，则要求酒食不收钱，以示隋朝之富：

"整饰店肆，簷宇如一，盛设帷帐，珍货充集，卖菜者亦借以龙须席。胡客或过酒食店，悉令邀延就坐，醉饱而散，不

取其值。"（《资治通鉴·隋纪五》）

隋朝统治稳定时，东突厥不敢反抗，统治不稳定时，东突厥则侵掠中原。大业十一年（615年），炀帝北巡时被突厥始毕可汗围于雁门，四十一座城被攻克了三十九座，箭头甚至射到了炀帝的御座。至于唐初，突厥常常侵扰边境。

在西部，炀帝开始降服西突厥和吐谷浑，经营西域。

西突厥控制了大多数西域国家，只有降服西突厥，才可以控制西域。

大业三年，裴矩建议炀帝发兵攻灭西突厥。

次年，裴矩又请求派司朝谒者（谒者台引见臣下、传达使命之官）崔君肃，招抚西突厥处罗可汗，使之朝贡。处罗态度高傲，不肯跪着受诏，崔君肃向处罗阐明利害关系说："启民可汗拥有百万之众，但还臣服我朝，就是想借助隋军来消灭您。您在长安的母亲向夫人听说后，十分忧虑，请求皇帝同意您归附。现在可汗如此倨慢，向夫人必因欺君被杀。我军和东突厥如果同时出兵攻击，西突厥的灭亡指日可待，您为何放不下面子？"

"爱两拜之礼，绝慈母之命；惜一语称臣，使社稷为墟。"（《资治通鉴·隋纪五》）

处罗一听，惊慌地站起来行礼，派出使者，向隋朝进贡了汗血马。

大业五年四月，高昌（今新疆吐鲁番，下同）麴伯雅、吐谷浑可汗、伊吾都派使臣朝见天子。炀帝西巡陇右，召处罗来朝不至，便采用裴矩离间之计，使处罗部下射匮袭击处罗。

大业七年（611年），处罗战败，奔降于隋。

直到隋末唐初，西突厥才再次强大。

在隋帝国的西部，吐谷浑据有今青海和新疆南部，正处在中原通往西域的要道。因吐谷浑阻遏了西域商道，炀帝决定打败吐谷浑，畅通西域商路。

大业初，炀帝接受裴矩的建议，诱使突厥铁勒部攻打吐谷浑，并派许公宇文述、安德王杨雄乘机进击。

大业五年，炀帝西巡，隋军一举击破吐谷浑，首领伏允遁走党项，部落投降者十余万口，其临羌城（今青海湟源东南）以西，且末以东，祁连以南，雪山（今阿尼玛卿山）以北，东西四千里、南北两千里之地尽为隋有。

炀帝开始置郡县镇戍，驻军屯田，保护西域交通和商业。

炀帝是中国历史上唯一到过西域的君王，也是中国历史上西行最远的皇帝。

到了炀帝末年，天下大乱，吐谷浑王伏允才乘机恢复故地，屡次侵扰河右。

在招抚西突厥和降服吐谷浑的同时，炀帝也开始试探经营西域。

炀帝即位后，曾派侍御史韦节、司隶从事（炀帝置司隶台，掌诸巡察，设大夫、别驾、刺史、从事等官，刺史巡查诸郡，从事为其副职）杜行满出使西域，到罽宾国（今克什米尔），得到玛瑙杯；到王舍城（在印度恒河旁），得到佛经；到史国（中亚细亚阿姆河和锡尔河之间），得到十名舞女、狮子皮和火鼠毛而还。

大业三年，炀帝令裴矩经略四夷事务，并设四方馆以接待东西南北四方少数民族及外国使臣，内设使者四人，各自主管双方往来及贸易等事，隶属于鸿胪寺。

大业四年（608年），右翊卫将军薛世雄与突厥启民可汗约定联和出兵伊吾，到了玉门，启民违约没来，薛世雄孤军越过沙漠，迫降了伊吾。

大业五年，炀帝西巡燕支山，高昌王麴伯雅、伊吾吐屯设等及西域二十七国使者进见。伊吾吐屯设献西域数千里之地，炀帝设西海（今青海省青海西岸）、河源（今青海兴海东南）、鄯善（古楼兰城）和且末（古且末城）四郡，征发天下罪犯作为戍卒镇守。

炀帝又命刘权镇守河源郡积石镇，大开屯田，捍御吐谷浑，以通西域之路。

为更好地戍守四郡及西北诸郡，隋朝年年转输塞外，花费亿万。由于路途遥远，有时还遇到土匪抢劫，人畜大多死亡，到不了目的地，郡县征破其家，导致百姓失业，隋朝西部地区首先困窘。

大业九年（613年），朝廷又要求关中富人按照家庭财产，出资买驴，征收之后，前往伊吾、河源、且末运粮，有的家庭买驴达到数百头，驴价涨到一万钱。

大业十一年（615年），突厥、新罗、靺鞨、毕大辞、诃咄、传越、乌那曷、波腊、吐火罗、俱虑建、忽论、诃多、沛汗、龟兹、疏勒、于阗、安国、曹国、何国、穆国、毕、衣密、失范延、伽折、契丹等国都派使臣朝贡。

据裴矩《西域图记》载，当时隋朝通西域有三条路：

北道，即天山北路的大道，从伊吾经蒲类海、铁勒等地到达西海；中道，即天山南路北道，从高昌、焉耆、龟兹等地到达西海；南道，即天山南路南道，从鄯善、于阗等地到达西海。其中的中道和南道，经葱岭后可到达波斯（今伊朗）和拂菻（古罗马帝国）等西亚、欧洲各国，即"丝绸之路"。伊吾、高昌和鄯善是三条道的起点，而敦煌（大业初改瓜州，今甘肃敦煌西）地处河西走廊西端，为中原与西域交通门户，为总出发点。

经营西域，促进了中外经济交流，并为唐时中西经济、文化的进一步交流奠定了基础。

在南部，隋朝也开始了征服和交流之旅。

林邑在今天越南顺化以南，西贡以北，湄公河之东，国土延袤数千里，出产香木金宝，百姓信奉佛教，语言文字和天竺国一样。

南北朝时期，南朝宋的交州刺史檀和之曾带兵深入其国，梁、陈时期，林邑和中原还有使者往来。文帝平陈，林邑派使者贡献方物，之后就不再朝贡。

文帝末年，群臣都说林邑有很多奇珍异宝。于是大业元年，朝廷任命刘方为欢州道行军总管（隋唐军队出征时军队统帅）率部队从水、陆两路进攻林邑。

隋朝军队渡过黎江后，林邑士兵乘坐巨象，从四面围攻隋军。刚开始，刘方作战不顺利，便沿路到处挖掘不少小土坑，上面覆盖杂草，然后派士兵去向林邑象军挑衅，林邑兵追来，佯装不敌，且战且退。林邑象队在追赶的途中，大象踩到隋军挖好的覆盖杂草的土坑，纷纷跌倒在地，林邑士兵惊慌失措。隋军随即用箭射击大象，大象中箭受伤，有的就往后退，反过来冲击了林邑军队的阵地。隋军马上派精锐部队追击，林邑兵大败，被俘虏一万多人。刘方继续追击，经过汉朝马援所立铜柱之南，八天后，攻入林邑国都。

林邑国王梵志弃城逃到海上，刘方刻石纪功而还。由于气候和水土原因，有十分之四五的士兵因两脚浮肿而死，刘方也病死在班师的路上。

大业三年，就是炀帝北巡至启民可汗牙帐、派裴矩经营西域的这一年，朝廷招募出使绝域之人，和屯田主事常骏、虞部主事王君政等，去了今天东南亚马六甲中部的赤土国。使团从南海郡（大业时，改番州、广州置，今广东广州）乘船二十天才到，赤土国王派了三十条船迎接，招待的礼节非常隆重，回来的时候，还送给炀帝金芙蓉冠、龙脑香等很多珍贵的物品。

对东方大海中的流求岛和日本，隋朝也进行了不同程度的接触。

流求岛在建安郡（今福建建瓯）东面海中，汉魏时称东鳀或夷洲，隋时称流求（今台湾省）。大业三年，炀帝派羽骑尉朱宽和海师何蛮到流求访问，次年，又派朱宽招抚，流求国不从。大业五年，炀帝派虎贲郎将陈棱和朝请大夫（文散官名）张镇周带兵从义安郡（今广东潮州）乘船抵达流求，登陆作战，流求王渴剌兜派兵迎战被击败，渴刺兜出战后被杀，虏其民一万七千人而还，炀帝赐给百官为奴。

日本久与中国相通，文帝时曾遣使来隋。大业三年，小野妹子等数十人携带国书到中国学习佛法，国书上写"日出处天子致书日没处天子无恙"。大业四年，炀帝派文林郎裴世清出使日本，渡过百济，经过竹岛，赠予日本隋朝的冠饰衣服。

大业时期，和隋朝交往的还有十多个国家，如大业十二年（616年）真腊（柬埔寨）、婆利（北婆罗洲）遣使来隋，新罗和百济也曾向隋遣使朝贡。

总之，炀帝志在四方，内恃富强、外思广地，甘心远夷，志求珍异；或结之以重宝，子女玉帛，相继于道，使者之车，往来结辙；或慑之以劲弩，师出于流求，兵加于林邑，吐谷浑狼狈于青海，东突厥匍匐于漠北（指蒙古高原大沙漠以北）。有隋之功，威震殊俗，自以超过于秦汉远矣，然则，炀帝虽有荒外之功，却无救域中之败，三征辽东不捷，遽有江都之祸，天下已非隋有，四海空怀远略。

岂不惜哉！

4. 欲取燕城作帝家

炀帝自大业八年（612年）到大业十年（614年），三次向辽东地区（今辽宁一带）发起征伐高句丽的战争，终致民力疲敝，以致天下大乱。

高句丽是西汉末年在朝鲜半岛出现的三个国家之一，《魏书》《三国志》《隋书》《新唐书》《旧唐书》均有传。

隋唐时期，朝鲜半岛三国分别为高句丽、新罗与百济，高句丽位于半岛北部，新罗、百济位于半岛南端，其中，高句丽最为强大。三国中，新罗、百济始终与隋朝保持着良好的关系，而高句丽与隋朝的关系却比较微妙复杂。

高句丽，据说先世出于扶余，汉元帝时，扶余人朱蒙南下建立高句丽国，其孙莫来执政后，击败并降服了扶余余部，其后蚕食汉朝边疆，日渐强大，汉魏之际，势力发展到辽河一带。西晋末，鲜卑慕容氏在今辽宁朝阳建国，称前燕，前燕征服高句丽，国王高钊投降，南北朝时期，中国分裂，其国势力恢复。东晋孝武太元十年（385年），高句丽攻占中国辽东（今辽宁辽阳）、玄菟二郡，后燕慕容坚派兵收复两郡。后燕慕容宝时，高句丽再次掠夺辽东。北魏时，与中原通好，人口是之前的三倍，实力相当强大；北周时，遣使朝贡，被北周武帝封为辽东王；文帝建隋后，改封为高句丽王，高句丽一面向文帝朝贡，一面和陈朝通好。

高句丽国建都平壤，国土东至新罗，西临辽水，南接百济，北邻靺鞨，不仅占领了汉代辽东、玄菟（今辽宁新宾西）、乐浪（今平壤市南）、带方（今朝鲜黄海北道）四郡，而且征服了沃沮等游牧民族，隔辽河与隋朝相邻，成为一个"东西两千里，南北千余里"的地区强国。

隋灭陈时，收编人口60万户，唐灭高句丽，收编人口69万户，户数虽不能代表全部人口，但所表现出来的事实是，高句丽并非是一个小国，其所能掌控的人口，比占有整个长江以南的陈朝还要多。

文帝平陈之后，高句丽王高汤心怀疑惧，便开始整顿军队、储备粮食，作为守拒之策，引起文帝不满。

开皇十年（590年），高元继承王位，开皇十七年（597年），被文帝册封为王，但是高句丽经常派人暗中打探隋朝消息，加强和靺鞨、契丹等少数民族的联系，私下和突厥交往，隋朝营州总管韦冲也曾招抚靺鞨、契丹等部。

隋朝和高句丽争夺属国的斗争，实际是两个政权向外发展相遇的必然结果。隋朝在东方事务中认为"普天之下，皆为朕臣"，常以宗主国自居，认为高句丽不守藩臣之节，为使有恶必罚，隋朝严厉警告高句丽"自求多福"。高元虽然表面上接受了这个最后通牒，却联合粟末、靺鞨先发攻击了隋朝冀州道军事驻地。

开皇十八年（598年），高句丽王率靺鞨骑兵万余进攻辽西，被韦冲击退，文帝大怒，下诏废黜高元官爵，以汉王杨谅、王世积并为行军元帅，以高颎为汉王长史、周罗睺为水军总管，水、陆军队三十万征伐高句丽。陆路兵出临渝关后遇大雨、大水，粮运中断，军中发生瘟疫；水路自东莱郡（今山东掖县）泛海赶往平壤途中遭遇飓风，很多船只飘没大海，士兵死者十之八九，隋军不得已撤退。高元也遣使谢罪，自称"辽东粪土臣元"，文帝有了台阶，于是罢兵，待之如初。

炀帝即位，隋朝已达鼎盛之时，朝野都认为应留意辽东高句丽的所作所为，主战的论调逐渐占据上风。

大业三年（607年）初，炀帝北巡突厥启民可汗牙帐，高句丽使者恰好也在，启民可汗当时正在推诚奉事于隋，不敢隐瞒境外之交，便带着高句丽使者进见炀帝。炀帝接受裴矩的建议，让使者回去禀告高句丽王早点儿来朝见，否则，就要和启民可汗"往巡彼土"。直到大业六年（610年）十二月，高元也未来朝。

炀帝以高元不来朝见为借口，开始了征伐辽东的军事行动。

为此，炀帝进行了长达五年的大规模准备工作。

大业三年，炀帝命殿内丞（殿内省掌诸供奉之事，主官为殿内监，副职有少监及丞）阎毗监督开凿永济渠，自洛口开渠，到达涿郡，以便转运粮饷。大业四年（608年），炀帝命令大造兵器。

大业五年（609年），炀帝检查军事物质储备，要求武器一律换成质量好的和新的，不符合要求的立即处死。十二月，又令天下富人按资产出钱买马，马匹价达到十万钱，同时征调江淮以南水手一万人、弩手三万人，岭南排猎手三万人。大业六年春，四方征兵，无问远近，俱会涿郡。

第二章 / 好大喜功，隋亡也忽 /

大业七年（611年）二月十九日，炀帝自江都北上涿郡，途中命令幽州总管元弘嗣在东莱海口制造船舰三百艘以渡海运送兵卒军需，各州役工昼夜站在水中，不敢休息。五月，河南、淮南、江南造戎车五万辆送到高阳（今河北高阳），用来运输衣甲、帐幕。七月，为运送黎阳、洛口诸仓米于涿郡，调拨江、淮以南的民船沿永济渠北上，运伕达数十万人。当月，山东、河北发生大水，淹没三十多个郡、县，炀帝仍然诏令征人运粮。十二月，征发山东一带的民伕，以牛车运米，往辽西泸河（今辽宁义县）、怀远（今辽宁沈阳辽中）二镇运米，还诏令郡、县征发鹿车（小车）夫六十多万人，两人推运三石米。由于道路险远，三石米还不够路上食用，到目的地时，车上米已经所剩无几，有人畏罪潜逃，遂成流寇。

大业八年（612年）正月初二，隋军齐集涿郡，号称二百万。炀帝以高句丽"侵轶辽西"为由，下诏发兵，各路军队进攻的总目标为平壤。初三，陆军从涿郡出发，海军从东莱海口出发，共二十四路：左第一军镂方道，第二军长岑道，第三军海冥道，第四军盖马道，第五军建安道，第六军南苏道，第七军辽东道，第八军玄菟道，第九军扶余道，第十军朝鲜道，第十一军沃沮道，第十二军乐浪道；右第一军黏蝉道，第二军含资道，第三军浑弥道，第四军临屯道，第五军候城道，第六军提奚道，第七军踏顿道，第八军肃慎道，第九军碣石道，第十军东暆道，第十一军带方道，第十二军襄平道。

隋军每日出发一军，每军相距四十里，连营渐进，又有炀帝亲率的六军，合各道共计三十军。经过四十天，军队才从涿郡出发完毕，前后绵亘一千零四十里，首尾相继，鼓角相闻，近古出师之盛，未有如此壮观。

二月，隋军和高句丽打了一场胜仗后，渡过辽水，主力围攻辽东城（今辽宁辽阳）。三月十四日，炀帝渡过辽水，六月十一日，到辽东城南督战。

同时，炀帝另派九军三十多万人，由左、右翊卫大将军宇文述、于仲文等率领，分三路向鸭绿水西集中，直驱平壤。军中发布命令，人马只携带百天粮食及衣物兵器等，行军目标是渡过辽水，越高句丽诸城，与水军合攻平壤。一百天的粮食加上衣物、戎具、火幕、兵器等，每个士兵负重都在三石以上，军中又严令遗弃米粟，违者斩首，一路上士兵苦不堪言。扎营时，有的士兵偷偷地在幕下挖坑，埋掉粮米，走到半路，士兵的粮食已严重不足。

隋军到达鸭绿水西，高句丽大臣乙支文德到军营诈降，实际是探听部队虚实。于仲文事先密奏炀帝，如果遇到高元或者乙支文德，一定抓住。尚书右丞（辅佐仆射，掌钱谷等事）慰抚使刘士龙坚决反对扣押乙支文德，于仲文放人之后后悔，传话"还有别的话没说完"，让乙支文德回来，乙支文德不听，直接渡过鸭绿水。

军中粮食将尽，于仲文不同意宇文述撤军建议，令众军追击。

乙支文德知隋军粮食将尽，故意诱敌深入，每战辄走，宇文述一日七捷，渡过萨水（今清川江），距平壤三十里依山扎营。

乙支文德再次诈称"若隋军撤退，必奉高元到炀帝行在朝见"。隋军疲惫不堪，严重缺粮，平壤城又很坚固，宇文述便借机下令撤军。高句丽军乘其后撤，从四面抄击隋军，宇文述等且战且退，七月二十四日，至萨水被高句丽军半渡击之，殿后的左屯卫大将军辛世雄战死，隋军溃散，一昼夜退军四百五十里抵达鸭绿水，中途薛世雄在白石山大败追兵。宇文述到了辽东城，清点军队，相比渡过辽水出发时的三十多万隋军，仅剩两千七百人，唯卫文升一军独全，隋军械器具丢失殆尽，而此时辽东城还没有攻克。

八月二十五日，炀帝下令撤军。

右翊卫大将军来护儿统率的江、淮水军从东莱出发，经海道入浿水（今朝鲜大同江），在距平壤六十里的地方大败高句丽军，乘胜以精甲四万攻城，后被高句丽诈败诱入城中，遭遇伏兵，几乎全军覆没，还者不过几千人，退屯海边。

历时八个月的征伐，隋朝唯一的收获是在辽水之西攻占的高句丽小城武历逻（今辽宁新民东），并在该地设置了辽东郡及通定镇。

九月初三，炀帝回到东都，杀刘士龙以谢天下。宇文述因平时受宠和儿子娶了南阳公主的缘故，仅被除名为民。由于众将都怪罪于仲文，于仲文被送进大牢。

大业九年（613年）正月初二，炀帝再次下诏，征天下之兵集于涿郡，同时还招募健壮百姓为骁果，设置折冲、果毅、武勇和雄武四郎将统率。

此时，各地起义不断爆发，形势严峻。炀帝让代王杨侑、越王杨侗（均为太子杨昭之子）分别留守长安和洛阳，派刑部尚书卫文升和民部尚书樊子盖协守。

二月，炀帝以"兵粮缺少，军官失误，而非其责"的理由恢复宇文述官职，再次廷议攻打高句丽，郭荣认为"千钧之弩，不为鼷鼠发机"，劝炀帝不要亲征。炀帝不从，三月，从东都来到黎阳（今河南浚县，下同），留礼部尚书杨玄感督运物资。四月二十七日，炀帝渡过辽水，一面派宇文述和杨义臣从陆路直奔平壤，来护儿依旧从东莱渡海进攻平壤，一面命众将猛攻辽东城，许以便宜从事。

过了二十多天，辽东城仍久攻不下。

六月，炀帝命人制作一百多万个布袋，装满土，堆为宽三十步的鱼梁大道，高与城齐，让士兵在土道上攻城，又造高出城墙的八轮楼车，护卫鱼梁道，俯射城内。一切准备就绪，即将攻城之时，杨玄感谋反奏报到达前线，炀帝看后大惊，于二十八日午夜二更，密令诸将撤军，小山一样的军资、器械、攻具、营垒、帐幕等全部丢弃。高句丽察觉隋军异常，却不敢追击，两天后，才派出数千士兵追到辽水，杀了最后渡河的几千老弱士兵。

在东莱统率水军的来护儿听说杨玄感谋反的消息，准备立即回师，众将认为没有皇帝的诏命不能擅做主张，拒绝服从命令，来护儿坚持撤兵回援，厉声说：

"洛阳被围，心腹之疾；高（句）丽逆命，犹疥癣耳。公家之事，知无不为，专擅在吾，不关诸人，有沮议者，军法从事。"（《资治通鉴·隋纪六》）

来护儿一面撤军，一面派出两个儿子向炀帝汇报。时炀帝已到涿郡，并诏令来护儿回援，见来护儿二子前来，非常高兴，说："公旋师之时，是朕敕公之日，君臣意合，远同符契。"

炀帝第二次征伐高句丽，因杨玄感黎阳造反而不了了之。

大业十年二月初三，在平定杨玄感谋反之后，炀帝又命百官讨论出兵高句丽事宜。好几天，朝臣无敢言者。

二十日，炀帝决意三征，再次诏令天下之兵，百道俱进。三月十四日，炀帝出发，二十五日，到达临渝宫（今河北抚宁东），四月二十七日，到达北平郡（今河北满城北），因关内起义此起彼伏，又命屈突通为关内讨捕大使率兵平定。由于天下大乱，征召的士兵大多没有按期集合，炀帝在北平停留数月之久。

七月，到达怀远镇，彼时高句丽也因连年作战，早已兵疲财困。

来护儿在毕奢城（今辽宁金州大黑山境）击败高句丽军队，将进攻平壤。高元震骇，二十八日，遣还去年和杨玄感通谋造反、避难高句丽的兵部侍郎斛斯政，上表乞降。炀帝也想就此而止，便同意高句丽投降。来护儿接到撤军令时说：

"大军三出，未能平贼，此还不可复来。劳而无功，吾窃耻之。今高（句）丽实困，以此众击之，不日可克。吾欲进兵径围平壤，聚高元，献捷而归，不亦善乎！"（《资治通鉴·隋纪六》）

隋左右领军府不置将军，仅设长史、司马等官，掌十二军籍帐、差科、词讼等事，时随军长史崔君肃坚决反对，来护儿说："将在外，事当专决，宁可抓住高元回去受到责备，也不能错过这个大好时机。"

崔君肃威胁其他将领，如拒不撤军就要上奏皇帝，诸将害怕违诏获罪，均请撤军，来护儿无奈，只得奉诏。

八月初四，炀帝自怀远镇班师。十月，献俘太庙，并征召高元入朝，已"投降"的高元竟然再次不来。

炀帝敕命隋军将帅严阵以待，准备第四次征伐高句丽，然已天下大乱，隋帝国处于风雨飘摇之中，他的计划再也无法实施了。

炀帝三次大举进攻高句丽，貌似因为炀帝北巡突厥时对高句丽使者的一番来朝恫吓，其实也是文帝以来隋朝向外政策的必然延续。

大业十二年（616年），炀帝从洛阳去江都，临别留诗宫人："我梦江都好，征辽亦偶然。"

这个"偶然"的代价，是接二连三的战争导致人力动员过大，良家之子多赴边陲，哭泣之声连响州县，老弱耕稼不能拯救饥馁，妇工纺织不能满足资装，终致逃役日多、民众困窘、社会糜烂。

这个"好梦"的背后，是有人在黎阳造反，天下因而大乱，燕赵跨于齐韩、江淮入于襄邓，东周洛邑之地、西秦陇山之右，群盗相聚，义军蜂起，宫观滋生茂草，乡亭断绝烟火，帝国一派元气耗尽的萧条景象。

故颇有人说："隋氏之亡，亦由于此。"

隋末为何天下大乱？这和文帝重臣杨素的一个儿子有关。

5. 黎阳之乱玄感反

杨玄感，隋朝司徒、尚书令、楚国公杨素之子。

杨玄感长得雄伟健壮，蓄得好须髯，幼时开智较晚，人们认为他有些痴呆，唯独杨素不以为然，对亲戚们说："这孩子不傻。"知子莫若父，果然，杨玄感长大后喜欢读书，擅长骑射，文武双全。

文帝时，杨玄感靠着父亲军功荫补，位至柱国，和父亲杨素尚书右仆射的官职同是二品，上朝时站在一列。文帝将杨玄感官位降了一等，杨玄感拜谢文帝说："未曾料到皇帝如此宠爱，竟然允许我在朝廷上公开表达对父亲的恭孝之心。"

最初，杨玄感被任命为郢州（今湖北钟祥）刺史，到任后，暗地里布置耳目，了解当地官吏的才能高低，把官吏贪赃枉法的情况调查得清清楚楚，然后，找个机会予以公开宣布，从此，官吏们不敢有半点儿欺瞒，百姓称赞他才干了得。

后来，杨玄感调任宋州（今河南商丘）刺史，因父亲杨素去世，离职居家，一年后，进入中央，担任鸿胪卿（官名，负责少数民族事务），袭爵楚国公，再升任礼部尚书。杨玄感性格虽然有些恃才傲物，但是喜爱文学，名人贤士竞相往来于门下。

当初杨素因易储之策及平定杨谅的功劳，功高盖主，杨素病重之际，炀帝表面上派名医诊治，私底下却恐其不死。大业二年（606年）七月，杨素死后不久，炀帝对侍臣说："倘使杨素不死，终当灭族。"此话传出，成为杨玄感的一块心病。

杨家几代显贵、名高望重，在朝文武百官多为杨素部下，杨玄感见炀帝多方猜忌，内心惴惴不安，唯恐大祸临头，便和几个弟弟暗中谋划政变，废掉炀帝，另立文帝第三子杨俊之子秦王杨浩为帝。

大业五年（609年），杨玄感跟随炀帝亲征吐谷浑，回来路过大斗拔谷（今甘肃民乐东南甘、青二省交界扁都口隘路），山路隘险，鱼贯而出，风雪晦冥，文武官员饥馁沾湿，夜久不至前营，士卒冻死大半，马驴死亡十之八九，后宫嫔妃、公主狼狈相失，和军士杂宿山间。看到扈从困顿疲惫，杨玄感想突袭炀帝行宫，被他的叔叔杨慎阻止。杨慎认为此时国家稳定，朝廷上下一心，时机尚未成熟，杨玄感暂时停止了弑杀炀帝的行动。

炀帝喜好征伐、展示国威，杨玄感也想借机立功、扬名于世，就对兵部尚书段文振表达了想建立军功的想法。段文振上奏后，炀帝十分满意,对群臣说:"将门必有将,相门必有相,此言不虚。"于是杨玄感礼遇益隆,颇预朝政。

大业九年(613年)三月,炀帝再征辽东,让杨玄感在黎阳督办物资。

百姓劳役很重,天下思乱,齐人王薄、孟让、北海(今山东青州北,下同)郭方预、清河(大业时改贝州置,今河北清河西北,下同)张金称、平原(今县西南)郝孝德、河间(大业时改瀛州置,今河北献县东南)格谦、渤海(大业时改沧州置,今山东东光东,下同)孙宣雅等,或为逃役,或为无业,或因灾荒,群起为盗。

杨玄感看到大乱渐起,便和武贲郎将(炀帝置十二卫之将军助理)王仲伯、汲郡赞治(炀帝改州为郡,置赞治,为郡守佐官,实即郡丞)赵怀义等谋议,故意拖延隋军粮草供给,破坏辽东战役。

炀帝派使者催促,杨玄感借口"水路多盗贼"而不连续出发。杨玄感秘密派人叫回在辽东前线的两个弟弟,不料途中事泄被杀。

为师出有名,杨玄感用了贼喊捉贼的手段,派家奴扮成从东方来的使者,谎称在东莱率领水军准备攻打平壤的来护儿违反军期谋反,炀帝密诏他前去讨伐。

六月初三,杨玄感进入黎阳县,关上城门,搜寻全城男子,取帆布作盔甲,依文帝旧制开府置官,任命赵怀义为卫州刺史,东光尉(县令佐官,负责治安捕盗)元务本为黎州刺史,河内郡(大业时改怀州置,今河南沁阳,下同)主簿唐祎为怀州刺史。同在黎阳督运的治书侍御史游元,因"有死而已,不敢闻命"被杀。

杨玄感从押运军粮的民夫中挑选五千人,从丹杨、宣城的船夫、艄公中挑选三千人,便带着这八千人起事,杀三牲誓师时说:"皇帝无道,不体恤百姓,天下动荡,死在辽东的士兵以万数。今天和大家起兵,我要从困境中拯救万民,怎么样?"大伙听后都踊跃高呼。

于是杨玄感一面给周围郡县发送公文,以讨伐来护儿的名义相约会兵黎阳，一面偷偷派家僮到长安，找李密及弟弟杨玄挺来黎阳。河内郡主簿唐祎乘机逃回河内。

杨玄感正在黎阳调兵遣将，李密恰好赶到，因而喜出望外，把李密当作谋主。

杨玄感对来到黎阳的李密说："你常以救济天下为己任，现正当其时！有什么好策略？"李密提出了上中下三策：上策是进兵东北，由于炀帝远在辽东，南有大海，北有强胡，只有一条险路回来，如果长驱入蓟，占据临渝之险，高句丽在后逼迫，前后夹击，不过旬月，隋军资粮皆尽，部众不降则溃，炀帝可不战而擒；中策是西取长安，经城勿攻，收其豪杰，抚其士民，据险而守，徐图天下；下策是以精锐部队，昼夜倍道，袭击洛阳，以号令四方。但恐唐祎告密，东都樊子盖有了准备，固守洛阳。如果百天之内不能攻克洛阳，天下援兵四面而至，最终结局如何，不可预料。

杨玄感认为李密的下策是上策，如能抓获洛阳百官家属作为人质，可以动摇炀帝军心，经过城池而不攻克，不能显示兵威，于是决意进攻洛阳。

杨玄感派杨玄挺为先锋进攻河内，唐祎据城坚守，杨玄挺久攻不克。唐祎在守城的同时，又派人快马到东都奏报。越王杨侗和民部尚书樊子盖接到杨玄感起兵的消息，大为惊惧，立刻加强东都防御。

修武县（今河南武陟）百姓也自发组织起来，帮助隋军据守临清关（今河南新乡东北），杨玄感大军无法渡过黄河，不得不从汲郡渡过黄河向东都前进。一路上，百姓纷纷响应，加入队伍的人数不胜数，未遇到任何抵抗，就到达偃师（今河南偃师，下同）。

杨玄感派弟弟杨积善率兵三千从偃师以南沿洛水西入，杨玄挺自白司马坂（今河南洛阳北邙山北麓）越过邙山南入，自己则率领三千余人殿后，自称大军。杨玄感士兵的武器只有单刀、柳楯，没有弓箭、甲胄等。

东都方面派河南令达奚善意带领精兵五千堵截杨积善，将作监（隋时掌宫室修建之官）、河南赞治裴弘策带兵八千堵截杨玄挺。达奚善意渡过洛水，在汉王寺驻营，第二天看到杨积善兵到，不战而溃，铠仗武器都被杨积善缴获。裴弘策在白司马坂一战败走，丢弃大半铠仗，退了三四里，收集散兵重新列阵迎战；杨玄挺带着士兵故意走得很慢，到阵前又休息很久，突然之间发动攻击，裴弘策大败，这样一连打了五仗。十月四日，杨玄挺直奔太阳门（东都东面三门之中门），裴弘策只带着十余名骑兵逃入宫城，余部投降杨玄感。

杨玄感屯兵洛阳上春门（洛阳外郭东面北部第一门）外，有十万之多。每次召集百姓，则信誓旦旦地说："我身为上柱国，家中积累了巨万财富，富贵至极，已无所求。现在，我不顾破家灭族，只为解天下倒悬之急，救黎民之命！"大家听后，深受鼓舞，竞相献上酒和牛肉，每日投营从军的达数千人。

隋朝内史舍人（隋避文帝父杨忠讳，改中书省为内史省，置内书舍人，专掌诏诰）韦福嗣随军出战被俘，杨玄感对之礼遇甚厚，让他和自己的亲信胡师耽共掌文书，从此不再专门听信李密。

韦福嗣每次出谋划策，皆持两端。李密洞悉他的意图，对杨玄感说："韦福嗣不是起义首谋，现在两头观望，明公初起大事，奸人在侧，却对他言听计从，一定被误，请杀了他！"杨玄感认为韦福嗣不至于死。李密回去告诉亲信："楚公喜欢造反却不想成功，大家都将成为俘虏。"

杨玄感在洛阳周边打了些胜仗后，将洛阳城团团围住。樊子盖严明纪律，申颁法令，组织洛阳城防，打退了杨玄感的进攻。

樊子盖原为涿郡留守。（所谓留守，指皇帝亲征或出巡时，以亲王或宰臣留守京师，称京城留守；王朝的陪都与行都也置留守，常以地方行政长官兼任，或以重臣担任。）因受炀帝宠信，樊子盖从地方调入中央，改任东都留守。樊子盖初到洛阳，被很多东都旧官轻慢，军队部署调动也少有知情。裴弘策与樊子盖上朝时班次一样，樊子盖让他再次带兵出战，裴弘策不肯去，被当场斩首示众。国子祭酒（掌全国教育之官）杨汪对樊子盖稍不恭敬，又要被斩，磕头流血才得免死。自此，东都将吏震肃，樊子盖令行禁止。

杨玄感数次攻城，都被东都隋军挡住。

准备应募从军守城的隋朝高官子弟，如韩擒虎子韩世萼、杨雄子杨恭道、虞世基子虞柔、来护儿子来渊、裴蕴子裴爽等四十多人听说裴弘策被杀，不敢入城，纷纷投降了杨玄感，全被委以重任。

看到手下军队人数猛增到五万，杨玄感便分兵五千把守慈硐道（今河南洛阳西）和伊阙道（今河南洛阳南），还派开国元勋韩擒虎之子韩世萼率三千人包围荥阳（今河南郑州荥阳，下同），顾觉率五千人攻打武牢（今河南郑州荥阳西北汜水镇）。

长安的代王杨侑见洛阳危急，便派刑部尚书卫文升率兵四万从关中驰援。

卫文升经过华阴（今陕西渭南，下同），派人挖掘杨素之墓，烧掉骸骨，以示必死之意。卫文升率军直奔洛阳城北，一路且战且行，驻扎金谷（今河南洛阳东北）并祭祀文帝杨坚，其词气慷慨激昂，三军无不哽咽，士气因而大振。

卫文升派二万人攻打反军，杨玄感假装不敌败走，卫文升追击中伏，前军覆没。几天后，双方再战，两军刚一接触，杨玄感让部下大喊"官军已经抓住杨玄感"，卫文升部队攻势稍一松懈迟滞，杨玄感便领数千骑兵冲锋，杀得卫文升军队大败，仅剩八千人。

杨玄感勇猛有力，擅使长矛，每次作战都身先士卒，厮杀之际，往往大声喊杀，叱咤风云之势先自震慑敌将，因此，人们将他比作项羽。他又擅长抚慰驾驭部下，将士乐于以死效命，因此，起事初期，战无不胜。

卫文升作战屡次失败，军队处境日益艰难，加上即将粮尽，情急之下，便决定孤注一掷，在邙山南与杨玄感决战。一日之间，两军激战数十次，恰巧杨玄挺被流箭射死，加上樊子盖出城支援，杨玄感反军攻势才稍稍减弱。

在高句丽作战前线的炀帝听说杨玄感造反，急忙从辽东撤军，并命令虎贲郎将（皇帝左右宿卫之将）陈棱进攻据守黎阳的元务本，宇文述、屈突通驰援东都。屯兵东莱的来护儿也急率所部还师西进，对包围洛阳的杨玄感形成反包围之势。

在强大的隋军攻势之下，杨玄感节节败退，便采纳李子雄建议，引兵向西攻打关中，以图东山再起。

关中弘农（今河南灵宝）杨氏族人请为向导，李密也出主意，对外扬言握有重兵的弘化留守元弘嗣已反隋并派人迎接大军入关，以稳定军心。于是，杨玄感撤洛阳之围，对外宣传"东都已破，因此入关"，率领反军直奔潼关。

走到弘农宫（今河南陕县），当地老乡告诉杨玄感，宫城空虚、粮食又多，"进可绝敌人之食，退可割宜阳之地"。

守军弘农太守蔡王杨智积（杨坚弟弟杨整之子）认为，如让杨玄感占领关中，将来更加难对付，不如用计拖住，以待宇文述追来。

杨智积登上城楼，故意大声辱骂，激怒杨玄感。

李密劝杨玄感，其诈众西入，军事贵速，应急取潼关，否则，前不能据关中，退无所坚守，部众一散，必无以自全。杨玄感不听，放火焚烧城门，杨智积在城门内纵火，杨玄感兵无法攻入城中。

杨玄感攻城三日不下，只得西去，且行且战，一日三败。

八月初一，董杜原（今河南灵宝西北）一战，又被宇文述、卫文升、来护儿等打败，部下溃散。

杨玄感逃到葭芦戍（今河南卢氏西），只剩下他和弟弟杨积善。二人徒步逃跑，杨玄感自知大势已去，不愿受人戮辱，便让弟弟将自己杀死。杨积善也想自杀，未成，被隋兵抓住，连同杨玄感的脑袋，一起被送到高阳的炀帝行宫。

杨玄感起兵仅两个月，便告失败。

杨玄感起事虽然失败，却引发了严重后果，隋朝地方实力派纷纷割据一方：

金城府校尉薛举据金城（大业时改兰州置，今甘肃兰州，下同），鹰扬府（隋大业中府兵制于每郡所置军府）校尉刘武周据马邑（大业初改代郡置，武德四年复改朔州，今山西朔州，下同），萧梁皇帝后代萧铣占两湖，宗族数千家的沈法兴占据江南十余郡，等等，更致命的是关陇集团八柱国之一的李虎之孙李渊，从晋阳（今山西太原，下同）起兵，占据关中。自此，"茫茫九土，并为逐鹿之场"。

帝国的覆亡，只差压死骆驼的最后一根稻草。

第三章

天下大乱，群雄割据

1. 吴公台下始怜君

炀帝是在江都被害的，远在长安的千里之外。

东都和江都，都是炀帝的最爱。炀帝即位，下令营建东都洛阳，运河开通后又三下江都，被杀之前竟在江都住了一年半以上，都是证明。

但是炀帝喜欢江都，不等于骁果（隋朝禁卫兵，取骁勇果毅之意）也喜欢。作为扈从皇帝的精锐部队，他们配置精良，战斗力非凡，却对江都没有兴趣。原因很简单，禁军骁果大多是关中人，久随巡游，思乡心切。

在宇文兄弟的阴谋下，禁军骁果兵变被利用。

大业八年（612年）、九年、十年，炀帝三征高句丽。自大业八年起，炀帝每夜睡觉时常梦中惊悸，说"有贼"，要几个妇人摇抚才能入睡。大业十一年（615年）正月，炀帝设宴招待突厥、新罗、靺鞨、契丹及西域诸国使者，表演"鱼龙曼延"等百戏为乐。五月，炀帝到太原，八月被围雁门，十月回到洛阳。大业十二年（616年）四月初一夜，大业殿失火，炀帝逃往西苑，藏在草里，火灭后才敢回来。五月，炀帝叫人在景华宫捉取数斛萤火虫，夜出游山时放出，光遍岩谷。

自此，炀帝一意孤行，必往江都。

七月，江都再造"制度大于旧者"的龙舟送到东都，之前的被杨玄感烧掉。

赵才以"百姓疲劳、府藏空虚、盗贼蜂起"之故，劝炀帝回长安，被抓；任宗上书极谏炀帝，被当庭杖杀。

初十，炀帝出发，让越王杨侗总留后事。

崔民象在建国门上表谏以"盗贼充斥"，被摘掉下巴后处死；王爱仁上表请炀帝还驾长安，被杀；梁郡人上书说"陛下若遂幸江都，天下非陛下之有"被杀。

十月，宇文述去世。

宇文述的儿子宇文化及性格凶险、不遵法度，喜欢乘肥马、拿着弹弓在大道中间骑行，长安人称"轻薄公子"，曾在东宫侍奉太子杨广，官至太子仆（东宫官署，掌太子车马），因收受贿赂多次被文帝免官，但在杨广庇护下，很快官复原职。在其弟宇文士及娶炀帝之女南阳公主后，宇文化及行事更加肆无忌惮，言语之间对公卿百官极不礼貌，多所凌辱，相中别人的"子女狗马珍玩"，一定索要。他经常同"屠贩者"交游，以获取不当利益。

炀帝即位，他当上掌管马政的太仆少卿，凭恃旧恩，贪冒更加严重。他跟随炀帝巡视榆林期间，伙同弟弟宇文智及违规与突厥交易，获得暴利。因与国家争利，炀帝大怒，将宇文兄弟俩投进监狱，几个月后被批准斩首。他俩被押到刑场，脱掉衣服、散开头发，正要行刑，又被炀帝念及和宇文士及的翁婿之情而下令释放，赐给宇文述为奴。

作为鲜卑贵族、关陇豪门、开国元勋及夺嫡斗争中的杨广死党，宇文述深受炀帝信任，他病死前请求释放二子的遗言感动了炀帝，不久，宇文兄弟重获自由，被分别任命为右屯卫将军、将作少监（掌京城内外修缮事务将作监的副职）。

炀帝第三次来到江都，地方官竞相进献，送礼多的则越级提拔。

江都郡丞（郡守佐官）王世充进献铜镜、屏风，进为通守（郡守之副）；历阳郡丞赵元楷献美味，升为江都郡丞。

炀帝在江都宫中布置一百多个华丽的房间让挑选来的江淮美女居住，每房轮流作东，盛排酒席，炀帝和萧后及宠姬杯不离口，千余宫女经常喝醉。

此时，各地反隋起义的烽火愈演愈烈。

百姓外有盗贼掠夺，内有官吏压迫，加上遭逢饥荒，或捣藁为末，或煮土而食，甚至人自相食。官仓虽粮食充裕，但官吏大都畏惮法律，不敢赈济以救饥民。

炀帝见天下危乱，心情忧虑，退朝后经常头戴幅巾，身穿短衣，策杖散步，游遍台馆，至夜才止，汲汲顾景，唯恐遗漏。炀帝会相命，有时半夜饮酒，仰望星象，对萧后说外间有人要算计他，不过"侬不失为长城公（陈后主），卿不失为沈后（后主妻）"。他还曾照镜自语："好头颅，谁来砍掉呢？"萧后惊问其故，炀帝说："贵贱苦乐循环更迭，有什么可伤感的？"

大业十三年（617年），瓦岗军夺取洛口，攻克兴洛仓，炀帝滞留江都，不能回到洛阳，便让人修治丹阳宫，想迁都丹阳（今江苏南京，下同），保守江南。

江都粮食渐尽，炀帝准备派一部分骁果前往会稽，假称去东吴催米。

禁军骁果看到皇帝无意回归长安，很多人打算逃回家乡。郎将窦贤带领所部逃归关中，被炀帝派骑兵斩杀。逃跑的迹象时有显露，炀帝十分忧虑。

虎贲郎将司马德戡平素很得炀帝信任，被任命为骁果指挥官，驻于洛阳东城。他和平时要好的虎贲郎将元礼、直阁裴虔通商量："现在骁果人人想要逃跑，我想上报，又怕说早了被杀头；若不说，事情真发生，也免不了灭族，该怎么办？我听说关内沦陷，李孝常据华阴作乱，皇上囚禁了他的两个弟弟，准备杀掉，我们这些人的家属都在西边,能不担心这事吗?"元、裴二人都慌了,问:"既然如此,有什么好办法?"司马德戡说:"如果骁果逃归,我们不如和他们一起跑。"

于是,他们又联络内史舍人元敏、虎牙郎将赵行枢、鹰扬郎将孟秉、符玺郎李覆、牛方裕、直长许弘仁、薛世良、城门郎唐奉义、医正张恺、勋士杨士览等人,众人日夜串联,大庭广众也不避讳。

有宫女告诉萧后外间有人想造反,萧后说"由你去报告吧",宫女上报炀帝,炀帝大怒,认为这不是宫女该过问的事,杀了这个宫女。再有其他宫人说起类似之事,萧后无奈地说:"天下局面到此地步,无法挽救,不用说了,白白让皇帝担忧。"从此无人再说。

预谋其事的乐人之子赵行枢、宇文智及的外甥杨士览,将骁果逃跑计划泄露给宇文智及,宇文智及大喜,决定加以利用。司马德戡和众人约定三月十五日集体西逃,宇文智及获悉后,提出了逃跑计划的升级版:"炀帝威信犹在,大家逃归,正如窦贤一样是取死之道。现在上天让隋朝灭亡,趁着天下英雄并起的难得机会起兵举事,可成帝王之业。"

司马德戡组织的叛逃,原本只是想回到关中故乡,并无具体的政治目标,由于宇文智及的鼓动,演变成指向炀帝的政变。

政变需要有相当政治资本的人来号召,司马德戡、宇文智及都不足担当,有人提议推举宇文化及。宇文化及生性胆怯,在知悉众人的计划后,变色流汗,许久才同意。

政变计划只是领军将领的主意,广大骁果只想回家。为骗得骁果支持,他们让精通医道、颇得众人信任的许弘仁、张恺出面造谣煽动,说炀帝听说骁果叛逃:

"多酝毒酒,欲因享会,尽鸩杀之,独与南人留此。"(《资治通鉴·唐纪一》)

一时间,"皇上要借宴请之机毒死叛逃者"的消息不胫而走,

第三章 / 天下大乱,群雄割据 /

哗变呼之欲出。

三月初十，司马德戡召集骁果军吏，宣布兵变计划，军吏表示服从指挥。

当天，大风吹起漫天尘土，白日昏暗如同黄昏。

午后申时（三点至五点），军吏偷出御马，暗藏武器。

晚上，元礼、裴虔通负责殿内值班，唐奉义关闭城门，商量好各门都不上锁。

三更时分，司马德戡在东城集合数万人举火与城外相应。炀帝望见火起，听到外间喧哗，便问发生什么事情，裴虔通回答说："草坊失火，外面众人正在救火。"因当时宫城已是内外隔绝，炀帝没有怀疑。

宇文智及在宫城外聚集一千余人，胁迫巡夜的候卫虎贲冯普乐安排自己人把守各个街道路口。

皇孙燕王杨倓发觉不对，晚上穿过芳林门边的水闸入宫，到玄武门假称突然中风、命悬一线，请见炀帝一面当面告别，裴虔通匿而不报，还把杨倓关押。

三月十一日，天未亮，司马德戡派给裴虔通兵马，替换各门卫士。裴虔通由宫门率领数百骑兵到成象殿，值宿卫士高喊有贼，于是裴虔通又返回去，关闭各门，只开东门，驱赶殿内宿卫，宿卫突遇奇变，放下武器往外走。

千牛独孤开远率殿内数百士兵到玄武门，叩门请求炀帝临敌，竟无人回应，士兵散去。叛兵抓住他，又被他的忠义行为感动，释放了独孤开远。

最初，炀帝挑选数百勇猛矫健的官奴部署在玄武门以防备非常，称"给使"，待遇优厚，甚至赐给宫女。可惜司宫魏氏与宇文化及勾结，当天假传圣旨，让给使外出，兵变突发之际，各门竟无一人守卫。

司马德戡率兵从玄武门进入宫城时，炀帝听到动静，换了衣服躲到西阁。

裴虔通和元礼派兵推撞左门，魏氏闻声开门，进入永巷（宫中妃嫔住地），询问炀帝所在，有美人（妃嫔称号）指出藏身之处，校尉（隋朝鹰扬府下设团的长官）令狐行达拔刀冲上西阁。

炀帝背对窗户问令狐行达："你想杀我么？"令狐行达回答："臣不敢，只想尊奉陛下西还。"便扶着炀帝下楼。

裴虔通是炀帝当晋王时的亲信，炀帝质问他："故人何恨而反？"裴虔通回答的理由和令狐行达一样。炀帝说："我正想回去，因上江米船未到，今天就和你们回归关中吧。"裴虔通带兵看押炀帝。

天亮后，孟秉派甲骑（武装骑兵）迎接宇文化及，宇文化及浑身发抖说不出话，有人参见，只会低头靠在马鞍上连说"罪过"表示感谢。他到了宫城门，被司马德戡迎入朝堂，称为丞相。

裴虔通以"朝堂百官须炀帝亲出慰劳"为借口，逼着炀帝骑自己随从的马，炀帝嫌马鞍笼头破旧，坚持换新的后才上马。

裴虔通牵着马缰、提着刀走出宫城门，乱兵欢声动地。

宇文化及说："何用押这家伙出来，赶快弄回去结果了。"

炀帝询问虞世基的去处，叛党马文举说已经砍头了。

炀帝被带回寝殿，面对拔刀环立的裴虔通、司马德戡等人，问了几个问题，眼睁睁地看着十二岁的爱子赵王杨杲被裴虔通杀死，鲜血溅上御衣。

叛兵要杀炀帝，炀帝说："天子死自有法，何得加以锋刃！取鸩酒！"马文举不同意，让令狐行达按住炀帝坐下，炀帝自己解开练巾递给令狐行达，被绞死。

当初，炀帝自知局势不好，随身携带毒酒，告诉宠姬，一旦有难，她们先喝，他再喝。兵变时，左右逃散，竟然取要不得。

再说炀帝的死前三问：

一问何罪至此，马文举回答"违弃宗庙，巡游不息，外勤征讨，

第三章 / 天下大乱，群雄割据 /

内极奢淫,使丁壮尽于矢刃,女弱填于沟壑,四民丧业,盗贼蜂起;专任佞谀,饰非拒谏;何谓无罪!";二问今日之事孰为首,司马德戡回答"溥天同怨,何止一人";三问封德彝"卿乃士人何为亦尔",封德彝赧然而退。

炀帝死时五十岁,统治中国十四年。

萧后让宫人卸下床板做成小棺,把炀帝和赵王草草停放于西院流珠堂。

八月,宇文化及西归关中,他任命的江都太守陈棱粗备天子仪卫,葬炀帝于江都城西吴公台下,入殓之时,炀帝容貌与活时一样,众人十分惊异。

唐朝武德五年(622年)八月,高祖平定江南,改葬炀帝于扬州雷塘。

从"开皇之治",到大业初年,皇帝勤于军国大政,致疆土四张,国家富强,其国之富亘古未有。炀帝败吐谷浑、降突厥、通西域、下南洋,自以武功超乎秦皇汉武,又以自己文才冠于士林,骄纵日甚,拒谏饰非,于是建东都、开运河,巡游无度,三下江都,五临塞北,因高句丽不服,三用兵不息,征非常之赋,行非常之役,用非常之法,致使民困于役,家伤于财,天下盗起,江都兵变。

炀帝空有远略而好大喜功,雅好文学而奢侈荒淫,继文帝之治世,有大业之政声,身死于骁果之手,国破于乱兵而亡。一切,都是咎由自取。唐太宗说:

"炀帝恃其富强,不虞后患,驱天下以纵欲,罄万物而自奉,采域中之女子,求远方之奇异,宫苑是饰,台榭是崇,徭役无时,干戈不戢,外示严重,内多险忌,谗邪者必受其福,忠正者莫保其生,上下相蒙,君臣道隔,民不堪命,率土分崩。"(《贞观政要·卷一·论君道》)

其言也是哉!

隋炀帝大事年表

公元	中国纪元	炀帝年龄	大事
569年	北周武帝天和四年	1岁	炀帝出生。
581年	隋文帝开皇元年	13岁	隋代周，受封晋王，任并州总管。
586年	六年	18岁	调为雍州牧、内史令。
588年	八年	20岁	调任淮南道行尚书令，为平陈元帅。
589年	九年	21岁	陈灭，进位太尉。
590年	十年	22岁	任扬州总管，镇守江都。
594年	十四年	26岁	上表请封禅，隋文帝东祀泰山。
595年	十五年	27岁	东封事毕，回扬州任总管。
599年	十九年	31岁	由江都入朝，高颎被废。
600年	二十年	32岁	担任行军元帅，北御突厥。兄杨勇被废，被立为太子。
602年	仁寿二年	34岁	谗毁弟弟秦王杨俊。
604年	四年	36岁	文帝崩，杀杨勇，即帝位。汉王杨谅起兵，掘长堑，建东都。
605年	隋炀帝大业元年	37岁	筑显仁宫，建东都，营西苑，开通济渠，造龙舟，游江都。派韦云起败契丹，刘方战败林邑。
606年	二年	38岁	并省州县，大修仪仗，由江都回洛阳。
607年	三年	39岁	改州为郡，改官制，修成大业律，修筑长城，治驰道，北巡启民可汗帐。派朱宽抚慰流求，常毅出使赤土。日本小野妹子来中国。
608年	四年	40岁	开永济渠，再修长城，派裴世清使日本，朱宽再至流求。
609年	五年	41岁	诏令天下均田，实户口。战败吐谷浑。西巡陇右，西域二十七国使者来会。赤土派使者来。
610年	六年	42岁	再游江都，开江南河，派陈棱进军流求。
611年	七年	43岁	由江都到涿郡，下诏大举征伐辽东。山东河南大水灾，漂没三十余郡。西突厥处罗可汗来降。王薄、窦建德等起义。

第三章 / 天下大乱，群雄割据 /

续表

公元	中国纪元	炀帝年龄	大事
612年	八年	44岁	第一次进攻辽东，大败而还。密诏江、淮选贡美女。
613年	九年	45岁	第二次进攻辽东，杨玄感起兵，刘元进等响应，杜伏威起义。
614年	十年	46岁	第三次进攻辽东。起义军孟让攻克都梁宫。
615年	十一年	47岁	大会诸国使者。北巡长城，被始毕可汗围于雁门。下令再造龙舟。
616年	十二年	48岁	建毗陵郡宫，捉萤火照夜游，南游江都。真腊派使者来。
617年	十三年	49岁	修丹阳宫，李密成为瓦岗军的领导人。李渊从太原进据关中。
618年	高祖武德元年	50岁	虎贲郎将司马德戡推宇文化及为首，杀死炀帝，隋亡，李渊建立唐朝。

2. 茫茫九土逐鹿场

大风起于青萍之末。

与秦朝一样，炀帝的隋朝失去了天下人心；与秦末大起义遍布天下一样，隋末大起义也是风起云涌；与短促的秦朝一样，隋朝也是二世而亡。两者也有不一样的地方，秦亡与指鹿为马的赵高有关，而隋亡的苦果则是炀帝本人一手造成。

隋末大起义是我国封建王朝历史上一次规模巨大、涉及面广、时间较长、支派繁多的反隋政治军事斗争。百姓起事，和炀帝三征高句丽息息相关。

大业七年（611年），炀帝水陆两军初征高句丽，征发兵卒役夫近四百万人，约为当时全国总人口的十分之一。

黎阳至涿郡、涿郡至辽东泸河、怀远是运送辎重粮草的主要路线，时短役急，官吏催逼，大量壮丁、役夫堵塞在路上，昼夜不断，"车牛往者多不返"，这些苦于兵役徭役的人开始聚为流寇。同年，黄河泛滥，山东、河南等地淹没三十多个郡，谷价骤贵，官吏贪残。"安居则不胜冻馁，剽掠则犹得延生"，于是兵民或亡命山野，或聚为群盗，众情怨愤，天下骚然。

十二月，有平民王薄自称"知世郎"，率众占据长白山（今山东邹平南，下同），揭开了全国反隋斗争序幕。他写了一首鼓动百姓反战的《无向辽东浪死歌》：

"长白山前知世郎，纯著红罗锦背裆，长矟侵天半，轮刀耀日光。上山吃獐鹿，下山吃牛羊。忽闻官军至，提刀向前荡，譬如辽东死，斩头何所伤。"

豆子坑（今山东惠民境）和高鸡泊（今河北衡水故城西南）是隋末义军的两个重要策源地。

豆子坑在平原县东，负海带河，地形深阻，自高齐以来，群盗多藏匿其中。住在附近的累世仕宦、资产富厚的刘霸道喜爱游侠，家中常有食客数百人，后来起事，拥众十多万，人称"阿舅贼"。

高鸡泊在漳南县，时为漳水所汇之地，广袤数百里，葭苇茂密，芦苇丛生，可以避兵。因而，窦建德与孙安祖带着数百人进入高鸡泊，乘机而出，抢劫掠夺。

张金称占据河曲（今山西芮城风陵渡，下同），高士达占据清河，和孙宣雅联合，攻克黎阳。张、高两人于大业十二年（616年）在漳南被隋将杨善会击杀。

以上这些地方，大多处于山东西北部与河北交界地带，位于黎阳至涿郡水路运输东侧，因此成为役夫逃亡的聚集地，首乱之源，因而先发于此。

自此，各地义军蜂起，不可胜数，手下多的，有一万多人，开始攻陷城邑。炀帝下令都尉、鹰扬与郡县相机追捕，随抓随斩，然而终莫能禁。

大业九年（613年），炀帝第二次征伐高句丽。

正月，灵武（今宁夏灵武，下同）白瑜娑劫掠牧马，北连突厥，为祸陇右，众至数万，称"奴贼"。

三月，济阴（大业时改曹州置，今山东曹县西北）孟海公起事为盗，见有人称书引史，立即杀害。

同时，齐郡（今山东历城，下同）王薄、孟让、北海郭方预、平原郝孝德、渤海孙宣雅、河间格谦、东阳（今山东青州）李三儿等人，率众攻掠郡县，多者十多万，少者数万人，山东大乱。

山东、河北为北魏、北齐旧地，隋朝统一后，中央政府与地方势力之间矛盾未完全缓和。炀帝征伐辽东，该地区为后勤筹备基地，赋税兵役最为苛重，因而反隋形势最为严重。

天下承平日久，人不习兵，郡县官吏每次与义军交战，望风而败。只有齐郡丞张须陀深得战士之心，勇决善战，率领郡兵在泰山大败王薄。王薄北连孙宣雅、郝孝德等十多万人进攻章丘，张须陀率领二万步骑迎战，义军大败。郭方预等人合兵攻陷北海，大掠而去。张须陀对属下说："强盗凭恃其强，以为我不能救。我今日速行，一定打败他们！"于是挑选精兵，倍道进击，大破郭方预。

历城人罗士信，年方十四，跟随张须陀在潍水征剿义军。义军刚刚开始列阵，罗士信骑马来到阵前，刺杀数人，砍掉一人的脑袋，扔到空中，用槊盛好，拿着掠阵，义军士兵惊呆了，没人敢接近。张须陀乘机出兵攻击，义军大溃。罗士信在后追赶，每杀一人，割下鼻子放在怀中，回来后用来查验杀人数量，张须陀十分叹赏，引为左右。每次出战，张须陀先冲锋，罗士信随后。炀帝派人奖励，并让人画出张须陀、罗士信在战场上的作战情形观看。

六月，杨玄感在黎阳起兵，在他的影响下，反隋起事浪潮更加高涨。

七月，余杭刘元进看见天下思乱，于是起兵响应杨玄感，不久，拥众十万。

八月，吴郡朱燮、晋陵（今江苏常州）管崇起事。

朱燮本来是一名还俗道人，涉猎经史，知晓兵法，身材不高。后来成为昆山县博士，和数十名学生起兵，逃避征役的百姓赴之如归。

管崇身材高大，容貌俊美，志气倜傥，隐居时自称是王者相貌，所以群盗都依附于他。当时炀帝正在涿郡，命虎牙郎将赵六儿率一万士兵驻扎在杨子，分为五营以防备南贼。管崇派人夜袭军营，大败官军。

朱、管二人部下有七万人，两人迎接刘元进，奉为天子，占据吴郡。毗陵、东阳、会稽、建安豪杰，大多抓住郡县长吏，响应刘元进。隋军进剿，双方互有胜负。刘元进退保曲阿，与朱燮、管崇会师，部众达到十万。黄山之战，朱燮战死，双方在建安对峙。不久，隋将获罪，炀帝派王世充率淮南兵征剿。

王世充渡江之后，刘元进率兵迎战，杀死隋军一千多人，王世充退保延陵栅。刘元进令士兵每人各持茅草，顺风纵火，王世充大惊，准备弃营而逃，忽然风向逆转，大火反噬，刘元进军队害怕火烧而退，王世充挑选精兵掩杀。此后，刘元进屡战屡败，被逼决战，战败被杀，余众或降或散。王世充找来先投降的士兵，和他们在通玄寺佛前焚香为誓，约定投降者不杀，其他逃散士兵正想入海为盗，听说后，一月之间，基本都来归降，被王世充坑杀在黄亭涧，死者三万多人。此后,其余党董道冲、沈法兴、李子通等再次相聚为盗,官军征讨不止，直到隋亡。

杨玄感围攻东都，梁郡（大业时改宋州置，今河南商丘南，下同）韩相国举兵响应，被杨玄感任命为河南道元帅，旬月之间，发展到十多万人，攻略郡县。

八月，杨玄感失败。当时韩相国已经攻到襄城，听说杨玄感兵败,部众溃散，韩相国被抓，脑袋送到东都。

九月，东海郡（大业初改海州置，今江苏梁云港西南海州镇）彭孝才起事，属下有好几万人；十月，吕明星围攻东郡（今河南滑县城关镇），被武贲郎将费青奴击杀；十二月，扶风（今陕西兴平东南，下同）向海明自称弥勒出世，百姓有归顺的就能做个吉梦，因此三辅百姓奉为神明，举兵起事，属下有数万人，后自称皇帝，改元"白乌"，被太仆卿杨义臣击破。章丘（今县）杜伏威、临济（今山东高青）辅公祐、下邳（今江苏邳州南）苗海潮又联合起来攻打淮南、淮北之地。

至此，动乱已从山东、河北等地发展到其他地区。虽有隋将陈棱、王世充击败卢明月、张金称、高士达等人，但江淮之间已是乱象滋生，不能剿尽。

大业十年（614年）十二月，炀帝三征高句丽。

动乱又蔓延到安徽、甘肃、河北等地，小则千百为群，攻城剽邑；大则跨州连郡，称帝称王。作乱性质从最低限度的生存需求，杂进割据群雄的政治目的：

扶风唐弼，推李弘芝为天子，自称唐王；延安（今陕西延安，下同）刘迦论，称皇王，拥众十万，后被屈突通斩杀；占据林虑山（今河南林州西北）的王德仁，号太公；离石（今山西吕梁，下同）胡人刘苗王，称天子；余杭刘元进，占据吴郡，被朱燮等推为天子；城父（今安徽亳州）左史朱粲，称迦楼罗王；上谷（大业初改易州置，今河北易县，下同）王须拔，称漫天王，国号燕，和自称历山飞魏刀儿联合，北连突厥，南侵燕、赵，等等。

大业十一年，谯郡（即河南商丘东北）朱粲拥众数十万，攻打荆襄，喜好食人，自称可达汗，又称楚帝，占领汉南诸郡。

大业十三年（617年），天下大乱，长安、洛阳、江都都成了叛乱汪洋大海中的孤岛。当年春初，二十多个郡被围困，不能派遣"朝集使"到洛阳。

具体而言，从大业七年王薄长白山首义开始，到武德七年（624年）辅公祏被灭为止，隋末大乱历时十四年，队伍大小不下一百支，人员达数百万，主要有：

济阴孟海公，大业九年占据周桥，攻克曹（今山东定陶西）、戴（今河南考城）两州，自称"录事"，盛时有众三万人，武德四年（621年）败于窦建德。

齐郡孟让，大业九年揭竿起义，曾会合王薄保据长白山，被隋将张须陀打散后，转向江淮地区，寇掠诸郡，到达盱眙，占据都梁宫，快到淮南时，被王世充打败，全军溃散。孟让率残部北退，投奔瓦岗军，有破洛阳外城之功。

大业十年，齐郡左孝友屯据蹲狗山，发展到十余万人，张须陀指挥隋军列八风营围攻，并分兵控驭要地，左孝友无奈投降。

涿郡卢明月，驻扎在祝阿（今山东禹城西南），张须陀率领一万士兵和他相持对峙，十多天后，隋军粮尽，张须陀说："贼见我军撤退，一定全军来追，如果有人领千人袭击敌人军营，可建大功。但这是个危险事，谁能领兵前去？"众将面面相觑，只有罗士信和历城秦叔宝请战。于是，张须陀拆毁军营栅栏撤退，命二人分别带领一千士兵埋伏在芦苇中，卢明月率领部队前来追赶，罗士信、秦叔宝骑马到达卢明月军营寨门，寨门紧闭，二人登上门楼，各自杀死敌军数人，营中大乱；二人打开寨门，招呼在外隋军，放火焚烧卢明月三十多座军寨，烈焰滔天。卢明月回军救援，张须陀乘机回兵猛攻，卢明月大败，只领着数百骑兵逃脱。义宁元年（617年），卢明月侵掠河南，到达淮北，部众号称四十万，自称"无上王"，后在南阳被王世充打败，卢明月战死。

东海（今山东枣庄）李子通，出身长白山军。大业十一年（615年）冬，他渡过淮水，一度联合杜伏威，后两人火拼，旋即分裂，

第三章 / 天下大乱，群雄割据 /

被隋将来整袭击，几乎覆没，便南移，攻克江都后称帝，国号吴。又遭辅公祏攻击，迁都余杭，占据吴越。

鄱阳操师乞，自称"元兴王"，攻陷豫章郡（今江西南昌，下同），任其乡人林士弘为大将军。隋朝治书侍御史刘子翊发兵征讨，杀死操师乞。林士弘带领余众战于彭蠡河，攻杀刘子翊，拥兵十多万，后称帝，国号楚。接着，林士弘攻下九江（今安徽寿春，下同）、临川（今江西抚州西北）、南康（今江西赣州）、宜春（今地）等郡，北自九江、南及番禺（今广东广州，下同），皆为所有。

沧州阳信（今山东阳信西南）人高开道，在豆子军首领格谦占领河间战死后，领众向北，武德元年（618年）取北平，克渔阳（今北京通州东），称燕王。武德三年（620年）受唐封爵，不久叛唐，与突厥联合占据恒、定、幽、易等州，后因部将背叛，自杀。

鲁郡（大业时改鲁州置，今山东曲阜，下同）徐圆朗，大业十三年攻下东平（今山东郓城，下同），分兵略地，自琅邪以西，北至东平，尽为其有，拥兵二万多人。后降李密，再降王世充，再降唐。刘黑闼造反，徐圆朗由兖州（今山东兖州，下同）响应，自称鲁王。武德六年（623年）战败，被唐军所杀。

清河漳南（今河北故城东北，下同）刘黑闼，参加瓦岗军，后投奔王世充，再降窦建德。窦建德被杀，他整集余部，尽复夏王故地，称汉东王。被李世民击败后，他连结突厥，再次攻略河北、山东，武德六年败于李建成，为部下所擒。

朔方（今陕西靖边白城子，下同）鹰扬府郎将（府兵主官）梁师都，杀郡丞起兵，攻取雕阴（今陕西绥德，下同）、弘化（今甘肃庆阳，下同）、延安、盐川（今陕西定边）等地，称梁帝，北附突厥，被封"解事天子"。贞观二年（628年），被部下所杀。

马邑鹰扬府校尉刘武周，大业十三年杀太守，克桑干镇（今山西山阴南）及雁门、楼烦（今山西静乐，下同）、定襄（大业时改云州置，今山西右玉南，下同）等郡，北附突厥，被封"定杨可汗"。后联合突厥，南下攻克太原、晋州（今山西临汾，下同）等地，多次击败唐军。武德三年为秦王所败，投奔突厥后被杀。

金城府校尉薛举，大业十三年起兵，自称西秦霸王，占据陇右（泛指陇山以西地区），后称帝，定都天水（西汉置郡，开皇初废，大业年间改秦州置，今甘肃天水，下同），与唐军有过大战。死后，其子继位，与唐军激战，兵败投降。

武威（今甘肃武威，下同）鹰扬府司马（军府属员）李轨，大业十三年攻陷张掖，尽有河西五郡，初称河西大凉王，再称凉帝。后被唐使所擒，死于长安。

同州（今陕西大荔，下同）蒲城郭子和，隋左翊卫将军，因罪被流放，大业十三年，在榆林聚众杀死郡丞王才，自称永乐王，联结突厥，被封"平杨天子"，他不敢接受，被突厥改任为屋利设。武德元年降唐。

罗川令萧铣，南梁皇室后裔，被董景珍等人推举起兵，都江陵，称梁王，再称梁帝，据有长江中游地区，拥众四十万，降唐后被斩于长安。

隋吴兴（今浙江湖州）太守沈法兴，为当地豪强，宗族数千家，以讨伐宇文化及为名起兵，攻克余杭、毗陵（大业初改常州置，今江苏常州，下同）、丹阳等长江以南十多郡，初称江南道行军总管，再称梁王。后败于李子通，投水而死。

/ 第三章 / 天下大乱，群雄割据 /

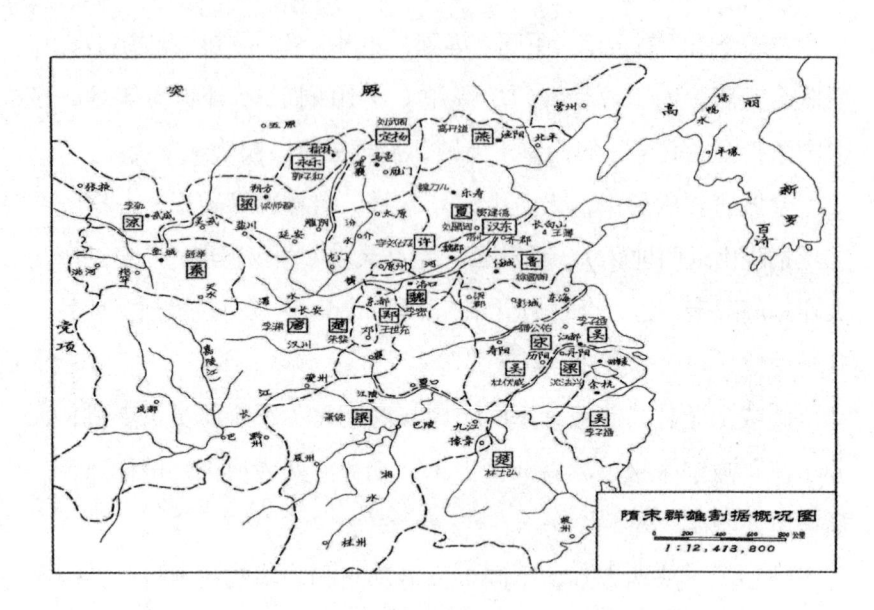

隋末群雄割据图

  这些起义势力之间纵横捭阖、胜败更替、交相劫掠，为了对付隋军及隋廷，各自组建政权，称王称帝，到大业十二年（616年），逐步形成了三支强大的队伍，即翟让、李密的河南瓦岗义军、窦建德的河北义军和杜伏威、辅公祏的江淮义军。

  从隋帝国统治政权分化出来的军事集团，或进而争夺天下，或守而拥众割据，以尊奉代王杨侑的李渊太原军事集团、尊奉越王杨侗的王世充洛阳军事集团和尊奉秦王杨浩的宇文化及江都军事集团三路最有影响。

  群雄逐鹿中原之际，李唐王朝登上历史舞台，一路凯歌，奏出了一个豪情奔放的盛世乐章。

3. 群雄聚义瓦岗寨

  瓦岗寨最初的领导者，是东郡韦城（今河南滑县东南妹村）人翟让。

大业七年（611年），东郡法曹（县令佐官，掌治安捕盗之事）翟让犯法被判死罪，看守他的狱吏黄君汉认为他是个英雄，便在夜里偷偷地把翟让私自释放。翟让便和哥哥翟弘、侄子翟摩侯、朋友王儒信进了瓦岗寨，反隋起事。

瓦岗寨位于今天的河南滑县东南，是黄河东南岸的一处山岗。据《左传》记载，公元前502年夏天，齐国出兵进攻鲁国西部边远之地，晋国士鞅等率兵前来援救鲁国，鲁定公在瓦地与晋国救兵会师。事后，人们为纪念这次意义重大的会师，便在一处土岗上用砖瓦建造了一座亭子，俗称瓦亭。因瓦亭建在土岗上，此后人们就把此地简称为瓦岗。

瓦岗寨地处交通要道，与大运河的通济渠、永济渠河段相邻。其地沙丘起伏、灌木丛生，在此建立山寨，易守难攻。

在翟让的号召下，同郡善使马槊的单雄信和离狐（今山东东明，下同）十七岁的徐世勣也投进寨中。

徐世勣，后为唐初名将，被高祖赐姓李，改为李世勣，太宗李世民即位，避讳改为李勣。据徐世勣自己回忆："我年十二三为无赖贼，逢人则杀；十四五为难当贼，有所不快者，无不杀之；十七八为好贼，上阵乃杀人；年二十便为天下大将。"

单雄信与徐世勣是至交好友，擅使马槊，勇冠三军，号称"飞将"，是隋末战争舞台上一员悍将。

瓦岗寨前期活动以抢劫大运河上的公私船只、劫富济贫为主。

日后，瓦岗军队伍逐渐壮大，而最终能够成为隋末发展最快、势力最强大的三大反隋武装之一，与四年后有胆略、多智谋的李密投奔有关。

李密，辽东襄平（今辽宁辽阳）人，曾祖父李弼是宇文氏佐命功臣，北周八柱国之一。祖父李曜，为北周太保、魏国公。父亲李宽，隋柱国、蒲山郡公。

李密额头突出、脑袋方形，瞳孔黑白明澈，有才略，志气雄远，轻财好士。

开皇中，李密袭爵蒲山公。大业中，李密为左亲卫府大都督、东宫千牛备身（官名，执刀的宿卫侍从）。

有一次炀帝看见李密，回去对宇文述说："方才在左边仗下那个小伙子是谁？"宇文述说："他是已故蒲山公李宽的儿子李密。"炀帝说："我看这个黑色小伙子眼神容貌异常，不要让他值班宿卫！"过了几天，宇文述对李密说："兄弟你聪慧如此，应当以才学获得官职。皇帝的侍卫事务琐细繁多，不是养贤之地。"李密十分高兴，于是称病辞职，自此专心读书，时人很难见他一面。

一次，李密出去到缑山寻找包恺，骑着一头黄牛，牛角挂着一卷《汉书》，一手拿着牛缰绳，一手翻着书卷阅读。尚书令、越国公杨素在路上看见，从后面按辔跟着。追上之后，问李密："你是哪里的书生，这样刻苦学习？"李密认识越国公，便下牛作揖，自报姓名。杨素又问所读书名，李密回答是《项羽传》，杨素十分惊奇，和李密交谈之后十分高兴，告诉他的儿子杨玄感："我看李密的见识气度，你们都比不上。"自此，杨玄感倾心结交李密。杨玄感有时轻慢戏耍李密，李密说：

"人言当指实，宁可面谀！若决机两阵之间，暗呜咄嗟，使敌人震慑，密不如公。驱策天下贤俊，各申其用，公不如密。"

（《资治通鉴·隋纪六》）

杨玄感在黎阳起事兵败，李密逃往关中，躲在冯翊杨玄感堂叔杨询妻子家中，被邻居告发，和同犯被押往炀帝驻跸的高阳。李密许诺差役，他们被杀后，除去丧葬费用，余钱都留赠差役，差役图利，防禁渐渐松懈。途中，李密请求到市场买酒买肉，每夜宴饮，喧闹无比，往往通宵达旦，差役习以为常。众人到达邯郸（今河北邯郸），夜宿村庄，李密等七人凿墙逃脱。

李密投奔郝孝德，不被礼遇；又投奔王薄，也不被重视。李密走投无路，饥寒交迫，有时剥下树皮为食。后来躲到淮阳，改名刘智远，做了乡村教书先生。

几个月后，李密内心郁闷，写了一首诗：

"金风荡初节，玉露凋晚林。此夕穷途士，空轸郁陶心。眺听良多感，慷慨独沾襟。沾襟何所为？怅然怀古意。秦俗犹未平，汉道将何冀！樊哙市井徒，萧何刀笔吏。一朝时运合，万古传名器。寄言世上雄，虚生真可愧。"

写完诗后，李密痛哭流涕，乡人见其形迹可疑，向太守赵佗举报。赵佗派人去抓捕，李密逃到妹夫雍丘令丘君明家。丘君明不敢留他住宿，介绍李密给游侠王秀才，王秀才把女儿嫁给李密。丘君明的侄子丘怀义上告其事，炀帝令丘怀义拿着敕书和梁郡通守杨汪一起收捕。杨汪派兵包围王秀才家，李密正好外出，得以逃脱，而丘君明和王秀才都被处死。

大业十二年（616年），李密看到各路义军以翟让最为强大，便经王伯当介绍，投靠瓦岗寨翟让。翟让知道李密是蒲山公的儿子，还熟读《汉书》，便收留了李密，推为谋主。洛阳来的李玄英，以童谣"桃李子，莫浪语，宛转花园里"，推断李密可代隋朝，从迷信的角度提高了他的声望。

李密具备政治眼光，陆续为瓦岗寨立下五件功劳：

一是说服附近小股反隋武装投靠瓦岗寨。二是建议翟让攻取金堤关（今河南滑县东）和荥阳属县，荥阳是中原战略要地，向东是一片平原，向西是武牢关，武牢关西的巩县有隋朝大粮仓洛口仓，夺取荥阳为瓦岗军取得了立足之地，是扩大势力的重要一步。三是策划、参与歼灭"威振东夏"的隋朝名将张须陀，炀帝任张须陀为荥阳通守去镇压瓦岗军，翟让十分害怕，准备率众远走，李密指出张须陀勇而无谋，部下士兵既骄且狠，可一战而擒。李密让翟让佯败北走十里，自己率埋伏在荥阳大海寺北林中一千精兵在后突袭，张须陀四次跃马力救被围隋军后战死，所部士兵昼夜号哭、数日不止，河南郡县为之气丧。四是领兵攻克洛口仓，李密劝翟让以英杰之才统骁雄之旅，廓清天下，诛剪群凶，不要满足"求食草间，常为小盗"，并制定了直取洛口仓的进攻方向及开仓放粮、赈济饥民的政治策略，大大争取了民心，属下部队达到数十万。五是歼灭东都越王杨侗派来的三万部队，隋虎贲郎将刘长恭和裴仁基约好三月十一日在仓城南面会师，刘长恭率步、骑兵二万五千人先到，被李密一战破之，刘长恭脱掉衣服仓皇逃回东都，瓦岗军缴获大量辎重铠甲，声威大振。

战后，翟让令李密独统一军，号"蒲山公营"。李密恭俭自励，布衣蔬食，居住的屋子里堆满了图书，美女珍玩，一无所取。李密军纪严明，"盛夏号令，士皆若负霜雪"，凡征战所获钱财，都分给手下将士。

大业十三年（617年）二月十九日，李密被翟让推为首领，恢复旧封称魏公，文书行下称行军元帅魏公府。李密在巩县城南祭天，任命翟让为司徒，邴元真为左长史，房彦藻为右长史，杨德方为左司马，郑德韬为右司马，单雄信为左武候大将军，徐世勣为右武候大将军。

李密在洛口筑城居住。

翟让所部士兵都是渔猎之人，善用长枪，所以他的士兵比其他将领部下更为骁勇。

四月初九夜，归顺的义军首领孟让率兵进入洛阳外城，焚烧丰都市，拂晓离开。东都居民纷纷迁入宫城，台、省、府、寺都住满了人，巩县柴孝和举城归附。

隋虎贲郎将裴仁基常把战利品赏给士兵，监军御史萧怀静疑其谋反，不准行赏，又屡次上奏弹劾。仓城之战，裴仁基失期不至，既害怕朝廷怪罪，又不敢攻打李密，只得在百花谷（今河南汜水县西）自守。李密诱以厚利，裴仁基率其子裴行俨献武牢投降。当初，秦叔宝随张须陀在荥阳攻打李密，张须陀阵亡，秦叔宝率残部依附裴仁基，至此，又随裴仁基投降李密，李密极为高兴，任秦叔宝为骠骑统领。

骠骑，又称"内军"，是李密挑选八千骁勇士兵组成的侍卫队，李密常说："这八千人抵得上百万大军。"

四月十三日，李密派裴仁基、孟让率二万人攻破回洛东仓，进入东都外郭，烧毁天津桥。此时，东都还有部队二十余万，出兵反击，裴仁基等大败。

十九日，李密亲率三万士兵进逼东都，隋朝将军段达等出兵七万迎战，双方在洛阳故城交战，李密击溃段达，夺得回洛仓，占据仓城之后，大修营垒，以围东都。

瓦岗寨威震四方，各路义军首领黎阳李文相、洹水张升、清河赵君德、平原郝孝德纷纷归附，永兴大族周法明、齐郡徐圆郎、任城大侠徐师仁等也前来归附。

二十七日，李密作书向各郡县发布檄文，名士祖君彦列出炀帝十大罪状，典故"罄竹难书"就出其"罄南山之竹，书罪无穷；决东海之波，流恶难尽"一句。

越王杨侗派太常丞元善达秘密穿过义军辖境去江都奏报，求炀帝返回东都。

五月，炀帝命监门将军庞玉和霍世举率关内军队援助东都。

东都久攻不下，柴孝和建议翟让守洛口、裴仁基守回洛、李密率主力取关中、占长安，站稳脚跟后再东出平定河、洛，李密认为其为上策，但并未采纳，说：

"昏主尚在，从兵犹众，我之所部，并山东人，既见未下洛阳，何肯相随西入！诸将出于群盗，留之各竞雌雄。若然者，殆将败矣。"（《隋书·杨玄感传》）

李密兵锋甚锐,每每进入宫苑与隋军连战,奈何当时洛阳的隋朝留守官员所掌握的人力、物力资源确有优势,双方处于对峙状态。

二十八日,正赶上李密被流箭所中,躺在营内养伤,隋将段达等人乘夜出兵,李密部众溃败,弃仓回到洛口。

六月十七日,李密在平乐园大败隋军,再次夺回回洛仓。

七月,炀帝派江都通守王世充率领江、淮五万劲卒和王隆、韦霁、王辩等支援东都,又调左御卫大将军、涿郡留守薛世雄率三万燕地精兵围攻李密。薛世雄走到河间,驻军七里井,被窦建德带二百八十人乘雾突袭大营而败,和几十个骑兵逃回涿郡,愧疚发病而死,其子万述、万淑、万钧、万彻,都以骁武闻名。

此时,李渊起兵已到霍邑,卑辞推许李密,李密得信大喜:"唐公见推,天下不足定矣!"

九月,武阳郡丞元宝藏投降李密,其属吏魏徵深受李密喜爱。河南、山东大水,李密采纳徐世勣建议,袭破黎阳仓(今河南浚县东南),听民取食,募得士兵二十余万。

十一日,王世充与刘长恭、庞玉等共十万人到达东都,扎营洛西,战事不利,又转洛北。李密引军渡洛水出击不胜,王世充乘胜追击。十月二十五日,王世充夜渡洛水,扎营黑石(今河南郑州巩义西南洛水津渡处)。回到洛南的李密率兵渡洛突袭隋营,大败,柴孝和淹死。李密率精骑渡洛水向南,余部向东逃到月城(临洛水所筑偃月城,与仓城相应),王世充围击月城。李密从洛水南岸直奔黑石,黑石守军连举六次烽火,王世充撤月城之围回救,大败。自此,双方大小六十余战。

十一月,瓦岗军内部忽然发生变故。

由于李密战功越来越大、威望越来越高,翟让部将王儒信十分忌惮,便劝翟让自为大冢宰,夺回大权,翟让不从。翟让的哥哥翟宽性格粗愚，也说："你应自为天子，为何送给别人！你不当，我当！"翟让大笑，不以为意，李密听说后心中不悦。房彦藻攻破汝南（今汝南县），所掠财宝独与李密，翟让对此十分不满，说："魏公是我所拥立，将来如何还不知道。"房彦藻害怕，和郑颋以翟让有"无君之心"劝李密抢先下手，李密顾虑大局未定而不想自相残杀，郑颋说，"毒蛇螫手，壮士解腕"，若翟让先动，悔之莫及。

十一月初九，李密在石子河（今河南巩义东南）大败王世充，第二天，邀请翟让等人赴宴。

李密和翟让、翟弘及裴仁基、郝孝德一桌，单雄信等人侍立，房彦藻往来照顾。李密提议喝酒时不用多人陪侍，李密左右全都退下，翟让侍卫还在。房彦藻请示李密："今天正好饮酒，天气寒冷，请给司徒左右酒食。"李密说："听司徒的意思。"翟让说："很好。"屋里便只剩下李密属下壮士蔡建德持刀侍立。

饭菜尚未动口，李密拿出一把良弓让翟让鉴赏，翟让刚拉满弓，蔡建德从后持刀一砍，翟让跌倒床前，声若牛吼。翟弘、翟摩侯、王儒信同时被杀。

徐世勣见状便往外走，被守门的一刀砍到脖子上，远处的王伯当看见后喝止了守卫，单雄信叩头求饶，被李密安慰一番后释放。现场一片混乱，李密大声宣布翟让死因，在于其独断专行、贪婪暴虐、欺负同僚，特别强调只诛杀翟让一家。

李密亲自给徐世勣包扎伤口，又带着几百人到翟让军营，一面派单雄信前去通报情况，一面单人独骑入营逐一安抚，并让徐世勣、单雄信、王伯当分别统领翟让旧部。

因平时翟让残忍、翟摩侯猜忌、王儒信贪纵，三人死后部下"无哀者"。事变对李密而言，虽说成功，但瓦岗将领自此始有自疑之心。

王世充知翟让与李密必有一争，想乘机取利，听说翟让被杀，失望之余说："李密天资聪明果断，是龙是蛇，无法预测！"

义宁二年（618年）正月十六，王世充移营洛北，造浮桥，渡过洛水，全军攻打李密。李密率数千骑兵迎战，不利而回。王世充于是进逼李密军队营垒，李密率数百死士出击，王世充大败，士兵溃散，争桥落水淹死者数万，洛水为之断流。隋军余众衣服湿透，北走河阳（今河南焦作孟州西南，下同），当夜天降大雪，沿途又冻死一万多人，最后全军仅剩几千人。王世充自囚狱中，被杨侗赦免后，躲在洛阳含嘉仓城不出。

李密乘胜攻取偃师，修筑金墉城，拥兵三十多万，南逼上春门，东都几乎指日可下。

将作大匠宇文恺背叛东都，投降李密。

东至海、岱，南至江、淮，郡县无不派人归附李密。

窦建德、朱粲、杨士林、孟海公、徐圆朗、卢祖尚、周法明等人纷纷派人上表劝进，李密以"东都未平，不可议此"为由拒绝。

瓦岗寨进入全盛时期，也是李密个人最辉煌的时刻。

4. 出镇太原非有意

大业十三年（617年），李渊被炀帝任命为太原留守、晋阳宫监（掌修葺宫苑），成为北方重地太原郡的最高军政长官。

李渊于北周天和元年（566年）生于长安，和宇文泰、杨坚一样，出身关陇集团，其七世祖李暠是十六国之一的西凉开国君主；祖父李虎，西魏太尉，北周八柱国之一，死后追封唐国公；父亲李昞，隋安州总管、柱国大将军；母亲是独孤信第四女。李渊七岁袭爵唐国公，长大后，倜傥洒脱，性格开朗，待人宽容。

李渊的岳父是北周定州总管、神武公窦毅，岳母是武帝姐姐襄阳长公主。李渊之妻窦氏幼时深受舅舅宇文邕喜爱，窦毅也认为其女才貌双全，不能轻易许嫁，便在门屏上画两只孔雀，求婚的男子每人只射两箭，几十人都未射中孔雀的眼睛，轮到李渊射时，两箭各中一目，因而得到窦毅认可，与窦氏结亲。

杨坚夺周，窦氏大哭，恨恨地说："恨我不是男子，否则定救舅家于危难。"

窦氏生下四子一女，分别是李建成、李世民、李元霸、李元吉，女儿嫁给太子千牛备身柴绍。

文帝建隋后，因为李渊母亲是皇后姐姐的原因，对李渊特为见重，任为千牛备身，及谯（今安徽亳县）、陇（今陕西陇县）、岐（今陕西兴平）州刺史，再调任殿内少监（掌诸供奉事的殿内监的副职）。

炀帝即位，因社会上流传"李氏当为天子"的谶谣，便对李姓高官多有猜忌，李渊也不例外。一次，炀帝下诏要李渊到行宫朝见，李渊因病未去，炀帝就问后宫李渊的外甥女王氏："你舅舅为什么来晚了？"王氏说李渊病了，炀帝又问："能不能死了？"为了打消炀帝的怀疑，李渊开始受贿、酗酒以自污，以此让炀帝确信如此一个行为不端的人不可能成为隋帝国的威胁。

大业九年，李渊做了卫尉少卿，是负责军器仪仗帐幕等事的卫尉卿的副职。炀帝东征高句丽，派李渊去怀远镇（今辽宁沈阳辽中）督运军粮。六月，杨玄感在黎阳起兵，许多朝中官僚子弟纷纷依附或响应，李渊再次取代元弘嗣被任命为弘化郡留守，主持关右以西军事，李渊妻兄劝其起兵，借机反隋，李渊看到炀帝还能控制全国，没有轻举妄动，以"无为祸始，何言之妄"之由拒绝。

可以说，也许由于李渊韬光养晦、秉持君臣大义的现实表现，也许由于李渊是炀帝的亲戚，在天下纷纷起事之际可以托付，炀帝对李渊基本是信任的，一再委以重任，而李渊也采取忠于炀帝的立场和态度。

大业十一年四月，炀帝北巡雁门，而河东正有盗贼侵扰，便任命李渊为山西、河东慰抚大使，讨捕群盗。之后，李渊升职为右骁骑将军，是炀帝所设府兵十二卫的领军主官。

炀帝又令李渊率领太原郡本部兵马，和马邑郡太守王仁恭呈掎角之势，防御北边突厥。

太原郡位于太行山以西至黄河间的中心地区，辖境相当于今山西中部，为军事重镇，历代王朝均派重兵驻扎。隋朝建立以来，高度重视太原郡治晋阳的军需物资储备，经过多年积蓄，城中府库盈积，粮饷可支十年，城固、兵精、粮足的晋阳城，足以防备塞北游牧民族的侵犯。

太原还建有晋阳宫，是炀帝在北方的行宫。

李渊到了马邑，和王仁恭两军兵马加起来不过五千多人，王仁恭因为兵少十分害怕。李渊察觉到王仁恭的心思，和他对突厥和隋朝军队形势进行了一番分析：

"突厥所长，惟恃骑射。见利即前，知难便走，风驰电卷，不恒其阵。以弓矢为爪牙，以甲胄为常服。队不列行，营无定所。逐水草为居室，以羊马为军粮，胜止求财，败无惭色。无警夜巡昼之劳，无构垒馈粮之费。中国兵行，皆反于是。与之角战，罕能立功。今若同其所为，习其所好，彼知无利，自然不来。当今圣主在远，孤城绝援，若不决战，难以图存。"（《大唐创业起居注》）

王仁恭认为李渊是隋朝皇室近亲，言之有理，便服从李渊指挥，不敢违命，于是挑选擅长骑射的二千多名士兵进行训练，士兵的饮食起居和突厥风俗一样，逐水草而行，派出侦察兵，每次遇到突厥侦察骑兵，便旁若无人，驰骋射猎，以炫耀威武。李渊尤其擅长射击，每见飞禽走兽，发无不中。

一次，李渊和突厥军队猝然相遇，便派出骁锐士兵为别队，拉弓持满，等待战机。突厥每次见到李渊的部队，都认为好像是突厥别部，有的突厥兵引诱李渊出战，都不能抵挡，只能择机而退。如此再三，李渊部下军心乃安，全都想和突厥一战。李渊知道部下都想决战，突厥也害怕他的军威。后来，李渊部下和突厥兵相逢，便命令士兵发起进攻，打败了突厥军，俘获突厥特勤所乘骏马，杀死突厥兵数百人。此后，突厥十分佩服李渊擅长带兵，便约束属下，不敢南侵。

当时，太原郡有义军王漫天的一股部队，大约几万人，自号"历山飞"。历山飞在太原郡南境上党、西河（今山西汾阳，下同）安营活动，导致京都道路断绝。

大业十三年，炀帝任命李渊为太原留守，同时派虎贲郎将王威、虎牙郎将（主将属员）高君雅为副留守。李渊接到任命，内心十分高兴，对次子李世民说：

"唐固吾国，太原即其地焉。今我来斯，是为天与，与而不取，祸将斯及。然历山飞不破，突厥不和，无以经邦济时也。"（《大唐创业起居注》）

历山飞属下部队人数不少，又经多年劫掠，擅长攻城，勇于力战，向南侵掠上党，大败将军慕容、将军罗侯部队，向北入寇太原，又杀死了将军潘长文，历山飞打了两场胜仗，所向披靡。

李渊率领王威等人，及河东、太原兵马前往征讨，在河西雀鼠谷（今山西介休西南数十里险隘间道，下同）口与历山飞相遇。历山飞部下二万多人，而李渊当时所统步兵和骑兵才五六千人，李渊的三军将士看到对方人多势众，面露惧色，李渊笑着对王威等人说："这些人不过是一群强盗，贪财如命，凭借几场胜仗，自认威武，如果斗力，不好战胜，以智取之，可以成功。我怕的是他们不打，一旦打起来一定能打败他们，大家不要忧虑。"

不一会儿，历山飞部众结阵齐来，十多里内，首尾相接而来，距离李渊渐近。李渊下令分兵二阵，以老弱士兵居中，多张旗帜，所有辎重继后，布置旌旗鼓角，结成大阵，又命麾下数百精骑兵，分称左右队，结成小阵，军中都不知道李渊所作部署。

等到双方打起来，李渊派遣王威领大阵居前，旌旗招展。历山飞众人远远看到，认为是李渊指挥部所在，便率领精锐士兵，竞相攻打，待见到辎重驴驮，跳下马鞍，争相抢夺。王威心中害怕落马，被随从拉住才得以脱险。李渊率领小阵左右二队骑兵大呼向前，夹击射箭，历山飞部下大乱，李渊再次纵向出击，所向摧陷，俘杀对方，不可胜数。历山飞余党老幼男女数万人，都来投降归附。

自此，太原郡境内平安无事，年谷丰稔，老百姓都感念李渊的恩德。

后来突厥获悉李渊已经回到太原，王仁恭独留无援，便数次侵掠马邑。李渊派太原副留守高君雅带兵与王仁恭合力抵御，王仁恭等人违反李渊的部署安排，被突厥打败。

炀帝听说隋军兵败，认为李渊和王仁恭讨虏不力，成为边患，便派人通过驿站传令，抓捕李渊入狱并斩首王仁恭。

李渊自以姓名符合谣传图箓，太原是王者所在，考虑到被炀帝猜忌而因此得祸，便暗自韬光养晦。当时李建成在河东，只有李世民在身边，李渊便对李世民说："隋朝国祚将尽，我家继膺符命，不早起兵，是顾虑你们兄弟没在身边。现在如遭受周文王那样的牢狱之灾，你们兄弟要学习周武王，率领盟津之师起兵，不得同受屠戮，家破身亡，为天下英雄嘲笑。"

李世民哭着劝父亲李渊说："芒砀山泽，可以容人。请您仿效汉高祖刘邦所为，以观时变。"李渊说："今日如果天命有在，我就能逢凶化吉。我们应当自励谨慎，尊敬上天的告诫，以卜兴亡。如果上天保佑我，皇帝焉能违背天命而一定亡我，不要逃避刑法。"

第二天，李世民再次劝说父亲，形势十分严峻，李家命运岌岌可危，不如顺应民心，举兵自存，才能避祸，李渊感慨地说："今日家破人亡也因你，化家为国也因你！"

过后几天，果然有诏使从驿站骑马前来传旨，释放李渊，赦免王仁恭，让他们二人各自率领旧部。

炀帝巡幸江都，所在道路不通，天下大乱，朝廷的兵马往来征讨追捕，信使行人，无法畅通自达。只有这次，炀帝使者从江都到达太原，不曾遭受劫掠，还能按照行程及时到达，众人都十分惊异。

时炀帝使者夜里到达太原，被即将在城西门楼上就寝的温彦将首先看到。温彦将十分高兴，马上报告他的哥哥温彦弘，温彦弘快马禀告李渊。李渊已经躺下了，听说这个消息后惊起，握着温彦弘的手，笑着说："此后余年，实为天假。"回去后对李世民说："这个使者之行，可谓神奇。上天用这个来催促我，当见机行事。"

当时天下逐渐大乱，群雄纷纷起义，东都为瓦岗军李密所困，炀帝在江都不归。此种形势，纷纭复杂，不能不引起李渊的思想发生触动，是继续为隋朝卖命，还是改弦易辙、卷入反隋斗争的洪流？一系列巧合事件的发生，再加上李世民及刘文静等众人的积极鼓动，何去何从，李渊的内心也许发生了一定的变化，直到小心翼翼地做出选择。史称李渊：

"素怀济世之略，有经纶天下之心，接待人伦，不限贵贱，一面相遇，十数年不忘，山川险要，一览便忆，远近承风，咸思托附。"（《大唐创业起居注》）

此后，李渊便命令李建成在河东暗中结交英雄，李世民在晋阳密招豪杰。二人贯彻李渊意图，倾财赠与，屈身下士，乃至于卖布赌博之徒，监门厮养之士，但凡有一技可称，一艺可取，都与之礼貌往来，不知疲倦。时天下动荡，不少人为躲避辽东兵役来到太原，隋朝右勋卫长孙顺德、右勋侍刘弘基等，都被李渊收留。其中，晋阳令刘文静、晋阳宫副监裴寂为李渊酝酿起兵发挥了重要作用。

刘文静，容貌俊伟，有器干，倜傥多权略，隋末为晋阳令，和晋阳宫副监裴寂关系很好。刘文静看来到太原任职的李渊"有四方之志",便深自结交。

裴寂,父亲早死,由哥哥养大,十四岁补为州主簿,长大后姿容伟岸,在长安任侍御史、驾部承务郎(隋于尚书各司侍郎外另置一人,管理本司籍帐,侍郎出缺,代其职务)期间,与李渊相识。

李渊到任太原留守,裴寂正任晋阳宫副监。由于是旧日相识,两人就互相亲礼,常常宴饮,间歇时博弈为乐,有时通宵连日,酒酣耳热之际,裴寂私自派了几个晋阳宫女陪侍李渊。

有一次,裴寂和刘文静晚上同宿,看到城头烽火,哀叹人生贫贱如此,乱世离乱,未来不知如何是好。刘文静笑着说:"我二人相得,何愁贫贱。"刘文静又认为李世民"豁达类汉高,神武同魏祖",是命世之才,裴寂听后不以为然。

刘文静因与瓦岗军李密结亲的原因,被抓进监狱,李世民去探监,刘文静说:"天下之乱,非有汤、武、高、光之才,不能平定天下。"李世民进一步询问该怎么办时,刘文静建议利用天下群雄四起、炀帝困于江都的有利时机,在太原城避难百姓中招募士兵,由李渊带领,乘虚入关,号令天下,不过半年,帝业可成。

因裴寂和李渊相熟,经常在一起宴饮,刘文静想让裴寂说项,就让李世民接近裴寂。李世民出钱数百万,嘱龙山令高斌廉与裴寂赌博,佯输不胜。裴寂赢钱既多,十分高兴,知是李世民之意,便与李世民一起游乐,感情日益亲密,李世民便把自己想要敦促父亲及早起兵的主意告诉裴寂,裴寂答应相助。

期间,刘文静告诉裴寂,先发制人而后发制于人,并提醒裴寂,私自以皇帝的宫女侍奉李渊,"你死可以,何误唐公",裴寂因而害怕,多次催促李渊起兵。

大业十三年(617年)年初,刘文静假传炀帝诏令,扬言要征发太原、西河、雁门、马邑四郡年龄二十以上、五十以下的男性入伍,讨伐辽东,年底在涿郡集合。消息传出,太原百姓人心惶惶,图谋作乱者日益增多。

二月，马邑刘武周杀死太守王仁恭，自称天子，国号"定杨"。李渊听后叹息道："近来群盗遍于天下，攻略郡县，未有自称王侯的。刘武周这小子，生于塞上，一朝骤起，轻率地冒用大名。可以称作是陈涉狐鸣，必为沛公刘邦驱除。"

虽然李渊想借此起兵，但是无法先发，便私底下对王威、高君雅等人说："刘武周虽然没有什么能力，但是犯上称帝。我们没有抓住他，让他逃脱进入汾源宫，我辈不能剪除，会一起被灭族的。"高君雅十分害怕，坚持要求召集军队。李渊看到王威等人确实害怕，假装说："等他们占据楼烦郡，可以稍微准备下。对外应该示以宽闲，用来稳定军心。"

三月，刘武周向南攻破楼烦郡，进据汾源宫。李渊对属下官员说："部队可以戒严，城池可以防守，粮食可以赈给，这三者缺一不可，我们必须充分准备，需要各位判断决定。"王威等人无计可施，请求李渊说："今日太原士庶之命，系于明公一身，如果您推辞不干，没有人能够做到。"

李渊看到众人人心归己，便召集太原军队将领开会，从容说道："朝廷命大将出兵，都要受到节度，未有在外胆敢专决的。刘武周占据离宫，自称天子，威福赏罚，随机做主。以此攻城，何城不克！汾源宫距离太原数百里，太原距离江都三千多里，关河襟带，路途遥远，还有其他强盗占据郡县，公文闻奏往来，还期莫测。凡是请求朝廷指示的部队，面临难以推测的战场形势，那是询问文人救火，能够灭火么？你们都是国家的公职人员，心如铁石，我想和各位戮力同心，共赴国难，有利国家，见则须为，希望朝廷不要猜忌。这件事的关键在于指挥军队，我不敢担任指挥官。"王威等人回答说："您的英明远略，远近之人都知道。您不竭尽全力，谁还能尽忠国家？如果再犹豫下去，人心会惶恐不安。"

于是李渊以不得已而为之的态度，负责了太原军事。众人悦服，欢而听命。

不过，太原郡还有李渊的反对者，李渊是如何处置才得以起兵的呢？

5. 起兵晋阳正乘时

李渊在太原起兵的反对者是仍旧效忠隋朝的王威和高君雅。

当初李渊派遣虎牙郎将高君雅和马邑郡守王仁恭防遏突厥，高君雅违反李渊的军事部署，大败而还，李渊害怕炀帝责问，便想以军法处置高君雅，考虑到高君雅是炀帝旧时亲近之人，李渊害怕被猜嫌，就隐忍而没有追责。高君雅性格平庸戆直，不知通融，看到李渊深得太原内外人心，观察李渊言行举止，便怀疑李渊心怀异志，别有异图，每每和王威暗中调查李渊的失误之处。

李渊借攻打刘武周之名，获得太原城防的指挥权，便让为人清恕的王威兼任太原郡丞，和晋阳宫监裴寂一起检查仓库粮食，按户口发放给军中士兵。因为高君雅镇守高阳时没有什么过错，便派他巡行城池和负责军中武器，不过，太原的兵马铠仗、战守事宜、召募士兵、劝赏部队、军民征发，都必须请示李渊决定。

太原郡附近百姓听说李渊要部署军队、招募士兵以巩固边防，纷纷前来投奔，短短十天工夫，招募了数千青壮年入伍。兵司总帐听说后，请示安营之处，李渊指者兴国寺说："勤王之师，不谋而至，这是兴国啊，最适合在这座寺庙安营。"

李渊唯恐王威、高君雅发觉此事，并不前去检阅部队。他暗中对李世民等说："纪纲三千，足成霸业。把士兵安营兴国寺，可以说此地是个好名字。"

李渊秘密派人前往蒲州，催促李建成、李元吉及长安的柴绍来到太原。

同月，朔方梁师都又杀死郡官，自称天子。

太原有个乡长叫刘世龙，是晋阳的富人，当初被裴寂推荐，拜见李渊。李渊虽然知道他身份低微普通，也十分热情地予以接待，以此招徕门客。

高君雅也和刘世龙关系密切，刘世龙感念李渊的恩昢，暗中知道高君雅等人想利用晋祠祈雨的机会除掉李渊后，便将密谋详细地告诉了李渊。李渊告诉刘世龙："他们这帮人十分愚笨，不识时务，一同作恶，肯定会多行不义必自毙。然而您能及时告知，实为至诚。您别再多说话，我会有所处置。"

李渊不再犹豫，于五月十四日夜里，派长孙顺德、赵文恪等人率领兴国寺驻扎的五百士兵，在李世民的指挥下，埋伏在晋阳宫城东门左边，以为自备。

十五日早晨，李渊让晋阳县令刘文静和开阳府司马刘正会到留守府投书，指控高君雅、王威二人暗中勾结北边少数民族，引突厥南下入寇。

李渊召集太原文武官僚，以此为由，当众将二人抓进监狱。

十七日，突厥数万骑兵恰好抄逼太原，从晋阳城外城罗郭北门攻入，取东门而出。李渊分别命裴寂、刘文静等人在各门防守，并下令大开城门，不得关闭，城上却不树旗帜，守城士兵，不许一人外看，也不得高声喧哗，示以不测，众人都莫知所以。

李渊派遣收降的义军首领王康达率其所部一千多人和鹰扬郎将杨毛等人偷偷赶往北门隐蔽之处设伏，并告诫他们说："等到突厥部队过尽，攻击他们的马群，准备充作军用。"然而突厥兵多，李渊登上宫城东南楼望去，从早晨到中午，骑兵过后扬起的尘土陆续不止。王康达部下十分骁锐，等到中午开饭时，以为突厥兵已经过尽，便冲击抄略突厥马群。突厥前后夹击，尘土涨天，逼近汾河。王康达等人无法发起有力攻击，坠入汾河淹死，只剩下杨毛等一二百人浮在水面而得以逃脱。晋阳城内兵所剩无几，已丧失千人。城中军民见到如此形势，心中暗自害怕，都怀疑是王威、高君雅召来的，愈发痛恨他俩，李渊借机名正言顺地将二人斩首。

形势虽然如此危急，但是李渊却神色自若，高兴胜于平常，回头对属下官员说："当今天下盗贼，十室有九，称帝图王，占城据郡。我蒙受文帝殊遇，思报厚恩，想和各位立功王室。正要起兵剿贼，王威、高君雅却从中阻挠，深相猜忌，暗中密谋，加我罪名。我怀疑他们私通境外，谁料想二日之内，突厥果然入侵太原。这是天意。"

李渊考虑到太原兵少，又损失了王康达等人，出战则敌众我寡，缓处还怕突厥入掠城外居民，便夜设伏兵，出城占据险要，早晨则让士兵从他道入城，好像援兵到来。李渊还告诫出城将士，如果从远处望见突厥兵，就赶紧据险坚守，不与之作战，如果判断突厥兵离开，也不要追击，礼送出境而还，使之莫测虚实，然后再回来宿营。突厥摸不清太原形势，在城外掠夺两天后偷偷离开。

太原官员入内道贺，李渊说："且莫道喜，我还要召来突厥，当众派遣。"李渊随即亲自手写了一封给突厥的书信，信中写道：

"何所闻而来，何所见而去，自去自来，岂非天所为也我知天意，故不遣追。汝知天意，亦须同我。当今隋国丧乱，苍生困穷，若不救济，终为上天所责。我今大举义兵，欲宁天下，远迎主上还。共突厥和亲，更似开皇之时，岂非好事！且今日陛下虽失可汗之意，可汗宁忘高祖之恩也？若能从我，不侵百姓，征伐所得，子女玉帛，皆可汗有之。必以路远，不能深入，见与和通，坐受宝玩，不劳兵马，亦任可汗。一二便宜，任量取中。"

（《大唐创业起居注·卷二》）

李渊命人封上信封，署名某启。部下请示说："突厥人不认识文字，只是看重货物财宝，应该多加馈赠，改启为书。"

启，源于东汉，用于陈政言事，到晋朝时，已经成为朝廷规范的上行文，是臣下对君主上奏的公文，而书则是非正规的上奏文种。

李渊笑着对那个部下说："你没有明白我的意思。自隋末天下离乱，中原逃亡之人很多，走胡奔越，书生不少，中原之礼，也存在于各少数民族。我如果尊敬他，突厥还犹豫不信，若稍有轻慢，突厥的猜虑会更深。古人说'屈于一人之下，伸于万人之上'。塞外群胡，是不能以凡庸之人比拟的，况且启之一字，不值千金。千金我还想给他们，一字有什么可吝惜的。"便派人骑马到突厥送启。

不到七天，始毕可汗复信，突厥支持李渊的前提是李渊"自为天子"。李渊不愿称帝，裴寂、刘文静等人都劝李渊妥协变通，唯恐突厥生变后悔。最后，裴寂和李建成、李世民等人提出三个建议：废炀帝而拥立代王，以安隋室；兴义兵以传檄郡县，大造舆论；变旗帜以示意突厥，改朝易代。李渊说："如此所作，可谓掩耳盗钟。事机相迫，不得不这样。虽失意炀帝，幸好未负文帝。"最终，李渊以三个"掩耳盗钟"之举得到了突厥的战马和士兵。

军中有人认为甲子之日起兵，符谶尚白，请求建造周武王讨伐商纣王所拿的白旗给突厥看。李渊说："诛纣之旗，是武王在牧野临时所拿，应该兼以绛色，杂半相连。"各军槊幡都放于一处，营壁城垒，幡旗四合，赤白相映，好像花园。

开皇初年，太原流传一首童谣："法律存，道德在，白旗天子出东海"，民间也常说"白衣天子"，所以炀帝经常穿着白衣，屡次前往江都，比之于东海。炀帝经常修改律令，笔削不停，并在五级木坛彩画图像，以为事道。

民间还流传一首《桃李子歌》，歌中说"桃李子，莫浪语，黄鹄绕山飞，宛转花园里"。寓意是李氏当为国姓。桃同音为陶，指陶唐，配上李树，所以称为桃花园，宛转指的是旌幡。汾晋之间，老人儿童，经常歌咏在耳。李渊每次看到旗幡，笑着说："花园还可以，不知

/ 第三章 / 天下大乱，群雄割据 /

黄鹄如何。我当一举千里，以应歌谶。"

自此之后，每日都有一千多义兵入伍，二十天之间，得众数万。

裴寂等人说："义军人数渐多，应该设立指挥机构，有所隶属。"李渊设置各军并兵士等番号，设置三军，分置左右，称为义兵。

太原郡辽山县令高斌廉拒不从命，还派人前往江都，上奏李渊指挥军队。炀帝不愿李氏据有太原，听说后更为害怕，便敕命东都和长安，严密防备。

西河也表示忠于隋朝，李渊说："辽山不足为虑，西河绕山之路，正当我军出征之地，不能留着。"

六月，李渊派太原令温大有辅助李建成、李世民率兵攻打西河郡（今山西汾阳），全军携带三日军粮。

临行之时，李渊告诉两个儿子："你俩还是少年，少未更事，先以此郡，看看你们的作为。"

当时，义师都是刚刚招募的新兵，未经检阅，李建成等人考虑到士兵不敢进攻，便发布军法，三军听说后，人人自肃。

一路上，李建成与李世民和普通士兵一起，同甘共苦，风餐露宿。

部队经过民间小路，遇到水果蔬菜，非买不食。义师当中有士兵偷取的，就立即让他们找到物主还钱，也不质问偷窃的士兵。路边有年长百姓提供蔬食壶浆的，李氏兄弟都不独自享用，见者人人均分。如有馈赠牛肉白酒的，都感谢一番，送还回去，说："这是隋法，我们不敢。"有时考虑到百姓生计有限，他俩便终日不食，义师将士人人感动。

李氏兄弟率兵来到西河城下，两人不穿甲衣，亲自前去安抚百姓。城外居民想进入城中，无问男女老少，一律放入，满足他们回家的愿望。城内既见义师宽容至此，都想投奔，唯有郡丞高德儒执迷不反。

义师部队在城下搭起飞梯，士兵踊跃登城。西河郡司法书佐朱知瑾等从城上引义兵而入，抓住高德儒送往军营。

高德儒就是隋朝所谓见到鸾鸟之人，李氏兄弟质问他："你见到野鸟，就假称见到鸾鸟，佞惑炀帝，以为祥瑞，你的这种行为，和赵高指鹿为马何其相似。义师肃清王室，没有不杀赵高之辈的道理。"

李氏兄弟只杀高德儒一人，其余秋毫不犯。义师来回用了九天，便平定西河。

西河首胜，树立了义师的仁义形象。李渊因而说："以此用兵，可横行天下。"

从这一天开始，李渊集团确定了攻取关中、占据长安的战略方向。

六月，李建成和李元吉自河东到达晋阳，李渊十分高兴。

初五，李渊在晋阳设起义堂（亦称号令堂），队伍统称"义师"。

十四日，李渊建大将军府，自任大将军；任李建成为陇西公，为左领军大都督，统领左三统军；任李世民为敦煌公，为右领军大都督，统领右三统军；李建成仍为太原郡守，命裴寂、刘文静为大将军府长史、司马；以殷开山、刘正会、温大雅、唐俭、权弘寿、卢阶、思德平、武士彟等为掾属、记室、参佐等官；以鹰扬王长阶、姜宝谊、扬毛，京城长孙顺德、窦琮、刘弘基等分为左右统军、副统军；其他文武职员，随才铨用。

七月初四，李渊在晋阳宫城东乾阳门街军门前竖白旗誓师，率三万大军出征。李渊遥尊炀帝为太上皇，立代王为帝，并任命四子李元吉为太原郡守，留守晋阳宫，全权处理后方事务。

"尊隋"并不是尊身在扬州、依然活着的炀帝，而是尊身在长安、年仅十三岁的代王杨侑（杨广之孙，杨昭之子）为帝。这个口号与"清君侧"有异曲同工之妙，体现了李渊清醒的政治头脑。

当时虽然各地盗贼如毛，但是隋朝兵力尚强，炀帝还在江都控制朝政，各地留守大将还听从隋朝号令，如果不以"尊隋"为号召，

第三章 / 天下大乱，群雄割据 /

113

被隋朝视为谋逆，就没有了政治上的优势。"尊隋"可以最广泛地争取各阶层人士的支持，减少进取关中的阻力，也使自己的部队进退有余，增加转圜的余地。

七月，李渊挥师南下，先派通议大夫张纶等人率领小股部队攻取离石、龙泉（今山西临汾隰县）各郡，掩护大军右侧安全，离石郡太守杨子崇为乱兵所杀。

李渊率军进入雀鼠谷，不久到达灵石县。十天后，李渊到达距霍邑（今山西临汾霍州南）五十里的贾胡堡（今山西临汾西北），恰逢秋雨连绵，只得就地修整，以待天气好转。贾胡堡西北临汾河，东有高山，地势险要。

消息传到长安，代王杨侑命虎牙郎将宋老生率两万精兵入驻霍邑，派左武侯大将军屈突通率辽东兵及骁果等数万人屯驻河东郡（大业时改蒲州置，今山西永济蒲州镇，下同），两人联合防守。

长安还命临汾以东各郡军民严守城池，受宋老生、屈突通征发调遣。

李渊听后说："天下已经是万民离心，这样做有什么用。屈突通曾经打败杨玄感，大伙都说他会带兵；宋老生数次战胜群盗，自许能够抵挡强敌。我如果缓兵以持，他们一定以为我胆怯，我军出其不意，不过一两个月，一定都能擒获。"

秋雨仍旧不停，道路十分泥泞，李渊便命属下沈叔安等派遣老弱之兵前往太原运粮，同时等待天晴。

李渊派人探看地形，发现沿着山脚前往霍邑的道路虽然险峻，但是士兵在山中行军而城中人是看不见的。如果选择大路行军，离县十里，城上人就可远远看见部队行进。

不久，突厥始毕可汗的特使达官、级失、特勤等人先来军营报到，说突厥派来的兵马已经上路，计日可至。

李渊说："此地名叫贾胡，是知胡人将至。这是上天借我此胡，以成王业。"

　　李渊为什么要对屡次进犯的突厥要卑辞厚利结好并寄予厚望呢?

第三章
/ 天下大乱，群雄割据 /

第四章

太原起兵，称帝关中

1. 卑辞厚利结突厥

大业十三年（617年），李渊在太原起兵，亲自给突厥始毕可汗写信说：

"欲大举义兵，远迎主上，复与突厥和亲，如开皇之时。若能与我俱南，愿勿侵暴百姓；若但和亲，坐受宝货，亦唯可汗所择。"（《资治通鉴·隋纪八》）

而太原，刚刚在五月经历了突厥的侵掠。

李渊在遭受侵掠之后还要取得突厥支持的答案是，"逼于时事，不得不尔"。

突厥是秦朝时形成的，继匈奴、鲜卑、柔然之后第四个长期称霸漠北草原的游牧民族，兴起于公元6世纪中叶的南北朝，衰亡于8世纪中叶的唐朝，在长达二百年的时间里，对中国历史造成了十分深远、深刻的影响。

西魏废帝元年（552年），生活在金山（今阿尔泰山）附近的突厥首领土门击败柔然，自称伊利可汗，立突厥汗国于漠北之地。因金山状如兜鍪，俗呼兜鍪为"突厥"，故以为国名。不久，土门去世，其子科罗即位，号乙息记可汗，第二年，科罗又死，舍其子摄图而立其弟俟斤为可汗，号木杆可汗。

木杆可汗在位时期（553年至572年）完成了突厥汗国的扩张活动。突厥汗国的势力沿着东西两个方向发展，在东方，彻底扫荡了柔然残余势力，东破契丹，北并契骨，取代了柔然在漠北的地位，成为霸主；在西方，木杆可汗的叔叔室点密西征，不仅控制了葱岭以东的西域地区，而且联合萨珊波斯消灭了嚈哒（又称滑国，都于今阿富汗北巴里黑城）。西魏恭帝三年（556年），突厥南下，大破吐谷浑，在不足十年的时间里，建立了一个东自辽海、西至西海（今里海）、南至沙漠以北、北至北海（今贝加尔湖）、统治五六千里土地的强大游牧政权。

突厥汗国在东征西讨的过程中，内部形成了以土门为首的东突厥和以室点密为首的西突厥两大派系。东突厥主要占有金山以东的漠北地区，西突厥虽占有金山以西的广大西域地区，西至雷翥海、南至疏勒、北至瀚海，但表面上，土门系仍旧是东、西突厥共主。

土门去世后，突厥大可汗先后由其子乙息记、木杆、佗钵继承，是为兄终弟及。佗钵统治时期，北周、北齐对峙，二国实力旗鼓相当，便争相向突厥请求盟好，佗钵对部下说："但使我在南的两儿孝顺，何愁无物！"

隋朝开皇元年（581年），佗钵因感谢木杆传位于己，死前遗命儿子菴罗让位于木杆的儿子大逻便。当突厥诸部开会册立大逻便时，有人以其母出身卑贱为由发言质疑，迟到的乙息记之子摄图也说："若立菴罗，我当率兄弟职事于他；若立大逻便，我定固守辖境，示之利刃长矛。"摄图在土门诸孙中年龄最大，以雄勇闻名，众人不敢抗拒，便立菴罗为大可汗。大逻便不服，经常派人辱骂菴罗，菴罗不能抗止，便将汗位让给摄图。摄图继位后，号沙钵略可汗。摄图为平息内部纷争，以菴罗为第二可汗。大逻便前去质问摄图："我与你都是可汗之子,应子承父业。你地位尊崇,我没有位子,为什么？"摄图只好任命大逻便为阿波可汗，各领所部。

第四章 / 太原起兵，称帝关中 /

沙钵略可汗继位的同时，杨坚也登基，建立隋朝。

当初沙钵略娶妻北周皇族宇文氏，号千金公主。千金公主因北周亡于隋，日夜请求沙钵略报仇。沙钵略便率众四十万，侵扰隋朝西北边境，沿边六畜咸尽。

文帝杨坚采纳长孙晟的建议，对突厥实行"远交近攻，离强合弱"策略，加深了突厥内部裂痕。

沙钵略忌怕阿波骁勇彪悍，偷袭其部，杀死阿波的母亲。阿波投奔西突厥室点密之子达头可汗，乞师十余万，东击沙钵略，复得故地，汗国内战全面爆发。

开皇四年（584年），沙钵略节节败退，不得不向隋朝致书求和，在隋朝的帮助下，沙钵略击败阿波可汗，他去世后，弟弟处罗侯继位，号莫何可汗。莫何智勇双全，活捉了阿波，不久，中流矢而死。沙钵略之子雍虞闾继立为都蓝可汗。

文帝使用离间计，厚待莫何之子染干（突利可汗），嫁与宗室安义公主，拒绝了都蓝和亲的请求。都蓝十分生气，认为自己是突厥大可汗，反而不如染干受到礼遇，于是开始屠杀染干的兄弟子侄。

开皇十九年（599年），都蓝联合达头东进蔚州，战败的染干只带着五名骑兵随长孙晟到达长安，被文帝封为启民可汗，被安置在朔州（今山西朔州西南）。同年，都蓝被部下所杀，达头占有东突厥之地，自立为步迦可汗，成为突厥汗国大可汗，引起突厥诸部强烈反对。启民在隋朝帮助下，招抚都蓝旧部和漠北各部，尽数收复故地。

仁寿三年（603），因铁勒诸部造反，达头遁走吐谷浑，不知所终，漠北部众复归启民。

大业三年（607年）四月，炀帝巡游榆林，启民及隋朝义成公主（安义公主已死）到达行宫，献马三千匹。

大业五年（609年），启民去世，其子咄吉继位，号始毕可汗。

隋朝想要封始毕的弟弟叱吉设为南面可汗，并把宗女嫁给他，以此分化东突厥，但叱吉设畏惧始毕，拒绝了隋朝的诱惑，后来隋朝又诱杀了始毕的宠臣，这两件事导致始毕与炀帝关系恶化。

大业十一年（615年），始毕想趁炀帝巡游塞北之际袭击车驾，义成公主派人告知炀帝，炀帝撤回雁门，但是却被困一个月。

突厥曾一度败于隋朝，不过始毕乘中原大乱，摆脱隋朝控制再度崛起，雄踞漠北，力控西域，东自契丹、室韦，西尽吐谷浑及高昌各国，都被臣服，成为东亚霸主，"戎狄之盛，近代未有"。

自此，突厥的政治态度向背，直接影响着隋末政局的发展。凡在北方起兵的割据势力，无不向其称臣，希冀借力以图谋天下。

大业十三年六月，始毕收到李渊的亲笔信，十分高兴，便对大臣说："唐公必当平定天下，不如听从他的建议，可以获得财物。但是唐公想奉炀帝为主，同时结好于我，鉴于炀帝的行事作风，会猜忌李渊，也会因为雁门被围的旧怨，前来攻击。李渊用这个主意招呼我，我肯定不去。如果李渊自立为帝，我则可以不避盛暑，派兵马支援。"

李渊接到突厥的复信，叹息良久，决定拒绝称帝。事情陷入两难，始毕可汗提供帮助的前提是李渊称帝，而李渊识破其意图，想拥戴隋室，不愿称帝。

兴国寺的士兵知道李渊没有采纳突厥的建议，聚在一起说："唐公如果不听突厥所请，我们也不能追随唐公了。"

裴寂、刘文静等人知道后，都劝李渊妥协变通："倘若让伊、吕尽忠于桀、纣，就不会成为汤、武之臣。我等改隋事君，不敢拘于小节，何况士兵已经集合，所缺的唯有马匹。胡马之需，待之如渴，如果迟疑不决，恐怕突厥后悔。"

始毕接到李渊的三个掩耳盗铃的变通举措复信后，派柱国康鞘利、级失、热寒、特勤、达官等卖给李渊一千匹战马，还承诺派兵

/ 第四章 / 太原起兵，称帝关中 /

护送李渊前往长安，人数多少，唯李渊之命是从。在买马上，李渊藏了个心眼儿，一方面放低姿态，接见康鞘利时"礼容尽恭"，回馈礼物十分丰厚；另一方面，李渊制造资金紧张的假象，只买了一半良马，以显己弱，有个部下想自己花钱买剩下的一半，李渊告诉他是自己故意少买的，是"示不以为急故"，避免引起突厥过早地对李渊防备和警惕。

康鞘利等人要回到突厥，李渊让司马刘文静跟着去，以带回突厥援兵。

刘文静临走时，李渊私下里嘱咐他：

"胡兵相送，天所遣来，敬烦天心，欲存民命。突厥多来，民无存理。数百之外，无所用之。所防之者，恐武周引为边患。又胡马牧放，不烦粟草。取其声势，以怀远人。公宜体之，不须多也。"（《大唐创业起居注》）

通过卑辞厚利以获得突厥之助，体现了李渊集团政治上的成熟和远见。

李渊的义师需要突厥的战马以增加部队的战斗力。

隋唐时期，骑兵为当之无愧的第一兵种，要想在战争中提高进攻速度，没有骑兵是十分困难的。要尽快攻进关中，占据长安，一支强大的骑兵部队是不可或缺的。李渊是从大业十一年任山西、河东慰抚大使的，到太原起兵，一共两年的时间，即使这两年全部在筹备反隋，也无法合法蓄养更多的战马。当李渊在太原招募了许多士兵之后，"义兵虽集而戎马殊乏"，马匹缺少的问题更显突出。

李渊需要向突厥妥协，以防备刘武周等人引之南侵，成为边患。

李渊从太原起兵，直到攻取长安，名义上拥有整个河东和关中，其实并非如此。面对"大强盛，势陵中夏"的突厥的强大威胁，和战问题尤其关键。太原以北有马邑刘武周，长安以北有榆林郭子和，朔方还有梁师都等，比起李渊，他们起兵反隋更早。炀帝江都被杀后，始毕可汗"迎萧皇后，置于定襄。薛举、窦建德、王世充、刘武周、梁师都、李轨、高开道之徒虽僭尊号，俱北面称臣"。刘武周被突厥任为"定杨可汗"，梁师都被任为"大度毗伽可汗"，郭子和也被任为"屋利设"，他们向突厥称臣，而且地盘和李渊相邻。李渊攻克霍邑、西入关中，战略重心偏南时，就不能让他们在背后捣乱，特别是刘武周。因而，李渊更需要以卑辞厚利来换取突厥影响下的刘武周等不对自己发动进攻，暂时的妥协是为了获得更多的和平时间，避免提前和他们发生冲突。甚至后来在和薛举争夺陇西之地时，李渊还一度用送钱、割地的方式换取新上任的颉利可汗放弃支持薛举：

> "薛举陷平凉（大业时改原州置，今宁夏固原），与连和，帝患之，遣光禄卿（官名，专司皇室膳食）宇文歆赂颉利，使与举绝。"（《新唐书·突厥传》）

可见，李渊在太原起兵前后，直至唐朝扫平诸侯、完成统一之前，不得不对强大的北方邻居突厥妥协退让，战术上的目的是为了获得战马，战略上的目的是为了麻痹突厥，防止其利用依附的北方割据势力捣乱，或者亲自劫掠郡县。

李渊要借助突厥兵以虚张声势，这样做的目的是让其他割据势力看到自己已与突厥结好，使群雄不可小觑。始毕见到刘文静后，追问李渊起事的原因，刘文静从道义与利益双重角度做出了回答，一方面是炀帝给国家造成莫大的灾难，李渊是皇亲，不忍坐看民众遭殃，所以举义兵，另一方面，"若入长安，民众土地入唐公，金玉缯帛归突厥"的约定也让贪利的始毕十分高兴。随后，始毕派遣大臣级失特勒（突厥官子弟称特勒）先到李渊军中，告知突厥兵已经上路。

李渊到达龙门，见到刘文静带来的五百突厥兵和两千匹马，十分高兴地说：

第四章 ／ 太原起兵，称帝关中 ／

"吾西行及河，突厥始至，兵少马多，皆君将命之功也。"（《新唐书·突厥传》）

李渊为什么对突厥"兵少"十分高兴？裴寂认为"胡兵非所须"，李渊也认为"胡骑入中国，生民之大蠹"，再三嘱咐刘文静，突厥兵"数百人之外，无所用之"。

很多人问，李渊起兵反隋时，为获得突厥的支持，是否曾经俯首称臣？

起兵之前，李渊并未和突厥合作。起兵之后，李渊用表面上的臣服换取突厥对他反隋行动和统一天下的不干涉。李渊确有对突厥称臣之举，太宗李世民曾说：

"往者国家草创，突厥强梁，太上皇以百姓之故，称臣于颉利，朕未尝不痛心疾首。"（《贞观政要》）

容忍退让，这在当时是一种普遍现象。隋末北方边疆割据势力和突厥接壤的起事者们大多如此，谁都无法单独抗衡突厥这个庞然大物，只有搞好和突厥的关系，才能放手统一天下。当然，李渊并非真心称臣，更多的是形势所迫。

李渊太原起兵时，突厥主政的始毕可汗入主中原的决心不大，大多的策略是扶持反隋起事者们各自为战，给了李渊从容入关和统一全国的机会。

武德元年（618年）五月，高祖登基，始毕的使者到达长安，李渊在太极殿设宴款待，席间奏九部乐。高祖因为起兵之初得到突厥资助的兵马，因而前后厚赠钱财，不可胜数。突厥恃功骄倨，每每派遣使者到达长安，行为大多暴横，高祖都宽容对待。九月，高祖派人送给始毕女妓。十月，突厥特使再次来访，高祖令其升御座以示厚待。

武德二年（619年），始毕渡河到夏州（今陕西靖边白城子，下同），派五百骑兵助刘武周侵扰太原，高祖派人奉币出使突厥，到达丰州

（隋五原郡），听闻始毕病死，便不再进贡，突厥大怒，举兵入侵，高祖无奈，派人赐物三万段。

武德三年（620年），颉利可汗成为突厥新的统治者，这位雄心勃勃的可汗才是中原王朝真正的觊觎者。自武德四年（621年）起，颉利可汗就不断派遣骑兵南下，不过此时唐朝已经基本完成统一，可以把大部分精力用于对付突厥。

唐朝相对于突厥的弱势地位和消极被动局面，直至武德八年（625年）才得以改变，由单纯的防御变成主动反击，七月，唐对突厥发文改用诏敕（帝王的命令），以前都用国礼。武德九年（626年），高祖命州、县修缮城池以防突厥。

由此可见，李渊在太原起兵之时向突厥妥协或者称臣纳贡，虽然名义上不怎么好听，但是为唐朝争取了足够的时间。唐军可以不用面对强大的突厥骑兵，专心扫荡中原群雄，这也算是"攘内必先安外"战略决策的灵活运用。

完成统一且日渐强盛的唐朝，已不再是突厥所能觊觎的了。

贞观三年，太宗李世民出兵六路攻打东突厥，第二年，李靖所部活捉颉利，献俘长安，东突厥灭亡。时为太上皇的李渊感慨地说："当初汉高祖被困白登，后世不能报仇；今天我儿子能消灭突厥，江山托付得人，我有何可忧！"

贞观八年（634年），曾对突厥称臣的李渊在故汉未央宫置酒，让颉利起舞，南蛮酋长冯智戴咏诗，既而笑言：

"胡越一家，自古未之有也。"（《旧唐书·本纪·卷一》）

2. 风雨霍邑向河东

霍邑，是李渊起兵后要夺取的第一个军事目标。

一天，身在霍邑的李渊接到瓦岗军李密派人送来一封书信，信的大意是：想和李渊作盟津之会，联合起来，杀死炀帝，抓住代王。李密倚仗兵势强大，欲为盟主，信中还让李渊亲自到河内郡结盟。

李密看信拍掌，对亲信说："李密正好为我抵挡东都之兵，守住成皋之险。我最好卑辞推奖，以骄其志，使其不加防备。等我进据关中，据蒲津而屯永丰，阻崤函而临伊洛，再向东，看群雄鹬蚌相争，然后坐收秦人渔翁之利。"

李渊西取关中，除了正面隋军，左侧还有东都附近的李密。瓦岗军人数众多，又拥有洛阳周围的几个大粮仓，是当时实力最强、影响最大的一支武装力量。其时，李密正与隋朝东都守军激战，如果李密转而争夺长安，李渊是无法对抗的。

如果稳住李密，对晋阳军西入关中的战略行动是极为有利的。李渊对形势做出明智的判断，既不能面见李密，也不能断然拒绝，便让温大雅复信，谦卑地说自己年龄大了，没有当盟主的意思，毫不犹豫地承认李密当盟主"非君莫属"，内心只是盼望李密早应图谶、安定众生，自己只要能再封于唐地就心满意足，由于此时汾、晋地区还需抚慰，只有择期再定盟津之会。

李渊的回信十分推许李密，李密得信十分高兴，对李渊进兵关中毫不在意，只是专心注意东都，无心外略。这是李渊在策略上的又一巨大胜利，既麻痹了李密，又使其他地区的隋军无法增援关中，为李渊速据长安创造了有利条件。而当山东群雄与隋军逐鹿中原时，李渊却已巩固关中，平定西北，坐观鹬蚌相争，只待伺机东出，争夺天下。

大雨连日不停，军粮日渐短缺，霍邑城池坚固难攻，刘文静出使北边来迟，突厥兵马未至，而军中又传出流言称"突厥想和刘武周南侵，乘虚掩袭太原"。是继续进攻霍邑，还是回师救援太原？这是李渊面临的一个重大军事抉择。

李渊召集文武官员及李建成、李世民等人商议，裴寂认为，宋老生依靠坚城"不易猝下"，隋军同突厥相距不远，李密行事谲诳、奸谋难测，突厥贪而无信、唯利是图。太原是北方重镇，义师官兵家属也在太原，应"还救根本，更图后举"。

李世民反对撤军，认为刘武周志得意满、突厥少信贪利，两人表面互相附和，实则相互猜疑，刘武周未必和突厥同谋进攻太原，况且朝廷获悉李渊太原起兵，忧心忡忡，长安留守官员畏惧义师，因而，隋军骁将精兵，陆续驻屯义师附近。

"今若却还，诸军不知其故，更相恐动，必有变生。营之内外皆为劲敌。于是突厥，武周不谋同至，老生、屈突追奔竞来，进阙面南，退穷自北。还无所入，往无所之。畏溺先沉，近于斯矣。且今来禾菽被野，人马无忧，坐足有粮，行即得众。李密恋于仓米，未遑远略。老生轻躁，破之不疑。定业取威，在兹一决。诸人保家爱命，所谓言之者也。儿等捐躯力战，可谓行之者也。耕织自有其人，请无他问。雨罢进军，若不杀老生而取霍邑，儿等敢以死谢。"（《大唐创业起居注·卷三》）

老成持重的李渊听后，决定班师，令大军速回太原。李世民还想要再次进军营劝谏，可天色已晚，李渊已经就寝。

李世民见不到父亲，在帐外大哭。李渊听到帐外的哭声，便把李世民喊进来询问原因，李世民回答说大军"进战则克，退还则散"，一旦"众散于前，敌乘于后"，则"死亡无日，何得不悲"，李渊顿时明白了撤兵的危险性，由于李世民率领的右军没有出发，便让李世民和李建成连夜分头追赶左军回来。

七月二十八日，从太原增运的军粮运达贾胡堡前线。

李渊集团在贾胡堡前线关于进军与退兵的分歧，关系到西取长安、夺取天下的大局，李世民对于形势的分析论断，并非是危言耸听。在关键时刻，是李世民据理力争和行动上的按兵不动，使得李渊在西进关中的重大决策问题上避免了一次重大的失误，这显露出李世民杰出的战略才能，为李渊西取长安立了一大功劳。

事后，李渊也埋怨裴寂是懦弱之辈，"几乎败坏我的大事"。

八月初一，天气放晴。

初二，李渊命令部队晾晒铠甲、器械、行装。

初三早晨，李渊从东南山脚小路赶往霍邑，行军七十余里。

刚开始出发的时候，大雾浓厚，不久，雾散，沿途秋景澄明。

李渊对两个儿子说："今日之行，关键在于你们两员将军。不过，我担心宋老生怯懦不来出战，闭门守城。怎么办？"

两个儿子说："宋老生出身寒微，人虽勇敢却没有智识，抓捕小股强盗，颇有名声。如果他不出战，就派轻骑兵挑战。"

李渊说："宋老生不能到贾胡堡主动迎战我军，我就知道他必无所作为。"

李渊率领麾下数百名轻骑兵先行出发，赶往霍邑城东，在距离城池五六里的地方，等待步兵到来，派李建成、李世民各领数十骑兵逼近霍邑城，巡视战场。李渊把带来的骑兵分成十多个小队，从城东南向城西南巡行，指指点点，表现出要安营、或者像要攻城的样子，另派殷开山急命马步等后军城下会师。

宋老生在城上远远望见后军欲来，直逼其城安营，便带领三万多人从南门、东门出城。

李渊担心宋老生背靠城池不肯远战，就把所带骑兵分为左右两军，李建成领左军，准备去东门驻屯，李世民率领右军，准备切断宋老生南门道路。

李渊命令手下收缩队形，假装避敌，宋老生见李渊士兵后退，认为是害怕自己，果然引兵向前，离开霍邑城一里多远列阵。

殷开山把领来的步兵前军统一列成方阵，以抵挡宋老生的中军，李渊的后军相续而至。李渊想让军士吃完饭再战，被李世民以"时不可失"劝阻。

未等双方交战，李渊便命李建成和李世民按照之前的部署，驰马奔向城门。

义师高声齐呼进攻，尘土漫天，战鼓未及擂响，两军已经锋刃相交，响声好像山崩，城楼都被震动。李世民冲进隋军，杀死几十人，刀刃砍出缺口，流血满袖，洒之复战。

激战中，李渊让士兵假称已经杀死宋老生，隋军部众听说后阵脚大乱，纷纷丢弃武器逃走，争着跑向自己出城的城门。两座城门已经被李氏兄弟事先屯守，城门吊起不落，宋老生不能入城，城上守军放下绳子，宋老生抓住绳子，想要攀援而上，离开地面一丈有余，被军头刘弘基部下士兵跳起来杀死，脑袋送给李渊。

于是义师所向披靡，锐不可当。城下数里之内，血流满地，僵尸相枕。

太阳即将下山，李渊看见部队士气正旺，便下令登城。当时李渊的部队没有攻城器具，与隋军肉搏交战，终于攻克霍邑。

李渊巡视战场，十分悲伤地对左右说："义师自河东出发以来，都为我所派遣。我军与宋老生交战，义旗之下，生灵涂炭；乱兵之中，善恶不分；火烧昆山，谁论玉石。疆场战死之人，忠心对我的，大有人在，他们在此战死，活着时不被人知，死了估计心中还有遗憾，静下来想一想，深感痛惜。从今而后，当以文德招抚，不用兵戈。义师攻克霍邑，获有战功之人，一律依格受赏。"

没过几天，军中士兵不分出身，一律受赏。负责授勋的官员感到疑惑，李渊说："义师招募士兵，四海之内，不分出身是良人还是奴隶，一律入伍，等到战后论功授勋，却还有所差异，实在不该。哪有矢石之间不分贵贱，受赏之际便生等差的道理，以此论功行赏，怎么能激励士气。黥面之徒成为王侯，有什么不可，部下和奴隶征战有功的，一律平等论功行赏。"

初四，李渊进入霍邑城，接见并抚慰城内隋朝文武官员说："除

/ 第四章 / 太原起兵，称帝关中 /

宋老生之外，其他人一律不得追究。即使你们不忠于我，我也要诚心对待你们。"李渊按照他们的节级授官，和晋阳起兵追随自己的人一样。城中壮丁能够入伍的，配给左右领军大都督，至于归附隋军的同乡同党，还由他们自行统领，毫不怀疑，俘虏投降的士兵喜不自胜，欣若再生，他们之间有关中人想回去的，李渊马上授给五品散官放还。义师内外，人人高兴，都想报效李渊。

李渊下令，对宋老生以本官之礼下葬。

此后，对附近没有归附义师的，无问乡村堡坞、贤愚贵贱，李渊全都派人写信抚慰，不落一人。对于到军营拜见的，李渊都按照节级授予朝散大夫以上官阶。

有人认为李渊封官太滥、授官太高，李渊说："因为不吝惜封官授爵，汉朝刘邦得以兴。比屋可封，那是唐的盛德。我正要仿效古人，敢不遵行。天下之利，义无独自享受。天下都因为我而富贵，我难道不更加尊贵么？炀帝朝政败坏，也是这个原因。雁门解围之后，东都援台之功，危难之时承诺授爵大夫，解围之后则只加封为小尉。因此，兵无斗志，将有惰心，天下分崩，至于今日。后事不忘，前世之师，用几顶官帽子收买抚慰人心，不是胜过用兵杀戮么？我不日而安定天下，不是你等目光短浅所及。"由此可见，李渊的政治手段之高明。

初八，李渊进入临汾郡（今山西临汾南）抚慰郡内官民，和霍邑一样。

十二日，李渊宿营绛郡（今山西新绛东北）西北的鼓山，此山是李渊当讨捕大使时旧日停营之地，所以逗留宿营。

鼓山距离绛郡十多里，当天早上，鼓山西北出现大片浮云，颜色一片紫一片红，好像华盖楼阙的形状。须臾之间，有暴风吹来，浮云飘向军营，停在李渊住宿的大帐之上。李渊指着绛城对身旁侍者说："风云如此见从，那个地方（霍邑）有什么不能到达的呢？"

然后告诉厨师，明天攻克城池后开饭。

十三日，李渊在绛郡城旁观看攻城，将士争先恐后，登上城墙。李渊入城之后，在正平县令李安远的宅邸用餐。李渊礼用颇有才干的绛郡通守（太守副职）陈叔达和记室（郡县记录文书的属吏）温大雅同掌机密，并按照临汾郡的办法处置众人。

十五日，义师大军抵达龙门县（今山西河津西北）。这时，刘文静出使突厥回来，以"人众土地归唐公，财帛金宝归突厥"的条件，争取了突厥政治与军事的双重支持。突厥特使康鞘利带来了助战的五百突厥士兵和两千匹战马。突厥兵少而且来迟，李渊十分高兴，对刘文静说："我已经到达黄河岸边，突厥才来。马多人少，十分符合我的心意。"

李渊在龙门县西南宴请康鞘利，并和县内士民叙旧，场面极其欢喜热烈。

李渊进军到达汾阴，写信招抚冯翊强盗首领孙华。孙华部下有数千精兵，因为常年四出劫掠，财物非常富实，洛水以北，无人能当。

前来拜谒的汾阴人薛大鼎建议义师不要攻打黄河以东地区，应由龙门直接渡河，攻占永丰仓（今陕西华阴东北），传发文告，虽然未得京师，但是关中已固。众将却坚持先打河东。曾在河东照料李建成的户曹（州郡主管民户的僚佐）任瑰自荐，前去招降关中民间豪杰，他同时建议李渊从梁山（今陕西韩城东北）渡河，沿途收降义军，先占韩城，再攻占永丰仓。

二十一日，李渊驻营壶口（今龙门山西麓），分派各军行动，河边军民争相献船，日以百数。

二十四日，关中群盗中实力最强的孙华率领几十名心腹轻骑从郃阳（今陕西合阳东南）渡河拜见李渊。孙华年方弱冠，言语朴实，性格直率，李渊有点儿轻视他，但孙华大表忠心，请求早日立功报效，李渊因而对他十分恩厚，说："你能渡河，远来相见，我应当赐你富贵。关中像你这样的人并不少，名声比你还好，你如今率先追随我，群雄应当陆续投奔于我。"于是李渊拜孙华为左光禄大夫，封武乡县公，加冯翊郡守，对跟随孙华前来之人，委托孙华一一授予官职。李渊派孙华先渡过黄河，为西道主人，做好迎接大军的准备，孙华大喜而去。

李渊又派左右领军王长谐、刘弘基和左领军大都督府长史陈演寿等人率领六千军队跟着孙华渡过黄河，于河西扎营等待大军，让任瑰劝降韩城守将。

九月，张纶自离石道攻克龙泉、文城等郡，俘获文城太守莘公郑元璹，送至李渊军营。李渊看到郑元璹，当庭释放并遣送回家。

当初王长谐、刘弘基、陈演寿渡过黄河时，李渊嘱咐他们说："据守河东的屈突通精兵不少，相距我军五十多里而不敢前来，足以说明其众不为所用。屈突通虽然不够勇武，但他久在行伍，十分守法惧罪，不妨伺机偷袭，也要做好防御，据守要地。屈突通若不入关，河东自然归我，如果他分兵攻打你，我就立即攻打河东，他若全军守城，你们就要断绝黄河桥梁道路。这就是所谓的前扼其喉，后抚其背，使其首尾不能相救，这不是屈突通所能承担应对的。如果屈突通不弃城逃走，一定被擒，我们暂且按兵不动，看他如何进退。"

此时，屈突通听说孙华接应王长谐等人渡过黄河，果然派虎牙郎将桑显和率领数千骁果夜袭王长谐军营。王长谐和孙华按照之前李渊的部署安排，静候隋军偷袭，等到桑显和兵到军营，设下埋伏，分兵夹击，桑显和大败。义师追到饮马泉，俘虏斩杀隋军数以千计，桑显和只身逃入河东城，下令毁坏蒲津桥（今山西永济西蒲津桥）。

李渊听到消息后，对属下说："屈突通发兵偷袭没有成功，现在如果我军发兵进逼包围，他一定不敢出城。因而我们要先派刘弘基、孙华等人到达关门，切断他的行路，然后我在壶口渡过黄河。《易经》上所说的'利涉大川'，指的就是这个。"

是否攻取河东，成为李渊集团需要抉择的第二个重要战略问题。

3. 直取关中帝长安

关中地区，泛指黄河、潼关以西，秦岭以北，甘泉逶迤而西的陇东高原以南，六盘山以东，泾、渭、洛三大河谷地区，其地处四面河山之中，形势险固。河东郡则是关中门户、战略要地，城池位于黄河东岸，易守难攻。

负责守卫的隋朝骁卫大将军屈突通凭借坚固的城墙和险要地势，把河东城守的是固若金汤，为阻止李渊渡河，他还撤去浮桥，扣押来往船只。

大业十三年（618年）九月初十，李渊亲率各军围攻河东郡，分别派李建成、李世民和长史裴寂带兵各守河东城一面。

李渊登上河东城东原，西望城内隋军动静，屈突通果然不敢出兵，闭门自守。河东城墙高大险峻，不易进攻，李渊看见义师士气高涨，尝试着派人登城，城南有一千多人，应时而上。当时正下大雨，李渊便下令撤军，有士兵已经登上城墙，不能及时撤下。李渊说："屈突通是隋军宿卫旧将，野战非其所长，守城善为防御。我军常胜，士兵一定轻视敌军，骁锐率先登城，恐怕没有归路。今日暂且示威而已，不是攻城之时。杀人得城，如何可行！"

于是李渊下令回军，命诸将移营河渚。

河东城两日未克，李渊望城兴叹，形势极为不利。李渊召集文武将佐，继续攻打河东，还是西入长安，成为李渊集团军事战略的第二次重大抉择。

裴寂主张先解决河东，然后攻取长安，理由是如果绕过河东后却不能攻取长安，河东兵就会在后攻击，腹背受敌，一定危险；如果攻下河东，再率兵西上，长安没有了屈突通的援兵，一定会被攻下。

李世民不赞成，认为兵贵神速。

"吾席累胜之威，抚归顺之众，鼓行而西，长安之人望风震骇，智不及谋，勇不及断，取之若振槁叶耳。若淹留自弊于坚城之下，彼得成谋修备以待我，坐费日月，众心离沮，则大事去矣。且关中蜂起之将，未有所属，不可不早招怀也。屈突通自守虏耳，不足为虑。"（《资治通鉴·隋纪七》）

裴寂的分析有一定的道理，因为河东守敌尚有一定的力量，不可低估，如果长安不克，可能会陷于腹背受敌的境地。李世民的建议更需具备一定的胆略，一是洞悉长安防务空虚，如乘其不备，可一举攻克；二是快速用兵，使敌人陷于被动。这个决策的前提，是忽视河东守军的力量，而这，容易成为致命的漏洞。

在这种情况下，李渊综合双方意见，决定留偏师围困河东，牵制屈突通；自己亲率主力西进关中。实际上李渊的战略决策仍以进攻为主，辅之以裴寂的意见。

此时，冯翊太守萧造率官属举郡城归附李渊，华阴县令李孝常占据永丰仓，派亲戚窦轨等暗中联系李渊，以便接应河西关上兵马，又有京兆万年、醴泉等各县，都派人前来，朝邑法曹靳孝谟献蒲津（今山西运城永济西）、中潬（今河南孟县西南）二城投降。

李渊说："我尚未渡河，正是等待他们。如今事成，可以渡河了。"

九月十二日，李渊率众军渡过黄河。

十六日，李渊住进朝邑（今陕西大荔东）长春宫。三秦士庶，衣冠子弟，郡县长吏豪族，弟兄老幼，相携而来，归之如市。李渊都一一引见，亲自抚慰，仍按照节级授官。于是秦人十分高兴，互相说道："真是我主，为什么来晚了。"也就是这个时候，于志宁、颜师古、李世民妻兄长孙无忌等都到长春宫拜见李渊，李渊一一任用，后来三人都为李世民所用，成为李世民集团中不可缺少的人物。

十八日，李渊又做出重要战略决策，派遣世子李建成率领司马刘文静、统军王长谐、姜宝谊各军数万人，屯驻永丰仓，把守潼关，堵住隋军屈突通援助长安的军队；派遣李世民率领统军刘弘基、长孙顺德、杨毛等各军数万人攻略渭北，前往高陵道，平定泾阳（今泾阳县）、云阳（今陕西淳化西北）、武功（今陕西咸阳武功，下同）、盩厔（今陕西西安周至东）、鄠（今陕西户县北，下同）各县，节度殷开山等人。

两路大军对长安形成战略包围，隋朝的关中之地，即将成为李渊的囊中之物。

屈突通获悉李渊西进关中，留鹰扬郎将（隋府兵制军府主官）尧君素守蒲坂（今山西运城夏县西北），自己回军救援长安，被刘文静所阻。

当时隋朝将军刘纲驻守潼关都尉南城，屈突通想去会和，不料刘纲被王长谐偷袭身亡，屈突通只好退守北城。

李渊太原起兵时，柴绍及平阳公主都在长安，柴绍被李渊叫去前往太原，临走前对公主说："尊公举兵，今一同前往，则不可能，留此又怕遭祸，怎么办？"公主让他赶紧走，说自己是一个妇女，容易藏匿。柴绍去太原后，公主回到鄠县，变卖家财，召集几百个亡命之徒，起兵响应李渊。

李渊堂弟李神通受李渊牵连，遭官府追捕，也偷偷躲进鄠县山南聚众起兵。

少数民族出身的西域胡商何潘仁进入司竹园（今陕西周至东），劫掠行人，自称总管，平阳公主派出家僮马三宝，向何潘仁晓以利害，说服他前来归附。李文仲是李密的叔叔，因为李密在荥阳起兵，受到牵连，便召集无赖，劫掠郿县（今陕西宝鸡眉县）之间，属下有四五千人，盩厔义军首领向善志也率属下数千人前来归附，至此，平阳公主的队伍达到七万多人，时称"娘子军"。

李渊渡河进入关中，何潘仁、李仲文、向善志都被委以官职，归李世民指挥，公主和前来迎接的柴绍挑选了一万精兵与李世民会师渭北。

十天之间，京城附近诸贼四面而至，相继归附，商农工贾，各安其业。长安留守的代王及尚书卫文升、将军阴世师、京兆丞骨仪等，担心京师之人一旦去尽，便闭门拒守，运粮入宫。

二十一日，李渊到达蒲津，观察河东城。

二十二日，李渊向南经过永丰仓，当晚夜宿临晋洛、渭合流之处，准备渡河。有人看到渡船朽破不能渡人，便在洛水上流数十里处取来好船，但是苦于水浅，沙石阻遏，船不能行进。当夜三更，天空十分晴朗，船夫忽然感觉河水暴涨数尺，便逆流而上，船泛深波，到达渡口。众人十分惊异，并在船中拜贺，李渊说："这只是偶然之事。"

李渊到达仓库慰问部队，见箱廪充实，铭题数多，高兴地对跟随的人说："千里远来，粮食到手，别的什么也不用考虑了。"未等下马，便开仓赈济饥民。

几天后，李渊进驻冯翊郡，经过旧宅，飨告五庙。当初北周与齐开战之时，北周太祖宇文泰数次前往同州，对随从的达官显贵各给田宅。李渊的爷爷李虎和文帝杨坚的父亲杨忠一同家于州治，杨忠的住宅在州城东南，西临大路，李虎的住宅在州城西北，面对洛水，两座住宅东西相望，二里之间，数十年中，都出了受命之主。王朝相继代兴，祖宅距离如此之近，时人所见，从未有过。

李世民到达鄠屋，所过各县及诸贼地界，无不风驰草靡，裹粮卷甲，唯命是从。

城尉（州郡佐官，掌治安捕盗之事）房玄龄到军营求见李世民，被任命为记室参军。两人一见如故，房玄龄认为人生遇到知己，知无不为。每平定一处，众人搜寻珍宝，唯独房玄龄先去招纳人才，引入秦王幕府。丘行恭也率众前来迎见。

刘弘基向西攻打扶风,被郡守窦琎所阻,便南渡渭水,屯驻长安故城,扬威金光门。卫文升迎战,刘弘基出击,擒获甲士千人,战马数百匹。当时各军尚未到达,刘弘基先到且最先得胜,京师平定后,论功第一。

李渊说:"屈突通在潼关北城,东行不可,西归无路,看我成败,方有所为,不足为虑。"便让刘文静和长孙顺德防卫屈突通,让任瑰据守永丰仓。

李渊命李建成挑选永丰仓上精兵,自新丰道直奔长乐离宫(今陕西西安东),让李世民率领新归附的李仲文、何潘仁、向善志等人自鄠㕍经鄂县道,北上屯驻长安故城。二子准时到达预定地点后,等候李渊的攻城命令。

二十七日,李世民派人向李渊请示进攻长安的时间。

二十八日,李渊从下邽(今陕西渭南东北)西进,从冯翊攻向长安,废置沿途所经过的隋朝行宫、苑御,放宫女各自回家。

十月初四,李渊到达灞上,驻军大兴城春明门(大兴城东面三门之中门)西北,与李建成和李世民率领的二十余万部队会师。李渊要求各军坚守营垒,不得侵扰附近村落。

当时隋刑部尚书领京兆尹卫文升年老,听说李渊攻向长安,忧惧成疾,不再任事。李渊几次派人告诉卫文升等人,自己尊奉隋朝皇室的立场,长安方面没有回应。左翊卫将军阴世师、京兆郡丞骨仪尊奉代王杨侑据城固守,誓死不降。

围城期间,京城旧日义军认为家近都城,不是太原首义之臣,耻于无功,便各率所部士兵,分地逼城而上。李渊担心他们轻敌失利,十四日命二子各将所统士兵前往援助,李建成负责京城东面、南面,李世民负责京城西面、北面。城中守军看见后大惊失色,但已别无他计,只能盼望屈突通和东都救援而已。

十七日,关中群帅请求率领骁锐登城,李渊当时在春明门,听到消息后立即骑马而入，住在外城罗郭的安兴坊（长安城东面三门之南门）。此时，延安（今延安市）、上郡（今陕西北部）、雕阴等地均派人前来归附李渊。

二十七日，义师诸军开始攻城，李渊要求部队不得侵犯隋朝七庙及代王和隋朝宗室，违令者灭三族。一时间"云梯竞耸，楼橦争高，百道齐来，千里并进"。攻城时，孙华中流箭身亡。

十一月初九，李建成的左军军头雷永吉率先登城，长安被克。

李渊为争取民心，一如汉初入关故事，宣布约法十二条，杀人、劫盗、背军、叛逆者处死。此时，卫文升已经病死，李渊让李世民在朱雀街道斩首阴世师、骨仪、崔毗伽、李仁政等隋朝高官共十多人，其余不再追究。

李渊夺取的长安，不是寻常的军事重镇。尽管炀帝大多待在东都，长安在名义上仍是隋朝第一首都，占领长安，给李渊带来了无法估量的政治主动权。

隋朝马邑郡丞李靖文才武略出众，舅舅韩擒虎每次看到他，都拍他的后背说："我可与谈论孙、吴谋略的，只有此子。"牛弘称之为王佐之才。

当初，李靖看到李渊在塞外攻打突厥，察觉李渊"有非常之志"，便自囚急报，传送江都，走到长安，道路不通，及长安城破，李靖被捕，即将被处死之际，大喊："公兴义兵，本为天下除暴，以成大业，何挟私怨而杀壮士！"李渊闻言心中一动，李世民上前求情，李靖得免一死，后被召至秦王幕府，最终成为大唐出将入相的人物。

十一月十五日，李渊立十三岁的代王杨侑作为挂名的皇帝，史称隋恭帝，改元"义宁"，遥尊炀帝为太上皇。杨侑授李渊假黄钺、使持节、大都督内外诸军事、尚书令、大丞相，进封唐王。李渊以武德殿为丞相府，自置官属，任裴寂为长史、刘文静为司马，以李建成为世子，李世民为京兆尹、秦公，李元吉为齐公。

这样安排实际上是魏晋以来权臣夺位的老办法，傀儡皇帝只是李渊的权宜之计，如此，可使自己进退自如。李渊深知，在时机未成熟之际而急于称帝，是将自己架在炉火上烤。他在等待，等待一个变化，等到隋朝的政治象征消融。

十八日，榆林、灵武、平凉、安定（泾州改置，今甘肃泾川）诸郡派人请降。

再说潼关的屈突通，阻挡刘文静进军，与之相持有一个多月。十二月，屈突通派桑显和夜袭刘文静军营，攻破三个堡垒中的两个，刘文静中箭受伤，马上就支持不住。桑显和考虑到士兵疲惫，让军中开饭，刘文静得以喘息反攻，隋军反胜为败，大部投降，自此屈突通处境日益困窘。有人劝他投降，屈突通说："我蒙受国家厚恩，侍奉两朝皇帝，怎能逃离背叛，唯有以死相报。"他每每摸着自己的脖子说"应为国家受人一刀"，给士兵训话，有时涕泪俱下，因此，屈突通虽处境艰难，但士兵仍旧上下一心，愿为所用。

李渊派屈家家僮劝降，被屈突通斩于阵前。屈突通获悉长安城破、家人尽虏，就留下桑显和守卫潼关，自己率兵赶往洛阳。

屈突通前脚刚走，桑显和随后献潼关投降。刘文静派窦琮、段志玄率精骑追击，二十一日，在稠桑（今河南灵宝西）追上屈突通，屈突通列阵迎战，窦琮派屈突通之子屈寿劝降，屈突通大声说："昔日和你为父子，今天已成仇人！"让左右射箭，桑显和在阵前对隋军大喊："京师陷落，诸君家在关西，为什么再次东去？"隋兵听后，纷纷丢弃兵器。屈突通无力回天，下马面向东南而拜，大声号哭："我力屈兵败至此，不负陛下，天地皆知！"于是被擒，送往长安。

李渊安慰屈突通说："为什么相见这么晚啊？"屈突通哭着说："通不能尽人臣之节，所以至此，为本朝羞耻。"李渊称赞他"真是忠臣"，随即释放，任为兵部尚书，封蒋国公，为秦王元帅府长史。

至此，刘文静才得以东向略地，攻占新安（河南今县）以西地区。

十二月，薛举父子大举进犯，被李世民击败。

义宁二年（618年）正月二十二日，李渊为进一步拓展军事成果，以李建成为东讨元帅、李世民为副元帅，出兵潼关，进攻洛阳，准备攻取第二个政治中心。

三月，炀帝在江都被杀，宇文化及立秦王杨浩为帝，自任大丞相；东都洛阳方面闻讯，随即立越王杨侗为帝；如此，加上长安的杨侑，天下有了三个顶着隋朝名义的政权。李渊审时度势，认为炀帝的死已宣告隋帝国的灭亡，如果继续维持傀儡皇帝，将陷入三方争统的局面，失去自身的政治感召力。

五月二十日，隋恭帝杨侑禅位，李渊表面辞让，经群臣劝进，才即帝位于太极殿，定国号为"大唐"，改义宁二年为武德元年，仍都长安，史称唐高祖。

隋朝历三主三十八年而亡。

武德元年（618年）六月，李渊任命赵公李世民为尚书令，相国府长史裴寂为右仆射、知殿事，司马刘文静为纳言，司录窦威为内史令。不久，李渊又立世子李建成为皇太子，赵公李世民为秦王，齐公李元吉为齐王。

新生的李唐王朝，就此成为隋末波诡云谲政治风云中又一颗耀眼的政治明星。然而，当时的中原，还是群雄并立。在李渊终结杨侑的傀儡皇帝名号后，宇文化及、王世充亦步亦趋，做了相同的政治举措，隋朝名义上的统治彻底烟消云散，问鼎天下的各路诸侯打出旗号，以彼此平等的身份，展开了无遮无盖的角逐。这个过程是漫长的，长达七年之久。

需要指出的是，隋末以来乘乱崛起的各方割据势力并非全被唐朝消灭或收降，其中许多是灭亡于互相的火并之中，特别是极为强大的瓦岗军。

4. 洛口时运终难复

炀帝被害于江都，隋帝国三十八年的强大统治轰然坍塌。

叛乱的骁果又杀了内史侍郎虞世基、御史大夫裴蕴、左翊卫大将军来护儿、秘书监袁充、右翊卫将军宇文协、千牛宇文晶、梁公萧钜等人和他们的儿子，在江都的隋朝皇族宗室、外戚，无论老少都被杀死，只有炀帝的侄子、秦王杨浩因平时与宇文智及要好，被宇文化及以皇后令立为皇帝。

义宁二年（618年）三月，宇文化及任命左武卫将军陈稜为江都太守，总领留守事宜，并下令江都城内外戒严，对外宣称要归还长安。十多天后，宇文化及夺得江都百姓船只，沿着彭城（今江苏徐州，下同）水路西归。

途中，宇文化及的日常排场和炀帝一样，每天在帐中面南而坐，有人请示事情，则沉默不语，来人汇报结束，则拿出汇报表章和唐奉义、薛世良、张恺等谋士商议，再作出决定。宇文化及把少主杨浩交给尚书省，令卫士十多人看守。

五月，船到彭城，水路不通，宇文化及弃船上岸，强夺当地百姓两千辆牛车，拉着宫女、珍宝，军队的戈甲武器却全部让士兵背负。道路遥远，士兵疲惫不堪，开始心生不满，队伍中一片怨声载道。

司马德戡悄悄对赵行枢说："你犯了大错，误导于我！当今拨乱反正，一定要借助英雄贤士，宇文化及平庸无能，目光短浅，一帮小人聚在身边，其事必败，怎么办？"赵行枢说："这件事关键在我们，废他何难！"

当初宇文化及篡得大权，赐司马德戡为温国公，加光禄大夫，宇文化及十分忌讳司马德堪自己统领骁果。数天过后，宇文化及部署诸将分配士兵，任命司马德戡为礼部尚书，表面上司马德堪得到了一个美差，实际上却被剥夺兵权。司马德戡十分愤怨，便把当初得到的赏赐都拿来贿赂宇文智及，宇文智及替他说话，才让他统领后军一万多人跟随大部队前进。

此后，司马德戡、赵行枢和诸将李本、尹正卿、宇文导师等人秘密策划率领后军偷袭宇文化及，另行尊奉司马德戡为主。众人派特使告诉孟海公，准备引为外援，事情反复拖延，一直等待孟海公反馈消息。不久，这事被许弘仁、张恺获悉，告诉了宇文化及。宇文化及派宇文士及假装外出狩猎，前往后军，司马德戡尚未知道计划已经泄露，便出营迎接拜见，被当场抓住。宇文化及责备他说："我和你合力准备一起平定海内，不怕万死。现在事情刚要成功，正想和你共守富贵，你为什么反叛啊？"司马德戡说："本来是因为不能忍受暴虐，杀死了一个昏君，推举足下，未曾想你比他还严重，这是为形势所逼，不得已啊。"司马德堪和同党十多人被杀。孟海公畏惧宇文化及兵强，率众准备酒肉奉迎宇文化及。

因为瓦岗军李密占据巩县、洛口，宇文化及不能西归，便率兵攻向东郡，东郡通守王轨献城投降。

炀帝被弑的消息传到洛阳，东都官员集体拥立炀帝之孙、太子杨昭之子越王杨侗即位，改元"皇泰"。为对付宇文化及十余万思归之士和日夜围攻洛阳的瓦岗军，坐收渔翁之利，东都派人册封李密为太尉、尚书令、东南道大行台行军元帅、魏国公，承诺当李密平定宇文化及后，便可入朝辅政。

其时李密与东都相持日久，又东拒宇文化及，常常害怕东都在背后进攻，自此李密便放心地引兵向西，与宇文化及开战。

六月，宇文化及把后勤辎重留在滑台，任命王轨为刑部尚书，由他驻守，自己引兵向北攻向黎阳，准备从白马津渡过黄河。

李密部将徐世勣据守黎阳，畏惧宇文化及军锋，率兵向西保卫仓城。宇文化及渡河，分兵围攻徐世勣。李密率领二万步骑，在淇水扎营，和徐世勣以烽火沟通消息，自己则深沟高垒，不和宇文化及交战。宇文化及每次攻打仓城，李密就引兵掩杀其军背后。李密和宇文化及隔水对话，李密数落他说："你本是匈奴衙门里面卑贱的差役破野头（宇文述鲜卑本姓），父兄子弟一同蒙受隋朝厚恩，累世富贵，举朝无二。皇帝失德，不能冒死劝谏，反而犯上弑逆，谋求篡位。不能仿效诸葛瞻的忠诚，而模仿霍禹的恶行，为天地所不容，还想干什么！如果你能迅速归附我，还可以保全子孙后代。"宇文化及沉默不语，俯视良久，瞪起眼睛大声说："我和你讨论互相攻杀之事，不用和我谈论书信里面的忠君之语！"李密对随从说："宇文化及平庸愚蠢如此，还想谋求帝位，我要拿起棍子赶走他！"

宇文化及准备攻城器具，围逼仓城，徐世勣在仓城外挖掘深沟固守，宇文化及部队被深沟所阻，不能到达城下。徐世勣还利用深沟作为地道，出兵打败宇文化及，烧毁他的攻城器具，大火彻夜不息。

李密知道宇文化及粮草将尽，假意讲和，宇文化及不知是计，任由部下吃喝，期望李密能馈送粮食。李密手下有人犯罪逃跑，将实情报告给了宇文化及。

七月，李密与断粮后愤怒的宇文化及在卫州童山（今河南淇县西南）决战，鏖战一天。困境中的隋军战斗力依旧惊人，李密被流矢射伤堕马，昏死过去，因秦叔宝拼命相救才使他免于被俘。宇文化及力竭粮尽，部下骁果大多投降。

宇文化及带领剩下的两万人驻扎在魏县（今河北邯郸大名，下同），每日和宇文智及相聚酣饮，醉后埋怨他使其背负杀主之名，不被天下人容纳，有时拉着二子大哭。宇文智及生气地说："事情成功，你不怪我，大事将败，推罪于我。何不杀掉我投降窦建德？"兄弟俩多次争吵，没大没小，醒了再喝，天天如此。士兵大多逃跑，宇文化及自知必败，感叹说："人固有一死，岂可不当一日皇帝！"

九月二十九日，宇文化及毒死杨浩，自立为帝，定国号许。

宇文化及攻打魏州元宝藏，四十天不克，东走聊城，用珍宝诱

/ 第四章 / 太原起兵，称帝关中 /

降义军王薄。

李渊派淮安王李神通招降宇文化及被拒，他便率众攻打聊城，因指挥失当，进军不利，便退兵回到魏郡。

在聊城的宇文化及即将断粮，派宇文士及去济北（今山东长清）运粮。期间，宇文士及派人赠送李渊金环，寓意归还之意，等到宇文化及兵败，他便西归长安。

河北窦建德认为"我为隋民，隋为我君，宇文化及弑主，是我仇人，不可不讨"，于两天后率兵来攻。王薄开门引兵，宇文化及被擒。当时，炀帝萧皇后也在宇文化及军中，窦建德便以臣礼拜见萧皇后，于是江都宫人、美女、珍宝金帛及传国玉玺，落入窦建德之手。窦建德杀死宇文智及等人，把宇文化及押送至襄国（今河北邢台）斩首，首级送给出嫁突厥的隋朝义成公主。有人劝说窦建德送萧皇后及宫人去漠北，多带金帛，重赂突厥，买马求援。

当李密与宇文化及鏖战之时，洛阳城中的王世充于七月十五日抢先发难，杀死元文都，挟持皇泰主杨侗。李密打败宇文化及，准备入朝，走到温县，听说东都已经发生变故，便向老师儒生徐文远请教，徐文远说："王世充也只是个门客，为人残忍，心胸狭隘，既然得势，必有异志，将军以前的想法不能实现了。不打败王世充，不可入朝。"李密无奈，只得拒绝入朝，回到大本营金墉城。

当初李密杀掉翟让后，十分骄矜，不体恤部下士兵，瓦岗军旧部疑心犹存。李密仓库虽然粮食很多，却没有府库钱帛，战士即使立功，却无法论功行赏，他又厚待刚刚归附的江淮骁果，众人心中十分抱怨。

徐世勣曾经在一次宴会上发言讥讽李密短处，李密不高兴，便派徐世勣出镇黎阳，表面上委以重任，实际上是流放疏远。

李密打开洛口仓发放粮食，不加管束，无人称量，也无取米票据，百姓随意取粮，多少都行，有人离开粮仓之后扛不动粮食，就丢弃在路口，自仓城到外城门，路上米粟厚达数寸，被车马践踏。前来就餐的群盗加上家属，将近百万人，没有盛米的瓦器，就编织荆条箩筐淘米，洛水两岸十里之内，远远望去，仿佛白沙。李密十分高兴，对贾闰甫说："这可以看作粮食够用了！"贾闰甫回答说："国以民为本，民以食为天。今天百姓所以背负米袋、如流而至，是因为视作'天'的粮食在这里的原因。有关官员不知吝惜，不屑如此！我个人认为，一旦米尽民散，你将和谁成就大业呢？"李密当场道歉，立即任用贾闰甫负责司仓参军事宜。

李密认为东都军经历数次失败，实力微弱，况且东都将相自相残杀，以为洛阳朝夕可平。而王世充在掌大权后，便厚赏将士，修缮器械，暗中准备攻打李密。

李密和宇文化及大战之后，"劲卒良马多死，士兵疲病"，形势极其不利。

武德元年九月，东都粮食将尽，王世充挑选精兵两万、骑兵两千，准备与师老兵疲的李密决战。十一日，到达偃师，在通济渠南扎营，在渠上建造三座桥梁。

李密留王伯当镇守金墉，自己率精兵前往偃师，北靠邙山，等待王世充进攻。

决战之前，裴仁基建议："王世充全军精锐尽出，洛阳城防一定空虚，我军可以分兵把守敌军要路，使其不能东进；再挑选精兵三万，沿河向西进攻，逼近东都。王世充撤军回师，我军就按兵不动，王世充再次出兵，我军再次逼近东都。如此，则我军以逸待劳，王世充疲于奔命，这就是兵法所说的'彼出我归，彼归我出，数战以疲之，多方以误之'。"李密说："你但知其一，不知其二。东都兵马有三不可当：器械精良，决计而来，粮尽求战，我军只须按兵不动，积蓄力量，以观其弊。王世充求战不得，想走无路，不过十天，王世充的脑袋就可挂在麾下。精兵坚守要路，然后回军进攻洛阳，逼迫他回师救援，反复如此，使之疲惫，再抓住机会打败敌军。"但是单雄信等众将都轻视王世充，想出战的十之七八，李密难以不听众将所言。裴仁基苦争不得，击地长叹说："魏公以后一定后悔！"魏征也赞成裴仁基的建议，被郑颋讥讽为老生常谈。

程知节率内马军和李密扎营在北邙山上，单雄信率外马军扎营在偃师城北。

王世充派遣数百骑兵渡过通济渠，攻打单雄信兵营，李密派裴仁基之子裴行俨和程知节前去援助。裴行俨先行骑马冲锋，身中流箭，趴在地上，程知节去救人，杀死数名士兵，抱着裴行俨，两人骑着一匹马回营，王世充骑兵追上来，用马槊刺穿了程知节身体，程知节回身，拗折其槊，斩杀追兵。时已天黑，双方各自收兵回营，李密手下骁将孙长乐等十多人都受了重伤。

李密因刚刚打败宇文化及，便有轻敌之心，军营不设壁垒。夜里，王世充派遣二百多骑兵悄悄进入北山，埋伏在溪水山谷之中，让士兵早早吃饭，喂饱战马。

第二天早晨，双方即将开战。王世充告诉士兵，这场战斗，不是胜负之争，而是生死之战，胜利了，富贵不算什么，失败了，定无一人活命。

黎明时分，王世充率领部队逼近李密。李密出兵迎战，未及列阵，王世充即出兵进攻。王世充的士兵都是江淮剽勇，出入如飞。王世充战前先找到一个长得像李密的人，绑起来藏好，双方战斗正激烈的时候，派人牵着经过阵前，大声喊道："已经抓住李密！"士兵都高呼万岁。先前的伏兵也从高处冲下，驰压李密军营，放火焚烧房屋。瓦岗军军心动摇，全线溃散，李密和一万多人骑马奔向洛口。

王世充夜围偃师，瓦岗守将郑颋部下翻城开门，迎接王世充入城。

当初，邴元真做县吏时，因坐赃而逃亡，跟着翟让上了瓦岗寨，翟让认为他曾经做过吏员，便派他负责文书工作。等到李密开府选才，翟让推荐邴元真为长史，李密不得已而用了他，但凡行军谋划，他都未曾参与。李密向西迎战王世充，留下邴元真镇守洛口仓。邴元真性格贪婪，目光浅薄，宇文温对李密说，"不杀死邴元真，一定成为您的隐患。"李密没有行动。邴元真知道后，阴谋背叛李密，杨庆听说后，告诉了李密。

李密战败，即将进入洛口仓城，邴元真却已派人秘密前去领王世充入城。李密知道后，没有挑明，和众人商议，打算等王世充半渡洛水时再发起进攻。等到世充军队到了，李密担任侦察巡逻任务的骑兵没有及时发现，等待将要出战时，王世充已全军过河。单雄信等人又带兵自为守据，李密自认不能抵挡，便率领麾下轻骑兵骑马奔向武牢。邴元真献城投降了王世充。

当初单雄信骁勇敏捷，擅使马槊，名冠各军，军中人称"飞将"。房彦藻认为单雄信容易离开，劝李密除掉，李密爱惜他的才能，内心不忍。待李密大败，单雄信便率部投降王世充，瓦岗军至此迅速瓦解。

李密准备赶往黎阳，有人说："你杀翟让之际，徐世勣差点儿就死了，今天你战败而去他那里，还能保命么？"

王伯当无力守卫金墉城，便退保河阳。李密从武牢回来与王伯当会合，准备"南阻黄河，北守太行，东连黎阳，以图进取"，众将不从。李密说："我所借重的，是各位，大家既然不愿意此行，我也没有其他生路了。"便想自刎以谢众人。王伯当抱住李密，大声哭泣，悲痛欲绝，众人也流下眼泪。

李密又说："承蒙各位将军没有嫌弃，我们当共归关中，李密我虽然无功，各位一定能保有富贵。"

十月，李密率二万人奔赴长安，李渊使者相望于道。李密十分高兴，对手下人说："我曾经拥有部众百万，一朝至此，这是命啊。现在兵败归附唐朝，幸蒙陛下殊遇，应当尽忠报效，以尽心做事。

第四章 / 太原起兵，称帝关中 /

况且山东地方连城数百，知道我已经到达长安，我要是派人招抚，一定会全部归唐。相比窦融，功劳也不小，怎么也能到一处台司安置？"等到李密到达长安，礼遇渐轻，仅被封为掌宫廷膳食的光禄卿，拜为邢国公。朝廷大宴，李密给皇帝进食，内心深以为耻。

十一月，徐世勣以河南十郡降唐，却无表奏奉李渊，只有录"郡县户口士马"的书信送给李密。郭孝恪转告李渊，徐世勣认为自己是李密属下，黎阳原属李密，应由李密献上。李渊称赞徐世勣"不背德，不邀功，真是纯臣"，赐姓李。

十二月，李密听说自己的瓦岗旧将都不归附王世充，便以"安坐京师，无所报效"为由，请求往山东收抚旧部，攻打王世充。李渊同意后，李密和王伯当一起出发，前往黎阳。随行长史张宝德密奏李密必反，李渊敕命李密单骑入朝。李密十分害怕，准备叛反，王伯当恳切劝谏，李密不听，王伯当便说："义士立志，不以存亡变心。我蒙受魏公恩礼，约以性命报答。"

李密在稠桑驿（今河南三门峡灵宝西三十里）杀掉使者，又挑选数十名骁勇战士，穿着妇人的衣服，把刀藏在衣服下摆里面，假装为妻妾，互相拉着手进入桃林县（今河南灵宝）舍。众人随即换装，突然发动进攻，占据县城，奔熊耳山（今河南洛宁南）南出。当时唐的右翊卫将军史万宝镇守熊州，派副将盛彦师追击，盛彦师伏兵山谷，大败李密，传首长安，李密时年三十七。王伯当一同被杀。

李渊派使者将李密之事告诉徐世勣，徐世勣伏拜号哭，奏请收葬。徐世勣命三军缟素，并以君臣之礼葬之于黎阳山南五里。故人前往哭祭，不少人口吐鲜血。

瓦岗寨是当时最强大的一支反隋武装力量，盛极而衰，就此烟消云散。

5. 西定河陇平秦凉

李渊攻占长安称帝，第一步是巩固关中地区，平定薛举和李轨。

当时唐朝所占领的地盘并不大，相比日后的疆域，寒酸得很，而天下群雄割据，北方有天水薛举、武威李轨、朔方梁师都、马邑刘武周、燕州高开道，黄河流域有东都王世充、洺州窦建德、鲁地徐圆朗，南方江淮之间有杜伏威、李子通、陈棱，江南有沈法兴、林士弘、萧铣。面对这一形势，李渊决定仿效秦、汉战略，先取河陇（河西、陇右）、巴蜀（今重庆、四川），打击西北一带的割据势力，用其人马、资财，积蓄战争潜力，然后东取中原，南下江淮，统一全国。

大业十三年（617年）十一月，李渊攻占长安。十二月，陇右薛举父子突然率兵攻打扶风，兵峰直逼长安城，这对刚刚成立的唐朝来说，无疑是个坏消息。

薛举，隋朝金城府校尉，凶悍善射，骁勇绝伦，家财巨万，平时喜欢结交豪杰，其名雄于西边。

大业末，时逢灾年，陇右群盗蜂起，金城令郝瑗招募兵卒几千人，准备让薛举带着去讨贼。大业十三年四月，郝瑗派发铠甲，置酒饯行，席间，薛举与儿子薛仁杲及同伙十三人劫持郝瑗，假称抓捕造反之人，随即起兵，囚禁郡县官员，开仓赈民，据城自立，自称西秦霸王，建元"秦兴"。薛举招集群盗，抢劫官马，别处强盗宗罗睺归降，被封义兴公。薛举又率两千精兵，大败隋将皇甫绾，攻克枹罕（大业时改河州置，今甘肃临夏，下同）。不久，岷山羌人钟利俗率二万人归附。一时间薛举兵威大振，封薛仁杲为齐王，为东道行军元帅；薛仁越为晋王，兼河州刺史；宗罗睺为义兴王，随薛仁杲征战。

薛举分兵略地，不过十天，尽有陇西之地，拥兵十三万。

七月，薛举在金城自称秦帝，派薛仁杲攻克秦州（今甘肃天水甘谷，下同）后，把都城从金城搬到秦州，又派薛仁越带兵侵掠剑门关口，在河池郡（今陕西宝鸡凤县）被隋朝太守萧瑀击退。大将常仲兴渡过黄河攻打李轨，在昌松（今甘肃古浪）之战中全军覆没，西平、枹罕转为李轨所有。

扶风之战。薛仁杲进犯扶风郡，为义军唐弼所阻。唐弼，大业十年在扶风起兵反隋，立陇西人李弘芝为天子，拥兵十万，自称唐王。薛举派人招抚唐弼，唐弼杀死李弘芝投降。薛仁杲又偷袭唐弼，并有其众，号称三十万，将入犯京师。唐弼只身逃脱后，被当时隋朝的扶风太守窦琎所杀。李渊入关，留李世民领兵抗击。窦琎和河池郡太守萧瑀归顺唐朝。

十二月初七，李渊派李孝恭领兵出巡巴蜀，连下三十余州。同日，薛举称帝。

十七日，李世民大败薛仁杲，一直追到陇坻（今陇山）而还。二十一日，窦琎投降李渊。薛举畏惧李世民，翻过陇坻逃走，问手下群臣："古来有皇帝投降的么？"褚亮说："赵佗归汉，刘禅仕晋，近世萧琮，至今犹存，转祸为福，自古有之。"郝瑗说褚亮之言不对，刘邦和刘备虽屡败而终成大业，战争本有胜负，为何因一战不利而遽为亡国之计？薛举也后悔方才一问，掩饰说是试探众人态度，随后厚赏郝瑗，引为谋主。郝瑗又劝薛举厚贿突厥，联合梁师都，合攻长安。

义宁二年（618年）正月，李渊还进行了一次军事尝试，派李建成和李世民率兵进击东都，想在瓦岗军和隋朝的激战中取一杯羹。

四月，李建成到达东都，驻军芳华苑，派人进城策反，并和李密发生小规模冲突，不过战事并未升级，双方各自退去。城中有人想接应唐军，李世民认为唐朝新取关中，根基未稳，孤军深入，虽得东都而终不能守，便建议回兵长安。李世民断定东都一定派兵尾随，便在三王陵（今河南洛阳西郊涧水东岸）设伏，打败追击的隋将段达。唐朝虽很快从东方脱离战场，但在崤函险地设新安、宜阳二郡，成为日后东进要地。

事实证明，唐朝东进时机尚不成熟。

四月，薛举派人联络建牙五原（今内蒙古巴彦淖尔五原）的突厥始毕可汗之弟咄苾合力攻唐，李渊获悉咄苾表态同意，便派宇文歆贿赂咄苾，陈述利害，又说服咄苾，让依附突厥的隋朝五原太守张长逊入朝长安，咄苾最终拒绝了薛举。

五月，始毕可汗派特使到长安，登基后的李渊在太极殿设宴，特奏九乐，给予殊遇，馈赠极其丰厚。唐朝取得了与薛举争夺突厥外交战的胜利。

高墌之战。薛举争取突厥失败，便在六月与梁师都联合攻唐，亲率主力进犯泾州（今甘肃平凉泾川北，下同）。初十，薛仁杲越过泾州，疾趋长安。

李渊派秦王李世民领刘弘基等八总管迎击薛举。七月初四，梁师都发兵攻打灵武，策应薛举，被兰与粲击破。七月，薛举进逼高墌城（今陕西长武北），李世民深沟高垒拒不出战。恰恰这时，李世民患了疟疾，将指挥权交给刘文静、殷开山二人，并告诫他俩："薛举悬军深入，粮少兵疲，利在速战，不利持久，若来挑战，谨慎应敌，等其粮尽，然后可图。"高墌，距唐军后方近，距薛举后方远，加上薛举父子二人能征善战，两军对阵，速战速决有利于西秦，李世民充分地意识到了这一点。

可是由于殷开山的鼓动，刘文静改变了李世民的应敌策略，在高墌西南列阵，倚仗兵多而不设防。薛举偷偷带领军队到达唐军阵后，初九，双方在浅水原（今陕西长武东北）激战，八总管全部陷没，只有刘弘基一军苦战，矢尽被擒，唐军死亡十之五六，西秦筑唐兵死者为京观。高墌陷落，李世民收拾残部退回长安，刘文静被除名为民。

十二日，依附突厥的榆林郭子和请降，被李渊任为灵州总管。

八月，薛举派薛仁杲进围宁州（今甘肃庆阳宁县，下同），被刺史胡演击退。郝瑗再次献策，趁"唐兵新破，关中骚动"，直捣长安。大军正要出发，薛举突然得病，初九暴死。

计划没有施行，对唐朝来说是交了好运。

薛仁杲继立为帝，屯居折墌城（今甘肃泾川东北），因其力大善射，号称"万人敌"，但为人残暴，不得人心。曾抓住庾信的儿子，因其拒降，便在火上施以磔刑，割下肉让士兵吃。攻克秦州时，找来全城富人，倒悬身体，用醋灌鼻，求索金银。薛举告诫说："汝之才略足以办事，然苛虐无恩，终当覆我国家。"薛仁杲和众将多有嫌隙，即位后大家猜惧不安。郝瑗因薛举去世伤心过度，一病不起，西秦兵势日衰。

浅水原之战。因高墌战败，为挽救颓势，李渊秘密派人联络凉州（今甘肃武威，下同）李轨，写信称为本家兄弟，李轨十分高兴，派弟弟去长安入贡，高祖拜李轨为凉州总管，封凉王。高祖听说薛举已死，便在十七日命李世民再率刘文静乘秦丧进军。二十五日，临洮等四郡附唐。

至此，唐朝对西秦已成包围之势。

九月，李世民挥军东进高墌，薛仁杲派宗罗睺领兵十万中途迎战。宗罗睺数次挑战唐军，李世民坚守不出。众将请战，李世民说："我军新败，士气沮丧，对方恃胜骄傲，有轻视之心，应关闭营门耐心等待。彼骄我奋，可一战而破，这是万全之计。"于是下令再有言战者斩。双方一直相持六十多天。

进入十一月，薛军粮尽，有部将开始投降。李世民了解到薛仁杲部下军心动摇的情况，即命行军总管梁实带一支小部队在浅水原扎营诱敌。宗罗睺见之大喜，不知是计，带兵倾巢而出。梁实据险扼守，营中无水，人马一连数天没有水喝。宗罗睺攻势越来越猛。

李世民估计宗罗睺士兵已经疲惫,告诉诸将"可以开战",初七,派庞玉率军在浅水原布阵。宗罗睺久攻不下梁实,转为攻打庞玉,看到庞玉快抵挡不住,李世民亲率主力出现在浅水原北,攻打宗罗睺侧背。宗罗睺引兵回战,李世民率十几个骑兵冲锋,唐军内外夹击,呼声动地。宗罗睺抵挡不住,溃散奔逃,李世民仅率两千人马从后追赶。窦轨拉住马缰说:"薛仁杲犹据坚城(折墌城)不可轻进。"李世民告诉舅舅"破竹之势不可失",继续领兵追击。

薛仁杲出城列阵,李世民占领泾水南岸与之对峙,切断宗罗睺残军归路。西秦骁将浑干等人在阵前投降,薛仁杲心中害怕,入城拒守。日暮时分,唐军主力陆续集结,包围城池。半夜,西秦士兵纷纷跳下城墙投降。

初八,失去人心的薛仁杲自知不敌,率其百官开门投降,其父薛举尚未安葬。李世民收编西秦精兵万人,男女五万多口。

众将前来贺喜,有人发问:"大王一战而胜,遽舍步兵,又无攻城器具,轻骑直奔坚城,却能最终取胜,为什么?"李世民说:

"罗睺所将皆陇外之人,将骁卒悍;吾特出其不意而破之,斩获不多。若缓之,则皆入城,仁杲抚而用之,未易克也;急之,则散归陇外。折墌虚弱,仁杲破胆,不暇为谋,此吾所以克也。"

(《资治通鉴·唐纪二》)

被擒的刘弘基返归京师,李渊复官如初。薛氏财宝堆积如山,屈突通一无所取,高祖听说后赞其"清正奉国,真是名不虚传"。因薛举父子残忍屠杀唐军,李渊想让李世民杀光其同党,被李密劝止。

李世民仍让薛仁杲兄弟统辖旧部,和其骑马射猎,不加戒备,将士感于秦王恩威,都愿以死报效。李世民礼遇褚亮甚厚。

薛举从大业十三年举兵,到第二年薛仁杲降唐,历时十五个月。陇右定则关中安。

高祖派李密到豳州(西魏置,大业初并入宁州,唐初复置,今

第四章 / 太原起兵,称帝关中 /

陕西咸阳彬县）迎接秦王，李密素以智略功名自负，每次见高祖犹有傲色。初见秦王，不觉惊服，私下对秦府将领殷开山说："真是英主，不如此，何以勘定祸乱！"

大业十三年七月初八，就是高祖在晋阳起兵的同月，李轨在武威起兵反隋。

李轨，隋朝武威鹰扬府司马。炀帝改凉州为武威郡，并于各郡置鹰扬府，有郎将、副郎将、长史、司马。李轨略知书籍，颇有智辩，家境富裕，平时常周济别人，在百姓中口碑很好。

七月，薛举称帝，李轨料想薛举一定来攻打武威，便与同郡曹珍、关谨、梁硕、李赟、安修仁商量应对之策，大家认为郡官庸怯，无法指望，为避免家人成为俘虏，应同心保卫河右。举兵须一人主事，众人推让。曹珍说："久闻图谶李氏当王，现在李轨贤能，这难道不是天意？"于是推李轨为主。

李轨让安修仁连夜招集胡人，秘密潜入武威郡内苑城中，抓住隋将谢统师和郡丞韦士政，自称河西大凉王，依文帝开皇旧例设置官属。关谨等商议杀死全部隋官，瓜分家产，李轨认为既然是兴义兵以救生民就不能采取杀人取货的盗贼行为，便任命谢统师为太仆卿、韦士政为太府卿。

薛举大将常仲兴过河攻打李轨，全军覆没，李轨想放了俘虏的士兵，李赟认为"纵以资敌"，建议活埋，李轨说："如果天命在我，当擒其主，此辈终为我有；否则，留下又有何用！"便全部释放被俘之人。不久攻下张掖、敦煌、西平、枹罕等郡，尽有河西（指今甘肃、青海两省黄河以西地区，即河西走廊和湟水流域）之地。翌年七月，李轨与李渊结盟，共图西秦。

十一月，唐军与薛仁杲对峙高墌之际，李轨称帝。

西凉吏部尚书梁硕颇有智谋，很受李轨倚重并引为谋主，众人都怕他。梁硕见西域胡人种族繁盛，提醒李轨要加以防范，因而与当初联络胡人的户部尚书安修仁交恶。李轨之子李仲琰曾去拜见梁硕，未被礼遇，心中衔恨，就和安修仁一起诬告梁硕，李轨不察真假，毒死梁硕，由此故旧大多渐渐疑惧。

有胡人巫士说"上帝要派玉女从天而降"，李轨轻信之后花了很多钱财建高台等候。

武德元年，河右发生灾荒，百姓相食，李轨散尽家财赈济灾民还不够，想开仓放粮，曹珍等人都认为国以民为本，不能吝惜仓米而坐视百姓饿死不管，而原隋朝旧官谢统师等人心中始终不服李轨，私下和胡人结交，排挤李轨故人，就趁机讥讽曹珍说：

"百姓饿者自是羸弱，勇壮之士终不至此。国家仓粟以备不虞，岂可散之以饲羸弱！仆射苟悦人情，不为国计，非忠臣也。"

（《新唐书·李轨传》）

李轨因此没有开仓赈济饥民，自此西凉士民心中离怨。

武德二年（619年）正月，张俟德到达西凉，劝李轨去帝号降唐，曹珍认为天下大乱后称王称帝不止一人，"唐帝关中，凉帝河右"，彼此互不妨碍，况李轨已经称帝，为什么要低三下四，必欲以小事大，请依梁朝萧詧以帝事魏故事。李轨听从并派邓晓到长安致书李渊，自称"皇从弟大凉皇帝臣轨"，李渊十分生气。

二月，李渊承诺送回在长安作为人质的伏允之子伏顺，以换取吐谷浑出兵夹击李轨。

在长安做官的安兴贵（安修仁之弟）主动请求到武威劝降李轨，临行时告诉李渊，安家世代居住武威，如果李轨投降，万事大吉；如果不降，"图之肘腋"十分容易。安兴贵到武威后劝李轨举河西之地归唐，李轨认为自己"据山河之固"唐朝是不能奈何他的，并开始怀疑安兴贵回到武威的动机。安兴贵以"富贵不归故乡，如衣锦夜行"欺骗李轨，暗地里却联络胡人围城。

李轨出战不利，据城自守，以待外援。安兴贵发布消息"大唐遣我来诛杀李轨，敢助之者夷灭三族"，各城不敢动。李轨叹息"人心去矣，天亡我乎？"和妻儿登上玉女台置酒作别。

十三日，李轨被安兴贵抓住，送往长安，与其子弟一起被斩。邓晓听说后跳舞称庆，李渊认为他"闻国亡，不戚而喜，以求媚于朕"，既不忠于李轨，以后怎么能忠于大唐？因而对他终身不予重用。

李轨自大业十三年七月起兵，未及二年而亡。河西全部平定。

李渊任命素习边事的杨恭仁为凉州总管，自此葱岭以东各国，全都献贡。

第五章

武德功业，一统天下

1. 北灭马邑刘武周

唐朝统一全国的第二步是消灭刘武周。从武德二年（619年）十一月出兵，到次年四月结束，先败后胜，历时半年。

大业十三年（617年）二月，刘武周起兵马邑。

刘武周，河间景城（今河北沧州东南）人，少时随父移往山西马邑居住。其人武勇，待人豪爽，因与豪杰相交而受到哥哥刘山伯斥责詈骂，于是离家出走到了洛阳，成为太仆（九卿之一，掌车马）杨义臣部下。因从征辽东立下战功，授建节校尉。

刘武周回家后任鹰扬府校尉，就是乡里军府的一个部队长。马邑太守王仁恭敬重他是州中人物，十分赏识，每每让他统领侦察骑兵守在身边。刘武周与王仁恭侍儿私通，担心事情败露，又见天下动乱，滋生了造反的念头，便到处宣扬太守宁可百姓挨饿也不开仓赈济，以此激怒众人。他见人心摇动，便称病卧床，等大家探望时，杀牛纵酒，怂恿众人夺取官仓。二月，他与同郡张万岁等十多人杀死王仁恭，开仓赈济穷人，并传檄境内，马邑属城全部归附，队伍有一万多人。

刘武周发难时间比李渊早，跟李渊的不同之处在于，他选择了依附突厥。三月，袭取楼烦郡，进取汾阳宫，把获得的隋朝宫女送给突厥，始毕可汗以战马回报。刘武周被突厥封为"定杨可汗"，后称皇帝，建元"天兴"，以妹婿苑君璋为内史令。

当初上谷郡盗贼首领宋金刚和定州魏刀儿建立同盟，魏刀儿被窦建德消灭，宋金刚增援被打败，率余部四千人投奔刘武周。刘武周听说宋金刚擅长用兵，十分高兴，称他宋王，委以军事，分给他一半家产。宋金刚也倾心结交，休妻娶了刘武周妹妹，并劝刘武周攻取晋阳，南下以争天下。

武德二年正月，突厥与李渊的关系发生变化。二月，始毕可汗渡河到夏州向唐朝索取贡币，一面约梁师都南侵，一面派五百骑兵支持刘武周越过句注山侵掠太原郡（隋初废，大业年间改并州置，今山西太原）。恰巧始毕可汗去世，处罗可汗立，唐朝进奉贡币的特使到达丰州便不再进贡。处罗十分生气，准备入侵，丰州总管张长逊让特使奉币出塞，突厥兵撤退。然而，梁师都和刘武周继续进犯。

三月，梁师都在灵州（武德初改灵武置，今宁夏灵武北，下同）被唐朝击退。

四月，刘武周引突厥兵驻扎在黄蛇岭（今山西榆次北）。

黄蛇岭与晋阳近在咫尺，李元吉派车骑将军张达率一百步兵迎战。张达以兵少不想去，被李元吉强令出击后全军覆没，心怀愤恨，初二，引刘武周军队攻克榆次。十八日，进逼并州。

五月，离石胡刘季真和弟弟刘六儿引刘武周军队攻陷石州（今山西吕梁离石，下同），杀死刺史王俭，刘季真自号"突利可汗"。十九日，刘武周攻陷平遥（今平遥县）。

六月初，宋金刚进攻太原。初十，刘武周攻陷介州（大业初改西河郡置）。

此时王世充已经篡隋，分兵攻打谷州（唐初改新安置，今河南洛阳新安，下同）、西济州（今河南济源），不料派去攻打谷州的罗士信阵前降唐，攻打西济州的部队被刘弘基击退。刘弘基乘势袭破河阳城，毁坏黄河大桥，切断了王世充和刘武周的联系，然后转兵驻守晋州。

李渊派来救援太原的左卫大将军姜宝谊和李仲文在雀鼠谷中伏，全军覆没。

之前想助刘武周侵掠太原的始毕可汗去世，其弟立。十二日，突厥遣使告知丧信，李渊在长乐门（宫城南面三门之东门）亲为举哀，废朝三日并诏令百官就馆吊其使者，又派内史舍人郑德挺携带奠仪三万段帛去处罗可汗处吊丧。

介休之战。八月，宋金刚攻打浩州（今山西吕梁汾阳，下同），唐朝右仆射裴寂向高祖主动请缨。九月，裴寂兵至介休，宋金刚据城固守。

裴寂扎营度索原（今山西介休东南介山下），士兵取水山涧，被宋金刚截断上游水源。九月十二日，裴寂移营就水，被宋金刚打败，全军尽溃，一天一宿跑到平阳（今山西临汾西南），晋州以北除西河外尽归刘武周。裴寂上表谢罪，高祖不计其过，让他重镇河东。

刘武周既已击破唐军裴寂援兵，乃再逼太原。九月十六日，李元吉告诉司马刘德威："您带老弱士兵守城，我带精兵出战。"到了半夜，李元吉带着妻妾弃城逃往长安。李元吉刚走，刘武周就兵临城下，晋阳土豪薛深献出城池。

旦夕之间，"强兵数万、食支十年"的晋阳城陷落，李渊对丢掉"兴王之基"的晋阳非常生气。

十月，宋金刚挥师南下，十七日，连克晋州、龙门，俘虏唐将刘弘基，军锋甚锐，直达黄河岸边。不久，宋金刚又攻陷浍州（今山西翼城，下同）。

是时，刘武周据并州，宋金刚陷浍州，隋将王行本据蒲州（今山西运城永济蒲州镇，下同），夏县（今山西夏县）吕崇茂杀县令以应刘武周。

吕崇茂造反，是因为裴寂坚壁清野，把虞、泰二州（今河南安邑、荣河）的百姓赶入屯垒，纵火烧村，引发百姓不满。吕崇茂聚众杀死县令，自称魏王，还打败了裴寂的进攻。

形势至为危殆。一系列坏消息传到长安，关中震骇。

李渊一面派人出兵挽救河东（代指山西西南）危局，一面准备放弃河东而守河西（函谷关以西）。李世民上表说："太原王业所基，国家根本；河东物产丰富，人民殷实，为京师倚仗之地，如果放弃，我实愤恨。愿领兵三万，一定平灭刘武周，收复汾、晋。"李渊于是尽发关中部队，由李世民统领出征。

十一月十四日，刘武周亲率各军攻打浩州，誓以拿下这座孤城。

柏壁之战。十一月，李世民率大军抵达龙门，趁着河水结成坚冰，渡过黄河，驻扎柏壁（今山西河津北，下同）。李世民又用先前对付薛仁杲的手段，跟宋金刚对峙不出兵，挫敌锐气。可是军粮问题总得解决。

河东州县久遭劫掠，仓储空虚，百姓又害怕乱兵侵扰，聚居坞堡，村落荒芜。裴寂大肆焚烧村落，民怨沸腾，李世民知道再强行索粮，肯定引发新一轮的民愤，他便改变方法，发布公告。百姓听说唐军统帅是李世民，都来依附，军粮慢慢充裕。李世民又派小股部队乘机骚扰，由是刘武周"贼势日衰"。

一次李世民率领少数轻骑兵外出侦察敌情，骑兵四出而散，只有一名甲士和李世民在一座小山头小睡，突然间出现的敌军将山头四面包围，二人都没有察觉。这时恰巧有一条蛇追捕田鼠，蛇身碰到甲士的脸，甲兵惊醒之后，发现敌兵已从四面包抄，立即叫醒李世民上马。李世民和甲士刚跑一百多步，就被敌军骑兵追上。紧要关头，李世民十分镇静，用大羽箭将敌军骁将从马上射了下来，敌兵退去。李世民以他冷静和高超的射箭本领，在突发的意外事件中安然脱险。

两军对峙期间，江夏王李道宗和李世民登上柏壁城墙观察敌情，李世民问李道宗："敌军凭借人多，前来求战，该如何对待？"李道宗答道："敌军士气锐不可当，应该智取，不可力敌。现在我们深壁高垒，挫败对方的锐气；他们不过是乌合之众，不能持久；粮食一旦断绝，自当撤退，可不战而胜。"李世民说："你和我想的一样。"

事实表明，"深壁高垒，以挫其锋"改变了敌我形势和力量对比。

十二月，李渊又派永安王李孝基、陕州总管于筠、工部尚书独孤怀恩、内史侍郎唐俭攻打夏县吕崇茂，驻于城南。吕崇茂派人求救，宋金刚派尉迟敬德和寻相增援。尉迟敬德率部突然出兵，和吕崇茂夹击李孝基，唐军大败，李孝基等四将及行军总管刘世让被活捉。李渊召回裴寂，下狱治罪，后念其首义之功而释放。

尉迟敬德和寻相压着俘获的李孝基等人准备率军返回浍州，李世民派兵部尚书殷开山、总管秦叔宝等人在美良川（今山西运城夏县北）出其不意地发动狙击，大胜。李渊又派兵攻击蒲坂，尉迟敬德、寻相率领精骑准备暗中前往蒲坂援助王行本，李世民获悉后，率三千骑兵抄近道连夜直奔安邑，大破尉迟敬德援军，尉迟敬德、寻相只身逃脱，部下皆被俘虏。李世民又回军柏壁。

由于李世民两次小胜，唐军士气大振，将领都请求发起进攻，与宋金刚决战，李世民告诉众将，目前还不是决战的时机，宋金刚孤军深入，粮草没有储备，靠劫掠补充军需，利在速战，而唐军如果采取"闭营养锐以挫其锋，分兵汾、隰冲其心腹"的策略，等到对方粮尽计穷，自然就会败走。李世民在连胜两次的情况下，冷静地继续坚持"坚闭不战"的策略，说明他已成为一位成熟的军事指挥家。

武德三年（620年）正月，王行本在蒲坂迎战唐军不利，粮尽援绝，想突围却无人跟随，于十四日投降。十七日，李渊巡幸蒲州。三十日，李世勣从窦建德处逃脱归唐。唐军已经攻克蒲州，攻势益胜，而宋金刚还在分兵围攻绛州（今山西新绛），形势日益不利，渐渐陷于被动。二月，刘武周派兵进攻潞州（今山西长治）的长子（今长子县）、壶关（今壶关县），刺史郭子武不能抵挡，李渊派王行敏救援，两人不和，王行敏以叛乱为名杀了郭子武，击破刘武周部队。三月，唐行军总管张伦在浩州打败刘武周，进逼石州。刘季真投降，被任为石州总管，赐姓李。

四月，宋金刚与李世民双方在柏壁相持已近半年，数攻浩州不下，粮运不至，军粮告罄，十四日，以寻相殿后，率军北撤。

李世民认为反击的时机已经成熟，率大军尾随其后，在吕州（今山西霍县）追上寻相，打败其军。李世民乘胜继续追击，一昼夜行军二百里，激战数十次，追到高壁岭（今山西灵石东南二十五里）时，将军刘弘基（被俘后逃归）抓住马缰绳劝说李世民爱惜身体，体谅饥饿疲惫的士兵，等待军粮到了之后再追宋金刚也不晚。李世民告诉刘弘基，"功难成而易败，机难得而易失"，自己尽忠国家，岂能爱惜自身？一定要趁宋金刚计穷败走、军心沮丧之际，乘势打败他。如果滞留此地，等到宋金刚"计立备成"就不再那么容易消灭了。

于是李世民策马飞奔，将士们见秦王如此不顾自身安危，也不敢再说什么饥饿疲劳，越过霍邑，于二十一日，在雀鼠谷追上宋金刚。

唐军一天八战，仗仗都胜，俘虏、击毙敌军几万人，辎重千乘。当晚，李世民夜宿雀鼠谷西营，已经两天没吃东西、三天未脱战甲，军中只有一只羊，被李世民和众将食用。

李世民紧随宋金刚追到介州。宋金刚还剩二万军队，兵出西门，背城列阵，南北长七里。李世民派刚从窦建德那里归来的总管李世勣与之交战，定下南北夹攻之计。两军交战后唐军稍退，宋金刚军乘势进攻，这时李世民率精锐骑兵从宋金刚军阵后出击，大败其军，杀死三千人。宋金刚率轻骑兵逃走，李世民追赶数十里，到达张难堡（今山西平遥西南）。

唐浩州行军总管樊伯通、张德政据堡自守，李世民于城下脱去甲胄，樊、张二人看见是秦王到来，欢呼雀跃、喜极而泣。李世民左右说秦王还没有吃饭，守军便献上浑酒、粗米饭，稍事休息。

宋金刚溃败后，刘武周部下尉迟敬德、寻相等收拾残部据守介休（今介休东南十五里），李世民派人劝降，二人献介休、永安（今山西霍州）两城降唐。李世民看到尉迟敬德非常高兴，任命他为右一府统军，仍然统领八千旧部，与各兵营相参驻扎，对尉迟敬德给予了充分的信任。屈突通担心尉迟敬德叛变，李世民不信，说："昔日萧王推赤心置人腹中，并能毕命，今委任敬德，又何疑也。"

刘武周还在据守晋阳，听到宋金刚兵败的消息，惶恐不安，只带了五百骑兵，放弃晋阳，逃奔突厥。

当初刘武周起兵南侵时，内史令苑君璋曾建议其北联突厥、南和李渊，然后割据称王，理由是李渊能够凭"一州之众"直取长安，所向无敌，这是天命所在，况且晋阳南方道路险隘，悬军深入会后继无援，如果战事不利就没有退路。等到刘武周兵败逃到朔州，见到苑君璋就哭了，后悔没有采纳他的意见，以致结局如此凄惨。

过了一段时间，刘武周打算逃回马邑，事情泄露被突厥杀害。突厥任命苑君璋为大行台，统领刘武周余部，派郁射设督兵助镇。苑君璋数为边患，直到武德六年，其将高满政驱逐苑君璋来降。

宋金刚还想组织兵力再战唐军，无奈部下不肯听命，只得和一百多骑兵也投奔突厥。不久，宋金刚背离突厥，在逃往上谷的路上，被突厥追获，腰斩而死。

李世民到达晋阳，刘武周任命的左仆射杨伏念献城投降，山西失地全部收复，李渊命李仲文为检校并州总管。五月二十日，李世民还军攻破夏县，下令屠城。

刘武周自大业十三年二月起兵，至武德三年四月为唐所灭，历时四年多而亡。

李世民平定刘武周后,河东百姓歌舞于道,和士兵共同创作了《秦王破阵乐》。

李渊太原起兵之时,关东有王世充、李密、宇文化及、窦建德四支强大的地方割据力量,江南则有萧铣、杜伏威等人割据一方。之后,宇文化及重创李密后被打败,为窦建德所灭,受重创的瓦岗军又被王世充击败,李密率余部归唐。

李世民迎战刘武周时,李渊派淮安王李神道为山东道安抚大使(行军主帅兼职,有巡视水旱灾害之责),魏徵随行,一路招安李密旧部,徐世勣归唐,封为黎州总管,赐姓李。由于李世民正在山西作战,夏王窦建德一路西进,攻克黎阳,俘获了李神通、李世勣,致使唐朝在关东的地盘全部丧失后李世勣只身逃脱归唐,参加攻打宋金刚之战。

唐朝平定刘武周后,江南地方割据势力有杜伏威、萧铣,关东只剩下王世充、窦建德二人。

武德三年七月,李世民奉命率大军出关东进,因为唐朝北面和西面的威胁已经解除,可以专心对东方用兵了。

2. 东取洛阳王世充

唐初平定天下规模最大的一次战役,是和王世充、窦建德之战,历时十个月,前八个月作战对象是王世充,后两个月主要作战对象是窦建德。

武德二年(619年)四月,王世充在洛阳篡隋,国号"郑"。

王世充,祖父为西域胡人,寄居新丰(今陕西临潼东北)。他和李密、窦建德不同,是隋朝军届出身,开皇年间,因军功拜仪同,后升兵部员外郎。他豺声卷发,熟悉法律,擅长辩辞,众虽知其不可而莫能屈，大业年间任江都郡丞。江都是炀帝到扬州后的隋朝实际的政治中心，江都郡丞不同于一般的地方长官。

杨玄感作乱，江南朱燮起兵响应，隋军主力围剿无功，作为偏师的王世充却屡屡取胜。王世充把功劳归于部下，战利品平分给士兵，属下都愿意跟着他作战。

大业十一年，炀帝在雁门被困，王世充尽发江都兵救援，一路上蓬头垢面，悲泣无比，夜不解甲，枕草而卧。炀帝知道后，为其忠诚感动，对他更加信任。

大业十二年（616年），王世充升为江都通守，率兵击败格谦残部，打败南阳（今河南南阳）卢明月，俘虏几万人，凯旋回师江都，炀帝亲自端着酒杯赐酒。

大业十三年（617年），瓦岗军攻陷洛阳附近的洛口仓，七月，炀帝诏令王世充率江、淮劲旅奔赴洛口攻打李密，双方六十余战，各有胜负，后在洛南被李密打败，回到洛阳，躲在含嘉仓城。

武德元年（618年）五月二十四日，炀帝被害的消息传到洛阳，十五岁的越王杨侗继承隋统称帝，改元"皇泰"。

王世充被任为纳言，与段达、元文都、皇甫无逸及卢楚、郭文懿、赵长文共掌朝政，时称"七贵"，但是大权握于元文都等人。

六月，宇文化及率兵西归，杨侗听从元文都等人建议，招抚李密，使之相争。

七月，李密在没有了西边东都方向的后顾之忧后，击退宇文化及，取得黎阳大捷，按照之前约定，即将入朝辅政。

期间李密每次打仗胜利，都上报东都，只有王世充不高兴，他感到了一种空前的失落与危机，一方面，李密的政治才能和军事才干高出于他，另一方面，王世充曾与李密浴血奋战，有相当程度的斗争情结。为激起反李情绪，他故意对属下说："元文都之辈不过是刀笔吏，早晚必被李密所除。我军人人都曾与李密血战，杀了他们不少的父子兄弟，一旦成为他的下属，我等将死无葬身之地！"这种情绪在王世充的部队中迅速蔓延，危险的兵变一触即发。

　　元文都获悉王世充的行为后，与卢楚等密议，决定趁其上朝时设伏兵诛杀。可是参与密谋的段达性格懦弱，害怕事败，让女婿张志密告王世充。当夜王世充袭击含嘉门，围住宫城，击败了两次抵抗，杀死了元文都、卢楚。元文都临死前对皇泰主说："臣今朝死，陛下夕及矣！"之后王世充被封为左仆射，总督内外诸军事。王世充离开含嘉城，搬进尚书省官署居住，广布觉羽，恣意横行，杨侗成为傀儡。

　　李密击败宇文化及后，听说元文都被杀，便拒绝入朝，继续围攻洛阳。

　　进入九月，东都缺粮，李密缺帛，王世充请求互市被拒。邴元真贪利，私底下劝李密同意。不久，王世充有了粮食，东都出降者少了许多，李密后悔而止。

　　王世充为鼓舞士气，指使左军卫士张永通对外宣称三次梦到周公，梦中周公让他告诉王世充，周公要带兵帮助王世充攻打敌人。王世充于是上奏杨侗，在洛水旁为周公立庙，每次出兵，都在庙前祈祷。王世充还让巫者宣称，周公想让仆射（王世充）迅速攻打李密，一定建立大功，慢了，军中就会发生瘟疫，士兵全部病死。王世充部下多是楚人，十分迷信，全部请求马上出战。于是王世充在之后偃师北面的邙山大战中，大败李密。一时之间，东到大海，南到长江，都归王世充所有。

　　十月，王世充被任为太尉、尚书令、内外诸军事，从此专总朝政。

　　武德二年正月，王世充让所有隋朝显官、名士充任太尉府官吏，包括杜淹、戴胄。徐文远再入东都，必先拜见王世充。有人不解，问他为何对李密倨傲却尊敬王公，他说："魏公，君子，能容贤士；王公，小人，能杀故人，我哪敢不拜！"

为争取民心，王世充在府门外立了三块牌子，一求文学才识堪济时务者，一求武勇智略能摧锋陷敌者，一求身有冤屈无处申诉者。之后每天有几百人上书言事，王世充全部接见，亲自处理，人人自喜，但最终很多都没有落实。

王世充重用瓦岗降将秦叔宝和程知节，二人却不喜欢他狡猾的性格。三月，王世充攻打谷州，与唐军战于九曲（今河南洛阳宜阳西北），秦、程二人下马说了一句"公性猜忌，喜信谗言，请从此辞"，便上马飞奔投降了李世民。

王世充攻打新安县（今河南洛阳西七十里，下同），表面是对外作战，实际是招集心腹酝酿禅代隋祚。李世英认为，四方豪杰归附是认为王世充能中兴隋室，现在天下未定，匆忙登基，担心有人叛离。史韦节、杨续认为隋朝天命已尽，非常之事不能和常人商议。乐德融从星象的角度提议马上禅代，晚了王气就要衰竭。

王世充因打败李密而进升太尉，这次便再派段达要求皇泰主加九锡，九锡是帝王赐给有大功大臣的殊礼，两晋、南北朝大臣谋夺帝位，都先加九锡。杨侗委婉地拒绝说"等天下稍稍平稳，议之未晚"，段达告以"太尉想要"，皇泰主目视段达，说了一句"任公"。

不久，王世充就假传皇泰主诏命，担任相国，拜郑王。

苏威虽老迈不能上朝，但为了借重隋氏重臣的名声，劝进必让他第一个署名。

四月，王世充派段达等人胁迫皇泰主禅位，皇泰主敛膝按着桌子，生气地说：

"天下，高祖之天下，若隋祚未亡，此言不应辄发；必天命已改，何烦禅让！公等或祖祢旧臣，或台鼎高位，既有斯言，朕复何望！"（《资治通鉴·唐纪》）

皇泰主声色俱厉，在场诸人听后都流出冷汗。后来众人假传杨侗诏令，禅让帝位于王世充，改元"开明"，国号"郑"，标志着

第五章 / 武德功业，一统天下 /

165

隋帝国统治在形式上的终结。

登上帝位的王世充临朝听政时言语极其啰嗦，千端万绪，百官做事，疲于奔命，有时轻骑出游，也不清道，还严厉惩治叛逃，如一人逃跑，全家连坐皆杀。

王世充想让儿子王玄恕拜名儒陆德明为师，让其到陆家行拜师礼，陆德明喝了不少巴豆散，僵卧东墙下。王玄恕入拜床前，陆德明当面腹泻大便，一言不发。

王世充篡位前后，曾先后发生两起变乱，都被平定，直接导致他鸩杀杨侗。杨侗被鸩前请与母亲相见被拒，便布席焚香拜佛，咒道："从今以后，愿不生帝王尊贵之家。"杨侗喝下毒药后没有立即气绝，又被王世充侄子王行本用帛缢杀。

武德三年（620年）五月，唐军平定刘武周。

七月二十一日，李世民奉命东进洛阳，到达新安县。七月二十九日，军至慈涧（今河南洛阳西），李世民派史万宝自宜阳南据龙门，刘德威自太行东围河内，王君廓自洛口（今河南巩县）断其饷道，黄君汉自河阴攻回洛城（今河南洛阳东北），自己则率主力屯于北邙，连营围逼洛阳。

八月十四日，李世民兵至青城宫，隔水与王世充对话。王世充愤愤不平地质问："隋末大乱，唐在关中称帝，郑在河南称帝，我并未西侵，大王却忽然挥军东来，这是什么原因？"并要求退兵讲和。宇文士及说："我们奉命夺取东都，没有奉命跟你和解。"这句话就将底牌显露出来。

九月，河南州县相继归附唐朝。

此时，柏壁降唐的刘武周部将寻相等人叛唐而逃，唐军也有人也开始怀疑尉迟敬德，把他囚于军中。有人建议李世民杀死尉迟敬德，否则囚之恐其心生怨恨，放之忧为后患。李世民不同意，说："他如果想叛逃，怎能在寻相之后？"即令马上释放，并把尉迟敬德叫到自己的卧室，赏给黄金，安慰说：

"丈夫意气相期，勿以小嫌介意，吾终不信谗言以害忠良，公宜体之。必欲去者，以此金相资，表一时共事之情也。"（《资治通鉴·唐纪四》）

九月二十一日，李世民带领五百骑兵巡视前线，登上魏宣武帝陵，王世充率领一万步骑突然包抄过来，瓦岗降将单雄信拿着槊直奔李世民，尉迟敬德跃马大喊，横刺单雄信，使其落马，王世充军稍退。尉迟敬德保护李世民突围，再率骑兵还击，进出敌阵，如入无人之境。屈突通率主力掩杀，王世充大败，仅以身免。李世民感谢尉迟敬德"相报之速"，赏给他一箱金银，从此日渐宠信。

尉迟敬德擅长躲避槊（长矛），每次单人独骑冲入敌阵，不仅密集的槊不能伤他一处，他还能抢夺敌槊反投过去。齐王李元吉也以擅长骑马使槊自负，便和尉迟敬德去掉矛刃比试高低，李元吉刺了数次，始终不中。李世民询问避槊与夺槊哪个难？尉迟敬德回答"夺槊难"，李世民便让他夺齐王之槊。齐王操槊跃马，被尉迟敬德须臾之间夺槊三次，齐王虽然表面惊叹不已，内心却深以为耻。

濮州刺史杜才幹是李密旧将，十分痛恨邴元真归附王世充，假意投降。邴元真亲往招抚被杀，首级送到黎阳李密墓前祭奠，随后杜才幹献濮州降唐。

唐军与王世充相持洛阳，都派人争取在河北的窦建德。窦建德一面表示愿和唐军求和，但请唐军撤去洛阳之围；一面又向王世充承诺，愿意派兵相救。

武德四年（621年）正月，李世民挑选一千多精锐骑兵，全部着黑衣黑甲，分左右两队，由秦叔宝、程知节、尉迟敬德、翟长孙分别统领，作战时所向披靡。

二月十三日，李世民移兵洛阳西北的青城宫，尚未扎营，王世充率领二万士兵从方诸门出城，在谷水边利用废弃马厩的壕沟阻击唐军。

李世民在北邙山登上魏宣武帝陵观望敌阵，决心趁机痛击，使之不敢再战。他先让屈突通率五千步兵过河出击，叮嘱他双方一旦交锋就燃起烟火。没过多久，李世民看见烟起，亲率骑兵冲锋。

为了解敌阵情况，李世民带着几十名精骑直扑敌后，被一道长堤挡住。李世民战马中流箭倒毙，所率骑兵多被冲散，身边只有将军丘行恭。丘行恭回马射死追兵，趁追兵迟疑之际，让马给李世民，自己拿着长刀，在马前步行，大喊着又斩杀数人，奇迹般冲出敌阵，返回唐营。

王世充也率部死战，两军散而复合四次，从早晨激战到中午，王世充才撤兵。李世民追到洛阳城下，俘虏、歼灭了七千人。

王世充从此不敢出城，但拥城自守，等待窦建德的援兵。

李世民进攻洛阳宫城，城中防守十分严密。东都大炮投掷五十斤重的飞石，八弓弩形似巨斧的箭头，射程五百步。唐军日夜攻城，一连十几天没有进展，将士疲惫不堪，刘弘基等人劝李世民班师，李世民认为洛阳已成孤城一座，支撑不了太久，下令军中"敢言班师者斩"。

李渊听说前线情况，密诏李世民撤返，李世民派封德彝到长安陈述军情，说洛阳已山穷水尽、克在朝夕，李渊不再撤军。

此时突厥已是士马雄盛，颉利可汗滋生了侵掠中原的念头，妻子隋朝义成公主和王世充使者王文素也屡次劝其出兵，颉利也想以此报文帝之恩，因为当初如果没有文帝的收留、帮助，就没有现在颉利的一切。最终，颉利可汗同意发兵攻打石州、雁门和并州，由于突厥主力攻势迟缓，对唐军洛阳作战并未发生影响。

二月三十日，唐军得到利好消息，郑军的郑州司马沈悦派人到李世勣处请降。李世民得知后，派王君廓连夜带兵前去，与沈悦里应外合，夺取了武牢关。

进入三月，洛阳城中缺粮，一匹绢仅买三升小米，一匹布只能买一升盐，服饰珍玩贱如土芥。百姓吃光了草根树叶，只能吃用浮泥加入米屑作的饼，导致身上浮肿、腿脚无力，大路上尽是死尸。当初迁入宫城的三万家百姓，只剩三千家。即使是公卿贵族，一日三餐连糠菜也吃不饱，有的亲自背东西，饿死于路。

四月，战场形势骤变。河北窦建德到达成皋（即武牢，今河南郑州荥阳西北汜水镇）东原，救援洛阳。

五月初，李世民押着被活捉的窦建德来到洛阳城下，王世充从城上边说边哭，回去后招集众将商议，准备南奔襄阳，众将认为窦建德已经被俘，即使冲出去也将一事无成。王世充无奈，于五月十九日，身穿素衣，带领两千多人到唐营投降。唐军分批进城，安定市场，禁止盗抢，在洛水边杀死段达、单雄信等十多人。

李世勣在瓦岗时曾与单雄信结为兄弟，誓共生死，后李密兵败，单雄信投靠王世充，李世勣归附李渊。唐军围攻洛阳时，李元吉自负，有时亲自行围，王世充用金碗盛酒，令作战勇猛的单雄信击杀齐王。单雄信阵前挥槊距离李元吉不足一尺，李世勣大喊"阿兄阿兄，此是勣主"，单雄信揽辔而止。洛阳城破，单雄信行将被杀，李世勣请以官爵赎其不死，被李世民拒绝，哭着退下。单雄信数落他办不成事，李世勣说："你我盟誓共为灰土，我绝不吝余生，但既以身许国，忠义不能两全。况同死，谁来照顾兄长妻儿？"随即用刀从大腿上割下一大块肉，让单雄信吃下，意为以之随单雄信入土，以示"无忘前誓"，单雄信食之不疑。

杜如晦叔叔杜淹也在被杀之列，杜淹素与杜如晦三兄弟不和，杀其长兄，囚其三弟杜楚客，几致饿死。杜楚客不忍发生叔已杀兄、兄又杀叔、一门自相残杀的悲剧，请杜如晦救叔，否则就自杀。杜如晦只得向李世民求情，杜淹因而获释。

李世民看见东都宫殿华丽，发出了"逞侈心，穷人欲，无亡得乎"

的感叹，命拆去端门楼，焚烧乾阳殿，毁掉则天门，废置寺庙道场。值得一提的是，少林武僧曾下山帮助秦王讨伐王世充，事后李世民在《告柏谷坞少林寺上座书》里表彰了少林武僧，登基后又赐给少林寺田地。

十月，王世充被除名为民，安置蜀中，行前被仇人定州刺史独孤修德所杀。

3. 武牢生擒窦建德

武德元年（618年）十一月，窦建德建都乐寿（今河北献县），称夏王。

当初王世充和窦建德互相攻击，二人断交。等到唐军围逼洛阳，王世充在生死存亡之际求救于窦建德，中书舍人刘彬指出，天下形势已是"唐得关西、郑得河南、夏得河北"三国鼎立局面，唐地日增而郑地日蹙，王世充必败，唇亡齿寒，郑亡则夏不能独存，建议出兵援郑。如果唐军败后而能攻取郑国，那么并二国之兵，乘唐师疲惫，天下可定。窦建德认为刘斌分析有理，决定发兵赴援。

窦建德，清河漳南（今河北故城东北）人，窦家世代务农。

窦建德材力绝人，诚信重诺，崇尚豪侠义气。有同乡父母去世，家贫无力安葬，窦建德正在耕田，听到后放声叹息，立即把耕牛送去以办理丧事。有强盗夜劫其家，窦建德站在门口，连着杀死进来的三个人，其余强盗不敢进来，请求拿走尸体，窦建德说"可投绳系取"，强盗扔来绳子，窦建德把自己绑上，被强盗拽出后，跃起捉刀，又杀死数人。他当里长时因犯法出逃，遇朝廷大赦方归。窦建德的父亲去世，同乡一千多人送葬，丧仪一概不受。

大业七年（611年），朝廷募兵征伐辽东，窦建德因为勇敢被选为队长。

同县孙安祖家遭水灾，妻儿饿死，请免兵役，被县令当众杖罚，孙安祖一怒之下，杀死县令，去找窦建德。窦建德预料炀帝在"水潦为灾，百姓困穷"的情形下强征辽东会使天下动乱，劝孙安祖建功立业。随后，窦建德找来数百个无赖少年，让孙安祖领着躲入芦苇茂密的高鸡泊为盗，孙安祖自号将军。

当时漳南附近盗贼很多，有河曲张金称、渤海高士达，他们到处杀人越货，烧毁房屋，唯独不去侵扰窦建德家乡。各县怀疑窦建德和盗贼来往，杀死他全家老少小。听到这个噩耗，在河间的窦建德带麾下二百人投奔高士达。不久，孙安祖被杀，余部数千人投奔窦建德。

窦建德平易近人，和士兵同甘共苦，威望越来越高，队伍很快就发展到一万多人。

大业十二年（616年），涿郡通守郭绚带兵一万攻打高士达，高士达自知智略不如窦建德，便升其为军司马，全权指挥部队。窦建德初次统兵，想建立奇功、树立威望，便挑选七千精兵迎战，对外传言和高士达有矛盾要叛变，高士达当众宣布窦建德背信弃义，把以前劫掠的妇人假冒窦妻，在军中杀死。窦建德送信给郭绚假称投降，郭绚到达长河地界（今山东德州）和窦建德商量投诚事宜。窦建德趁隋兵松懈，偷袭得手，杀人数千，得马千匹，把郭绚的脑袋献给了高士达。

隋太仆卿杨义臣消灭了清河张金称，乘胜进兵平原，大军直指高鸡泊。窦建德认为隋军兵峰锐不可当，劝高士达避而不战，等其疲敝，再乘机偷袭。高士达不听，留窦建德守卫营地，亲率精兵迎战，取得小胜，便纵情摆酒庆功，有些轻敌。窦建德得知后判断高士达小胜轻敌、败绩不远，就离营据险固守。五天后，高士达果然大败并被斩首，窦建德带了一百多人骑马逃走，攻陷没有防备的饶阳（今河北饶阳东北）。

第五章 / 武德功业，一统天下 /

杨义臣认为窦建德不足为虑，撤军回师。窦建德又回到平原，收阵亡士兵下葬，为高士达发丧，三军缟素，士气复振，窦建德成为当然领袖。

窦建德的谋略作为与其他盗贼不同，其他人抓住隋官和士人后全部杀死，窦建德每获士人，必加恩遇，俘获饶阳县令宋正本后，引为上宾，共参机谋。渐渐地，隋朝郡守开始献城归附，窦建德都酌情录用，实力大增。

杨义臣因威名太盛而被炀帝调走，河北隋军力量减弱，窦建德借机迅速发展，队伍达到十万。

大业十三年（617年）正月，窦建德在河间乐寿称长乐王。

七月，炀帝命涿郡留守薛世雄率兵三万驰援东都，"所过盗贼，随便诛剪"。薛世雄是炀帝赏识的将领，曾攻取伊吾，三次参加辽东之役，被任为涿郡留守，其子万均、万彻随父从军。薛世雄走到河间七里井，被窦建德击败。

此战之后，窦建德乘胜包围河间。郡丞王琮据城固守，粮尽，又闻炀帝被弑，率士吏为皇帝发丧后请降。窦建德后退三十里，备好菜饭迎接。王琮素服面缚来到营门，窦建德亲自解开绑绳。谈起隋亡之事，王琮悲不自胜，窦建德随之泪下。有人要烹了王琮，因为他之前杀伤很多义军，投降是因走投无路，窦建德认为王琮是义士，不仅不能杀害，还要提拔重用，以鼓励臣子忠君。他说以前在高鸡泊当盗匪，也许可以随意杀人，现在要"安百姓、定天下"，就不能随便杀戮忠臣，同时严令若仇家胆敢动手，罪灭三族，当天就任命王琮为瀛州刺史。

当初王须拔在夺取幽州时中流箭而死，部将魏刀儿代替他统领军队。

十一月，窦建德在陆泽（今河北任县东北）杀死魏刀儿，并有其众，尽有易、定、冀等州。窦建德之地，北以易水与幽州罗艺相距，南至大陆泽，西至太行，东至大海。

宇文化及到达山东地面，派人招降罗艺，罗艺以"大义不能让我辱没于贼"为由拒绝，为炀帝发丧三天。窦建德、高开道也分别招降罗艺，罗艺对部下说："窦建德等人不过是个大强盗罢了，不足和他共建功名。唐公起兵占据关中，人心所向，必成帝业，我决定归附于他。"正好李渊派张道源招抚山东。

十二月十三日，罗艺降唐。

武德元年冬至，窦建德在乐寿金城宫大会群臣，有五只大鸟降落，跟随的还有几万只，鸟群待了一天，窦建德因而改元"五凤"。又有人献上一枚玄珪，景阳丞孔德绍认为这是和夏禹得玄珪后拥有天下一样的寓意，窦建德便改国号为"夏"。

武德二年（619年），宇文化及被李密打败，北逃聊城（今山东聊城），窦建德秉持君臣大义，出兵抓住宇文化及，晋谒萧皇后，抚纳隋朝百官，为炀帝素服尽哀，并上奏给在洛阳的越王杨侗，被封夏王。

窦建德任命隋黄门侍郎裴矩为尚书左仆射，崔君肃为侍中，何稠为工部尚书，虞世南为黄门侍郎，其余大臣随才授任，委以政事；对不想留下的，随其散归，想去长安和洛阳的，送衣送粮，派兵护送出境；遣返俘获的一千多漂亮的隋朝宫人，又送萧皇后及炀帝幼孙杨政道到突厥。

李密兵败入关，大河南北郡县无所归属，王世充和窦建德相继发兵略地，长安李渊也派李神通和魏徵东出安抚，得到了赵、邢、洺、相（今河北赵县、邢台、邯郸永年东南、邯郸临漳西南，下同）等州和黎阳等地，因山河阻隔，不久失控。

八月，窦建德将兵十多万，相继攻取邢、洺、相州（今河北临漳西南）和黎阳等地，俘虏了李神通、李世勣的父亲李盖、魏徵和李渊皇妹同安长公主，唯有降唐的瓦岗旧将李世勣率数百骑兵渡河逃脱，后因父亲被俘之故，投降窦建德。窦建德让李世勣继续镇守黎阳，以其父为质，并以客礼对待同安长公主及李神通。

当时王世充也来争夺黎阳，窦建德便攻取王世充的殷州，俘虏王世充大将刘黑闼而归。齐、济二州及兖州反隋义军首领徐园朗也率众投降。

数年之中，窦建德因势而起，加上他不同的格局，摆脱了地方割据势力的狭隘目光，获得了与几乎都为贵族出身的群雄一起逐鹿中原的地位。

窦建德每次攻城略地所获财物，一文不取，全部赏赐众将。他不吃肉，日常饮食只有蔬菜粗米。妻子曹氏不穿丝绸，只有十多名女婢服侍。他重视文物法度，让隋朝大臣裴矩制定朝仪，颁布法律。他攻克洺州后，劝课农桑，兴修水利，安定百姓，使境内无盗、商旅野宿。他追谥杨广为"闵帝"，认为李世勣归唐是忠臣而不杀其父，杀死了谋害滑州刺史王轨前来求荣的奴才。他宽容厚道听从劝谏，盛怒之下，接受凌敬"犬各吠非其主"的理由，赦免了被俘的赵州刺史张昂等人。

然而在一系列的政治、军事战略成功后，窦建德犯下两个错误：一是听信谗言，杀了勇冠三军的大将王伏宝；二是杀了最能直言进谏的纳言宋正本。

武德三年七月初一，李渊令李世民进击王世充。十一月，王世充遣使求救，窦建德采纳刘斌建议，一面出兵救郑，一面送信给李世民，劝其退回关中。

武德四年（621年）二月，窦建德攻克周桥（今山东菏泽定陶东南），俘虏孟海公。三月二十一，到达滑州（今河南安阳滑县），王世充部将开门迎接。

窦建德军号称三十万，陆续攻克元州、梁州、管州（武德初改楼烦郡置），一路泛舟运粮，西溯黄河而上，首尾相连不绝，三月二十七日抵达荥阳，驻军成皋（即武牢）东原，在板渚修筑宫殿，以示必战。

窦建德派人通知王世充，准备夹击唐军。

面对来势汹汹的窦建德大军，李世民在青城宫召集众将商议，众人都主张退守新安，暂避兵锋，唯有郭孝恪提出，王世充兵疲粮尽、垂死挣扎，窦建德远道来援，是"一举两亡"的天赐良机。记室薛收（薛道衡之子）也说：

"若两寇合从，转河北之粟以馈洛阳，则战争方始，偃兵无日，混一之期，殊未有涯也。今宜分兵守洛阳，深沟高垒，世充出兵，慎勿与战，大王亲帅骁锐，先据成皋，厉兵训士，以待其至，以逸待劳，决可克也。建德既破，世充自下，不过二旬，两主就缚。"（《资治通鉴·唐纪五》）

薛收具体提出了一攻一守的策略，但萧瑀等人仍建议在唐兵疲惫、洛阳不克、夏军兵盛的情况下，退兵以免腹背受敌。最终李世民决定分兵各半，让屈突通辅助李元吉继续围困东都，自己亲率三千五百精骑，占据武牢，堵住夏军。

王世充登城望见唐军一部人马向东，莫知其意，不敢出城。事实证明，抢占武牢，可隔断王、窦的联系；若退军，二人必然联合，唐军将丧失战场主动权。

三月二十五日，李世民到达武牢。

翌日，李世民亲率五百精锐骑兵，出武牢东二十里观察夏军虚实，沿路分段派李世勣、程知节、秦叔宝设伏，自己仅带尉迟敬德等四名骑兵，说："我拿弓箭，公执槊相随，虽百万之众，能奈我何！"距夏军营地三里远被发觉，巡逻兵以为是唐军侦察兵，李世民大喊"我是秦王"，拉弓搭箭，射死一将。夏军军营大惊，出动五六千骑兵追击，李世民让两名骑兵先退，他和尉迟敬德按辔徐行，敌骑刚至，则拉弓射敌，必杀一人。夏兵害怕而停，随后又追，如是再三，李世民前后射死数人，尉迟敬德杀了十多人。李世民故意磨蹭、欲行又止，引诱夏兵进入设伏地点，李世勣等人奋起攻击，大败追兵，俘获夏军骁将殷秋、石瓒。

李世民送信给窦建德，劝他不要救援王世充，否则一定追悔莫及。

到了四月下旬，两军相持已近月余，窦建德被牵制在武牢不能西进，数战不利，将士思归。三十日，夏军粮道被唐军偷袭。

国子祭酒凌敬提议窦建德迂回渡河，攻取怀州（今河南沁阳）、河阳，越太行山，入上党（隋改潞州置，今山西长治），经壶口（黄河渡口），奔蒲津（今山西永济），其利有三：一是军入无人之境，可取胜万全；二是拓土得众，形势益强；三是关中震骇，立解东都之围。窦建德本想采纳，无奈部将收受王世充特使贿赂，把凌敬的建议说成"书生安知战事"。凌敬据理力争，被扶出帐。窦妻也支持凌敬，认为若从滏口（今河北邯郸西南）之道夺取山北（并、代、汾、晋之地），再联合突厥西掠关中，唐军还师，洛阳之围立解。若一直屯兵武牢，于时局无益。窦建德认为是妇人之见，怕天下说他"畏敌去信"。

不久唐军密探报告，窦建德要趁唐军草料用完、牧马黄河北岸之际，全军袭击武牢。李世民决定将计就计。

五月初一，李世民渡河到达南岸，亲临广武（今河南荥阳北）观察军情，留下千匹军马牧于河渚作为诱饵，入夜，潜回武牢。

五月初二早晨，窦建德全军出动，自板渚至牛口（汜水注入黄河处）列阵，其阵北距大河、西薄汜水、南接鹊山（汜水东南），由北至南长二十里。夏军击鼓进军，唐军气沮。李世民登高丘瞭望，告诉众将只须以逸待劳，等正午过后，夏军"勇气自衰、阵久卒饥、势将自退"，到时出击，一定能打败他们。

夏军列阵完毕，等待与唐军交战，见唐军不出，便派人率三百名骑兵横涉汜水，在距唐军一里处挑战。夏将王琬骑着炀帝的骢马，穿着新鲜铠仗，在阵前出来进去地炫耀挑衅。李世民说，"那人所乘真是良马"，尉迟敬德便要强夺，李世民不让去，说"岂可因一马而丧猛士"。尉迟敬德不听，与高甑生、梁建方骑马直闯敌阵，生擒王琬，牵马而回，夏军无人敢挡。李世民让人赶回河北岸马匹。

到了正午，夏军列阵已近六个小时，士卒又饿又累，有的坐在地上，有的到河滩取水，逡巡欲退。李世民让宇文士及率三百轻骑兵经过夏军西南阵地，令他见夏军动则东出扰乱其阵。夏军果动，李世民说"可以打了"，立即亲率轻骑冲锋，全军随后渡汜水直逼夏军大营。

窦建德正召集群臣朝会，唐军骑兵猝然而至，朝臣进退仓皇，阻碍了窦建德指挥部队展开攻势，仓促之间，窦建德余众退到东陂。淮阳王李道玄数次冲入敌阵，身上所中流箭如刺猬。

两军大战，尘土漫天。李世民率史大奈、程知节、秦叔宝等小股骑兵猛插夏军阵后，张开唐军旗帜，夏军将士看见，以为唐军已经占领大营，无心恋战，纷纷逃散。唐军乘胜追击三十里。

窦建德中槊受伤，退向牛口渚，落马被擒。李世民责问他为何越境犯唐，窦建德说："今不自来，恐烦远取。"先有童谣说"豆入牛口，势不得久"，及窦建德兵败牛口渚，果然应验。

七月十一日，窦建德被押至长安问斩，时年四十九岁。

窦妻曹氏和左仆射齐善行及数百骑兵逃回洺州，余部想册立窦建德养子为主，齐善行力排众议，"夏王平定河朔，士马精强，一朝惨败，被擒如此，难道不是天命有所归属？我们不如顺从天意，不要再涂炭生灵。"于是便将府库财物全部分给窦建德故将，让他们散去。齐善行和窦建德右仆射裴矩、行台曹旦及窦建德妻子率领夏国官属，献山东之地，奉传国八玺降唐。自此，唐朝尽有黄河以北地区。

但不久，窦建德旧地发生了一件使唐朝下了很大功夫才平息的

第五章 / 武德功业，一统天下 /

事件。

4. 卷土重来刘黑闼

窦建德旧部刘黑闼两次起兵。

第一次，为武德四年（621年）七月十九日，距窦建德之死仅八天。

第二次，为武德五年（622年）六月初一，距第一次兵败只有两个半月。

两次起兵都极其迅速，影响很广，半年左右，尽复窦建德故地。

刘黑闼，贝州（今河北武城）漳南人，骁勇多智略，且无赖嗜酒，好博弈，不置产业。少时家贫，窦建德常资助于他，两人关系非常好。

刘黑闼跟着郝孝德做过强盗，后来投奔李密担任裨将，李密兵败，被王世充俘虏。王世充知其勇猛善战，任为马军总管，使守新乡。窦建德与王世充交恶，派徐世勣攻打新乡，俘虏了刘黑闼。

窦建德任命刘黑闼为将军，封汉东郡公，凡有攻掠谋划，让他潜入敌境，侦察虚实。刘黑闼有时率奇兵，趁对方不备，东西偷袭，多有斩获，军中号称神勇。

窦建德氾水兵败被杀，刘黑闼逃回漳南老家，闭门不出。

窦建德兵败后，很多部将偷盗、藏匿府库物资，有的还横行乡里，祸害百姓，被唐朝官员绳之以法，其他人都惶恐不安。

窦建德部将高雅贤、王小胡家在洺州，想举家逃亡，被官府发现，便躲到贝州。正赶上唐朝征召窦建德旧将范愿、董康买、曹湛及高雅贤入朝，众人疑惧，想到王世充投降后，其将相大臣段达、单雄信都被杀掉，估计他们到了长安也生死难料。众人回想战场厮杀十多年，百战余生，不如在有生之年再干一番事业。况且，夏王抓住淮安王待以客礼，而唐朝抓住夏王马上杀害，众人身受夏王厚恩，如果不替他报仇，有何脸面见天下之士。

大家决定起事，卜卦的结果显示推举姓刘的领头吉利，众人就到漳南找到刘雅。刘雅想终老乡间，大家很生气，又担心起兵计划泄露，就杀死了刘雅。又找到正在种菜的刘黑闼，刘黑闼欣然同意，杀了耕牛，聚集了一百多人。

武德四年七月十九日，刘黑闼率领众人袭击漳南县城。

八月十二日，刘黑闼又攻陷鄃县（今山东德州夏津）。

窦建德旧部纷纷前来归附。刘黑闼在漳南筑坛，祭祀窦建德，自称大将军。

二十二日，刘黑闼攻陷历亭县（今山东武城东）。

窦建德所任深州刺史崔元逊伙同几十人藏在盖满稻草的车中，扮做农民，直入县衙后，从草中呐喊着冲出来，杀掉唐朝深州刺史裴晞，将其脑袋送给了刘黑闼。

当初唐军攻克洛阳，徐圆朗请降，拜为兖州总管，封鲁郡公，刘黑闼起事，暗中与之联合。八月二十六日，徐圆朗叛唐，被刘黑闼任命为大行台元帅，兖、郓、陈、杞、伊、洛、曹、戴八州豪杰纷纷响应。

李渊派去安抚河南的盛彦师走到任城被徐圆朗抓住，徐圆朗让盛彦师劝他的弟弟投降，盛彦师在信中写道："我奉使出征，为贼所擒，为臣不忠，发誓求死；你要善侍老母，不要担心我。"徐圆朗脸色大变，见盛彦师神色自如，笑着夸他"有壮节"，待之如旧。

九月，徐圆朗自称鲁王。

唐朝获悉刘黑闼造反，在洺州设山东道行台，以淮安王李神通为右仆射，准备讨伐。唐初之制，有事则置行台尚书省，无事罢之。

饶阳会战。九月，李神通率三千关内兵到达冀州（今河北衡水冀州），与李艺（原姓罗，唐初赐姓李）会师。朝廷又调发邢、洺、相、魏、恒、赵等州兵共五万人，在饶阳县（今县）南与刘黑闼会战，双方列阵十多里。刘黑闼兵少，背靠土堤排单行阵防御。天降大风雪，李神通乘风势攻击，不料顷刻间风向逆转，刘黑闼转借风势冲锋，李神通大败，兵马损失三分之二。李艺在偏西方已战胜高雅贤，听说唐军大败，退保藁城（今河北藁城），被刘黑闼追上，战败返回幽州（武德初改涿郡置，今北京市，下同）。

刘黑闼兵威大振，移书赵、魏，应之者陆续不绝。

十月初六，刘黑闼攻克瀛洲（今河北河间）。

观州（今河北东光）、毛州（今山东馆陶）人相继杀死唐朝刺史献城投降。

十一月中旬，唐朝河南、河北形势进一步恶化。

十九日，刘黑闼攻陷定州，活捉刺史李玄通，因爱其才想任为大将，被拒。李玄通故吏送来酒肉，李玄通说："各位可怜我受囚禁之辱，能够拿来酒肉开导慰问，我十分开心，要和大家一醉方休。"喝到兴头上，对看守说要舞剑，想借一把刀，看守递刀给他。李玄通舞完，仰天长叹："大丈夫受国厚恩，镇抚一方，不能保全所守，有何面目活在世上！"便拿刀自刺，剖腹而死。李渊听说之后，流下眼泪，伤心不已。

二十七日，杞州人杀掉刺史响应徐园朗。

此时幽州闹了饥荒，于武德三年和罗艺一起投唐的高开道再次叛变，北连突厥，南结刘黑闼，引兵攻打易州（唐初改上谷置，今河北易县）。

十二月初三，刘黑闼攻陷冀州。

李渊见东方形势严峻，派义安王李常孝东进增援。援兵未至，刘黑闼又率兵数万进逼宗城（今河北威县），守城的李世勣弃城退保洺州。

十四日，洺州土豪翻城响应刘黑闼，刘黑闼在城东南祭祀窦建德后入城，守城的唐朝刺史等人逃往长安。十多天之后，刘黑闼攻陷相州，向南攻取黎、卫二州。刘黑闼还派人北联突厥，颉利可汗派俟斤宋邪那率突厥骑兵随刘黑闼征战。

不到半年，刘黑闼尽复窦建德旧境。

武德五年正月，刘黑闼自称汉东王，改元"天造"，定都洺州。以范愿为左仆射，董康买为兵部尚书，高雅贤为右领军，窦建德时的文武大臣都官复原职。其法令行政全部效法窦建德，而"攻战勇决"却胜过窦建德，成为唐朝一大劲敌。

李渊只好使出最后一张王牌，派李世民、李元吉率兵攻打刘黑闼。

武德五年正月初八，李世民率军进至获嘉（今河南焦作修武），指挥了自己在唐朝统一战争中的最后一场战役。李艺再次从幽州南下。

十七日，刘黑闼攻陷邢州，十八日，攻陷莘州。

洺州会战。面对唐军强大攻势，刘黑闼放弃相州，退守洺州，李世民收复相州，列人（今河北肥乡东北）。十四日，李世民收复相州，进军肥乡（今河北邯郸肥乡），列营洺州城外的洺水（今洺河），逼近刘黑闼军营。

此时李艺已到达鼓城（今河北石家庄晋州古城村），刘黑闼留范愿守卫洺州，自己北上阻击李艺，夜宿沙河（今河北邢台沙河）。

当天夜里，唐将程名振置六十面大鼓，在洺州城西二里处的土堤上猛击，城中地面震动。范愿惊惧，驰告刘黑闼。刘黑闼立即回兵，留下弟弟刘十善在鼓城抵挡李艺。三十日，刘十善与李艺在徐河（今河北保定满城北）交战，大败。

刘黑闼部下洺水李去惑等人潜回洺水（今河北邯郸曲周东南），谎称"刘黑闼已败，先走先得"，召集宗室子弟二百人占据城池，联系唐军，李世民派王君廓带一千五百骑兵进城助守。

二月，刘黑闼自洺州还攻洺水，十一日夜，在城两门挖沟竖栅，防止王君廓突围。

十七、十九两日，唐军克复邢州、井州（今河北井陉）。

二十四日，李艺攻取定、乐、廉、赵（今河北定州、赵县、藁城、隆尧）四州，与秦王会师洺州。

洺水城四周有水，水面宽五十多步，深三四尺。

刘黑闼在城东北修建两条甬道攻城。

李世民三次带兵救援都被挡住，因为担心王君廓守不住，便召集众将商议对策。李世勣说，甬道一旦修到城下，王君廓一定守不住。罗士信请求代王君廓守城。李世民登上城西南大坟，挥旗致意，王君廓突围而出，罗士信乘机率二百唐兵入城坚守。刘黑闼日夜急攻，突然下起大雪，城外唐军无法接应。罗士信坚守八天，二十五日城破被擒。刘黑闼知道罗士信勇猛，劝其投降，罗士信断然拒绝，被杀时仅二十八岁。

罗士信在瓦岗寨曾受裴仁基厚待，李密战败，裴仁基降于王世充，后因密谋杀王世充、拥立杨侗事泄全家被杀。洛阳城破，罗士信找到裴仁基遗骨，葬于北邙山，言其死后葬此。

李世民重金赎回罗士信尸体，埋于裴墓之旁。裴仁基有一子，于其被杀当年出生，高宗时平定西亚，为李唐王朝立下赫赫之功，这个孩子叫裴行俭。

二十九日，李世民再次夺回洺水城。

三月，李艺与李世民在洺水南扎营，分兵驻屯水北。刘黑闼多次挑战，唐军坚守不出，另派奇兵断绝刘黑闼粮道。

十一日，刘黑闼任命高雅贤为左仆射，军中设宴庆祝。李世勣带兵逼近其营，高雅贤借酒劲出营，被李世勣部下潘毛刺伤坠马，左右救回，未至军营而死。

十三日，唐军再次逼近军营，潘毛被王小胡活捉。

高雅贤有一年轻义子，洺水城破后回家种地，贞观三年（629年）随李靖北伐，率先攻入突厥王庭，此后灭百济、平西突厥，为唐初名将，他叫苏定方。

李世民与刘黑闼对峙两个多月，双方互有攻守。

一次刘黑闼暗中偷袭李世勣大营，李世民引兵突袭其后，反被刘黑闼包围，幸亏尉迟敬德率壮士入围救出。

刘黑闼从冀、贝、沧、瀛各州运粮，水陆并进，被程名振带人截击，凿沉船只，烧毁粮车。

李世民判断刘黑闼粮尽后定来决战，就派人在洺水上游筑堰断河，告诉守军，一旦两军交战，敌军半渡，就决堰放水。

三月二十六日，刘黑闼率二万步骑过洺水，压唐营列阵。李世民亲率精骑击败刘黑闼骑兵，乘胜以马冲踏对方步兵。刘黑闼率众殊死抵抗，从中午战到黄昏，渐渐支撑不住。王小胡提醒刘黑闼尽快脱身，两人离开战场，和范愿等二百多骑兵逃奔突厥，余部不知，继续战斗。这时看守大坝的唐军掘开堤坝，大水冲了下来，水深一丈多，刘黑闼部队溃散，被杀过万，淹死数千。此战之后，河北全境被唐收复。

刘黑闼投靠突厥后，很快卷土重来。

先前代州总管定襄王李大恩说突厥发生饥荒，可以攻取马邑，李渊就派人带兵前去，相约二月共击马邑苑君璋，结果唐将失期未至，李大恩屯兵新城（今雁门关西北）。颉利可汗于武德五年四月和刘黑闼共同攻击李大恩，李大恩粮尽夜逃，被杀，突厥乘胜南下侵掠忻州（今山西忻州）。

六月初一，刘黑闼引突厥兵东出侵犯山东，李渊命李艺阻击。

初五，刘黑闼到达定州，逃亡鲜虞的旧将曹湛再次聚兵响应，河北局势再次发生动荡。

八月初，颉利可汗大举入侵，派一军攻打原州（今宁夏固原，下同），自率兵十五万入雁门（代县西北三十里），长驱直下，从介休至晋南，士马填溢山谷。

李渊除派兵抵御之外，再次派人和亲送金，突厥撤兵，唐朝才

第五章 / 武德功业，一统天下 /

得以专力攻打刘黑闼。

十月，李渊命李元吉率军进击刘黑闼。

初五，贝州刺使许善护与刘十善交战，全军覆没。初六，唐将桑显和与刘黑闼军在宴城（今河北辛集）交战，唐观州刺史刘会却举城投降刘黑闼。十七日，唐河北主将、淮阳王李道玄将兵三万与刘黑闼在下博（今河北深州）交战，亲领轻骑掠阵。史万宝平素与之不和，按兵不动，李道玄战败被杀，年十九岁，李世民十分痛惜。此战之后，山东震骇。洺州总管庐江王李瑗弃城西走，其他州县纷纷归附刘黑闼。十多天内，刘黑闼收复河北故地。二十七日，进据洺州。唐沧州刺史程大买弃城而逃。李元吉畏其兵强，不敢进兵。

十一月初七，经魏徵等人建议，李渊命太子带兵讨伐刘黑闼。

同月，刘黑闼挥兵南下，自相州以北州、县全都归附，只有魏州（今河北大名）总管田留安率兵坚守。刘黑闼便向南攻取元城（今河北大名东北），回来再攻魏州，被田留安击退。

当时很多山东豪杰纷纷杀死唐朝官府长官以响应刘黑闼，上下相猜，人人自危，但是田留安对下属官民坦诚对待，不生怀疑。属下禀告事情，无问亲疏，可直入卧室。田留安每次都说："我和你们一起为国杀贼，固应同心协力，如想弃顺从逆，可以拿着我的脑袋去。"官民互相勉励，约定决不辜负待人至诚的田公。苑竹林本是刘黑闼同党，心怀二意，田留安心中知道，但不说出来，安排在身边并让他保管钥匙，苑竹林心存感激，不再背叛。

十二月十一日，刘黑闼攻破恒州（今河北正定）。此时太子大军到达昌乐（今河北南乐西北）。十六日，李艺攻克廉、定二州，逼近恒州，形成南北夹击之势。

刘黑闼分兵迎战，一部继续围攻魏州，自己则到昌乐迎战李建成，两次列阵，不战而停。魏徵对太子说，以前刘黑闼败后部下都被公开处决，妻儿也要抓为俘虏，虽然齐王上次已发布诏书赦免，但无人相信，现在应释放在押囚犯，抚慰遣送，其队伍一定离散，太子同意。果然，刘黑闼部众迅速叛离。刘黑闼粮尽，担心魏州和太子主力内外夹击，便半夜撤往馆陶（今河北馆陶），于馆陶永济渠东岸造桥。二十五日，桥未建好而唐兵已到，刘黑闼让王小胡背水列阵掩护渡河，自己亲自督促造桥，桥刚建好就过河到达西岸，属下部队大败溃散，纷纷放下武器投降。唐军一千多骑兵刚追赶过桥，桥就坏了，刘黑闼得以和数百名骑兵逃走。

因刘弘基在后紧紧追赶，刘黑闼日夜奔逃，不得休息。

武德六年（623年）正月初五，刘黑闼带着一百多人到达饶阳（今河北饶阳），腹中饥饿，刘黑闼任命的饶州刺史诸葛德威出城迎接，请其入城，刘黑闼没有同意，诸葛德威含泪诚恳邀请，刘黑闼才同意到城旁市场休息，尚未吃完诸葛德威送来的饭菜，就被活捉献给李建成，和他的弟弟刘十善在洺州城西被斩。

刘黑闼之乱，历时一年之久。

临刑之时，刘黑闼长叹一声："我本来在家好好种菜，被高雅贤所误至此。"

武德六年二月，徐园朗势穷弃城逃走，被乡人所杀。高开道想降唐，却因自己数次反复而犹豫，后来依仗突厥之强，一年六次攻打幽州。其部下多山东人，思念家乡，武德七年（624年）二月，他被部下所杀，其地归唐。

至此，北方悉定。

5. 一片降幡出江南

唐朝打败窦建德和王世充后，从武德四年（621年）九月开始，便陆续向南方用兵。

武德二年（619年），李渊就派赵郡王李孝恭担任信州（今重庆奉节东北）总管，李靖镇守夷陵（今湖北宜昌西北）地区，对江陵萧铣形成包围之势。

萧铣，南朝梁宣帝曾孙，祖父萧岩，叛隋降陈，陈灭后被文帝诛杀。

萧铣小时贫穷，爱读书，对母亲十分孝顺，因是外戚的原因，被炀帝任命为罗川令。

大业十三年（617年）十月，巴陵（大业时改岳州置，今湖南岳阳）校尉（炀帝改大都督为校尉）董景珍、雷世猛和旅帅（炀帝改帅都督为旅帅）郑文秀等人商量起事，推举董景珍为主，董景珍以出身寒微不能服众为由，改推萧铣，萧铣欣然同意。

正赶上颍川义军沈柳生攻打罗川县（今湖南湘阴东北），萧铣征讨不利，便对下属说：

"今天下皆叛，隋政不行，巴陵豪杰起兵，欲奉吾为主。若从其请以号令江南，可以中兴梁祚，以此召柳生，亦当从我矣。"

（《新唐书·卷八十七·萧铣传》）

十九日，正是李渊率兵二十万围攻长安城之时，萧铣称梁公自立，不到五天，远近争先归附，达到数万人，萧铣率众赶往巴陵，自称梁王。正赶上林士弘被义军张弘善打败，从豫章迁居南康（今江西赣县），萧铣乘机占据豫章。

第二年四月，当薛举准备进攻长安以与李渊争夺关中之时，萧铣称帝，当时有一只奇怪的大鸟飞来，故建元"凤鸣"。萧铣封董景珍等七人为王。岭南各郡听说炀帝被杀，纷纷归附。自此，东自九江，西抵三峡，南尽交趾（泛指五岭以南），北距汉川（汉水），都归萧铣所有，其兵力达四十多万。同年，萧铣迁都于江陵。

武德二年九月，萧铣派人攻打巴蜀，引起了李渊不满。此时，唐朝已经平定秦、凉，唐、梁大战即将开始。

萧铣性格偏狭猜忌，担心部下拥兵自重，为了削夺兵权，下令各军罢兵务农。大司马董景珍的弟弟心中不满，想起兵作乱，被杀。时董景珍已经出镇长沙，萧铣赦免董景珍无罪，召其回到江陵。董景珍害怕，向李孝恭请降。武德三年（620年）十二月，李孝恭出兵接应董景珍，攻克梁荆门镇。萧铣派齐王张绣攻打董景珍，董景珍对张绣说："前年杀彭越，去年杀韩信，你看不到么？为什么现在还要相互攻击？"张绣不答，进兵包围董景珍，董景珍突围逃走，被部下所杀。萧铣任命张绣为尚书令，却不满意张绣居功自傲，专横弄权，又杀了张绣。

见众多大臣接连被杀，边将也自疑不安，有的出逃反叛。萧铣兵势日益衰弱。

武德四年正月，唐朝趁萧铣内乱，夺取了梁朝的五州四镇。

李靖向李渊献上平梁十策。

二月，李渊让李孝恭制造船舰，训练水兵，任命李靖为行军主官，负责军事指挥。李靖建议任命巴蜀地方首领子弟为官，安置左右，名义上是提拔，实际是扣为人质，确保后方安定。

八月，唐朝十二总管齐集夔州（武德二年改信州置，今重庆奉节），李靖分兵三路：庐江王李瑗为荆郢道行军元帅，沿江而下；黔州刺史田世康出辰州道，黄州总管周道明出夏口道。三路大军，兵锋直指江陵。

时值秋水上涨，江水泛滥，三峡航路险要难行，在江陵的萧铣认为唐朝不能发兵，因而梁军没做任何防备。

九月，李靖挥师东进，众将请求水退行船。李靖说，兵贵神速、机不可失，现在大军聚集，萧铣并未知晓，正好趁着大水，以迅雷不及掩耳之势，直奔江陵城下，这是兵家上策，即使萧铣听说唐军发兵，仓促之间，也无法万全应敌，一定束手就擒。李孝恭同意，三路大军并进。

李孝恭和李靖亲自率领两千艘战舰沿江东进，攻克荆门（今湖北宜都西北长江西岸)、宜都(今湖北宜都西北)两镇,进逼夷陵(今湖北宜昌西北)。萧铣大将文士弘率领数万精兵增援,李孝恭想马上迎战,李靖制止说,文士弘是萧铣手下猛将,士兵骁勇善战,现在刚刚丢掉荆门,全军来战,是救败之师,恐怕不易抵挡。唐军应停在南岸,暂缓一日,不与争锋,梁军一定留轻兵迎战、退羸师自守,再乘其懈怠,一举攻克。李孝恭没有采纳。

十月初九,李孝恭留下李靖守营,自己和文士弘在清江河口交战,果然战败,退回南岸。文士弘水军靠近唐军船只,上船拾取战利品,每个士兵背的东西都很重,李靖看到对方队伍散乱,立即发起进攻,夺得四百多艘军舰,杀死和淹死梁军近万人。唐军乘胜追击到百里洲(今湖北宜都东江中小岛),文士弘收兵再战,再败。唐军进入北江,宜昌等县纷纷投降。李靖率五千轻骑逼近江陵,驻军城下。

当初萧铣裁军务农,江陵城只有几千守军,听说唐军兵临城下,文士弘大败,梁国上下惊惧,仓促之间,号召勤王,兵马在江、岭之外,路途遥远,不能速至。

唐军主力在江陵集合,攻入外城,又攻破水城,俘获数千楼船。李靖打算将舰只全部散弃江中,随其漂流,众将反对,认为应留下自用,不能送还敌军。李靖说,萧铣占据的疆域,南出岭表,东距洞庭,唐军孤军深入,如果没有攻克江陵城,梁国援兵到达,唐军将被内外夹击,即使留有船只,也无任何用处,不如让舰船顺流而下,长江沿岸州县的梁朝援兵看到,认为江陵已被攻占,不敢贸然轻进,一定往来侦察,得花费十天半月的时间。到那时,唐军肯定已经攻克江陵。

江陵水城被攻陷,萧铣和中书侍郎岑文本商议,决定投降。

萧铣对群臣说,上天没有保佑梁国,复国未能成功,如果决战到底,百姓一定遭殃,不能因为他一人之故,使生灵涂炭。在唐军尚未发起攻城之时投降，可使城中百姓避免乱兵之扰，"诸人失我，何患无君"。萧铣巡城下令，守城士卒全都痛哭失声。

二十一日，萧铣出降，希望唐军不要劫掠百姓。李孝恭入城，众将还想派兵掠夺，岑文本劝道："江南百姓，自隋末以来，困于苛政，加上群雄攻战，现在活下来的，都是百战余生。百姓迫切企盼圣明的君主，因此，萧梁君臣、江陵父老才决心归附，希望能休养生息。如果纵兵抢劫，士民失望，恐怕江南以南，无人再想归顺。"李孝恭急令属下禁止纵兵抢劫。

众将又想把抵抗唐军的梁国将士抄家，李靖说：

"王者之师，义存吊伐。百姓既受驱逼，拒战岂其所愿？且犬吠非其主，无容同叛逆之科，此蒯通所以免大戮于汉祖也。今新定荆、郢，宜弘宽大，以慰远近之心，降而籍之，恐非救焚拯溺之义。但恐自此已南城镇，各坚守不下，非计之善。"（《新唐书·李靖传》）

各为其主，尽忠而战，在君臣大义上是正确的。投降而抄其家，会导致极为恶劣的后果，不利招抚余众。由于唐军秋毫无犯，南方各州、县纷纷归顺。萧铣投降几天后，十多万梁国援军到达江陵，听说城破，全都投降。梁国历时五年。

李孝恭把萧铣送往长安。李渊责问萧铣，萧铣说："隋失其鹿，天下共逐，上天不助萧梁，事已至此，若加罪，死就死吧！"被杀于长安闹市，年三十九岁。

高祖又派李靖招抚岭南。武德五年（622年）六月，隋汉阳太守冯盎率部投降。于是西至三峡，南到交趾，北距汉水，包括岭南全境，全部归属唐朝。

再说南方其他反隋群雄。

大业十二年（616年），鄱阳操师乞自称"元兴王"，任命同乡林士弘为大将军，起兵反隋，攻陷豫章郡，不久，中流箭而死。林士弘接替他统领部队，打败前来征剿的隋军，部队发展到十多万人。十二月，林士弘据守虔州（今江西赣州），自称楚帝，其地北起九江、南达番禺。后被萧铣攻破豫章。

萧铣国灭，残部大多投靠林士弘，林士弘势力再次壮大。武德五年，林士弘派人攻击循州（今广东惠州），兵败之后，部将王戎献南昌州（今江西永修）降唐，林士弘因而害怕，请求降唐，后又改变主意，逃到安城（今江西安福东南）一个山洞，病死后，部下溃散。共历时七年。

在江淮地区，自宇文化及退出江都后，共有四支割据势力，相互间屡有攻伐。

陈棱被宇文化及任为江都太守，不久降唐，李渊任为总管，仍守江都。

沈法兴，隋吴兴太守，宗族数千，于炀帝被杀后，以攻打江都宇文化及为名，从东阳郡（大业时改婺州置，今浙江金华）出发，占据余杭、毗陵等江南十多个郡，初称江南道总管，听说杨侗被废，武德二年称梁王，定都毗陵。

李子通，小时贫穷，以渔猎为生，大业末，投靠长白山左才相。群盗残忍，只有他性格宽和仁厚，不到半年，拥众过万，因受猜忌，率众渡过淮河，投奔杜伏威，又被隋将来整打败，逃奔海陵（今江苏泰州，下同），自称将军，大业十一年，僭号楚王。

杜伏威，齐州章丘（今县）人，占据历阳（大业时改和州置，今安徽和县，下同）。杜伏威少时落拓不羁，不爱劳动，与辅公祏为刎颈之交。辅公祏多次偷了姑家的羊送给杜伏威，官府差人捉拿，杜伏威便和辅公祏亡命为盗。杜伏威时年十六岁，狡诈多谋，每次打劫，出则居前，入则殿后，受大家钦服，推为首领。

大业九年（613年），杜伏威收降下邳苗海潮，进入淮南劫掠。江都留守派校尉宋颢征讨，杜伏威诈败，引诱宋颢进入葭苇沼泽地，顺风纵火，烧死隋兵。海陵义军首领赵破阵轻视杜伏威兵少，招他入伙，杜伏威让辅公祏严兵居外，自己率领亲兵十人抬酒、送牛入内拜见，于席间突然起身杀死赵破阵，火并其众。

杜伏威挑选军中壮士，养为义子，共三十多人，其中以王雄诞、阚稜最为有名，称为大、小将军。

不久，前来投奔的李子通派兵偷袭杜伏威，杜伏威重伤落马，王雄诞背着他逃到芦苇丛，收抚散兵，军势再振。作战勇敢的隋将来整（隋朝名将来护儿之子）也乘机进攻杜伏威，山东群雄流传一首顺口溜：

"长白山头百战场，十十五五把长枪。不畏官军十万众，只畏荣公第六郎。"

双方在黄花轮交战，杜伏威大败，被部将西门君仪的妻子王氏背着逃跑，王雄诞率十多名壮士在后力战，才得以脱险。来整又打败李子通，李子通率领余众奔还海陵，收集散兵两万人，自称将军。来整尚未剿尽义军，便被召回保护皇帝。劫后余生，杜伏威收集八千余兵，在盐城（今江苏盐城）全歼隋将公孙上哲。

大业十三年，炀帝派右御卫将军陈棱讨伐杜伏威。

杜伏威见陈棱不出战，送给他一身女服，写信叫他"陈姥"。激怒后的陈棱出战，部将射中杜伏威额头，杜伏威发誓不杀死射箭的人不拔箭，骑马冲进隋军阵地，杀死射箭之人，隋军大败。杜伏威乘胜克高邮（今高邮市），渡淮河，占历阳，自称总管，以辅公祏为长史。

杜伏威派辅公祏攻打李子通，攻克丹阳，进屯溧水（今江苏南京溧水）。李子通战败，粮食将尽，便放弃江都，退保京口，其地全部为杜伏威所有。

杜伏威上表尊奉洛阳杨侗，被封楚王。不久，王世充自立为帝，杜伏威不愿向其称臣，转而归附唐朝。

武德二年九月，李子通自海陵攻打江都陈棱，陈棱力尽，向杜伏威和沈法兴求救。杜、沈二人都派兵帮助陈棱，二人军营相距数十里。李子通招募吴人假扮沈法兴的队伍夜袭杜伏威，随即杜、沈二人交恶，对峙待战。李子通乘机全力攻破江都，占为己有，立国为吴。陈棱投奔杜伏威，后被杀。

武德三年六月，李渊准备讨伐王世充，任杜伏威为东南道行台尚书令、江淮安抚大使、上柱国、吴王，赐姓李，封辅公祏为舒国公。事实上，杜伏威仍然是一支独立的武装力量。

杜伏威挑选五千名敢死之士，称"上募"，与之同甘共苦。每次作战，"上募"领先冲锋，战后检查，凡背后有伤的全部杀死。士兵争先效命。

十二月，李子通东走太湖，占据余杭，收散兵两千人，攻打沈法兴。沈法兴放弃毗陵，与左右数百人败走吴郡，投水而死。李子通尽有沈法兴之地，东举会稽，南距岭南，西抵宣城，北达太湖。

武德四年，李子通又在苏州被王雄诞打败，退守余杭被围，投降后被杜伏威送往长安。次年，李子通逃出长安，企图东山再起，到蓝田为关吏所获，被杀。

至此，杜伏威尽有江东（指长江过南京后的南岸广大地区）、淮南之地，成为南方最大的军事力量。

李世民既平刘黑闼，唐军陆续到达淮北，大军压境。时萧铣已灭，杜伏威心生畏惧，七月，被迫听李渊征召入京，备受礼遇，拜太子少保，位在齐王之上，以示尊宠。杜伏威喜欢神仙长寿之术，误食云母中毒，武德七年（624年）暴亡。

杜伏威入朝长安之时，留辅公祏镇守丹阳，以王雄诞为副手掌握兵权。临行时，密语王雄诞："我到了长安，如果没有什么差池，不要让辅公祏生变。"

武德六年（623年）八月，辅公祏起兵反唐，称帝丹阳，国号"宋"，诈称杜伏威写信让他起兵，以蒙蔽部众。武德七年，唐军攻破丹阳，辅公祏被杀。

武德七年，对内作战的胜利使唐朝基本统一全国。正在唐朝即将应对北方的强敌突厥之时，李渊的几个儿子之间发生了激烈的冲突，最终影响了皇位继承。

第五章
/ 武德功业，一统天下 /

第六章

高祖禅位，秦王登基

1. 手足相争如水火

唐高祖李渊有二十二个儿子，为何只有李建成、李元吉、李世民三个同母兄弟之间斗争最为激烈？

高祖皇后窦氏为李渊生了五个孩子，四子一女。长子李建成，次子李世民，第三子李元霸早夭，第四子李元吉，女儿则是著名的"娘子军"首领平阳公主。

值得一提的是，大业十三年（617年）李渊晋阳起兵时，还有一位庶子，名叫李智云，是侧室万氏所生。当时李建成二十八岁，李世民十九岁，李元吉和李智云十四岁。李建成从河东郡来到太原郡，只带来了李元吉，李智云留下的结局是被隋朝派人抓获后斩首。

至于李渊的其他儿子，都是长安称帝之后所生。

李渊出身关陇集团，趁着隋末天下大乱之际夺取政权。

李渊自山西河东慰抚大使升任太原留守时，李建成和李元吉留居河东。太原起兵，李世民积极预谋其事，发挥了重要作用。太原起兵后，李建成、李元吉从河东来到太原，李渊让李建成、李世民担任左、右领军大都督，分统左、右大军，李元吉则留守太原。攻克长安后，初次出兵关东，也以李建成、李世民分任左、右元帅，李建成出力不少。

进入长安前，李世民与李建成的地位、权力基本相同。李渊称帝后，李建成以嫡长子身份被立为太子，李世民封为秦王，李元吉封为齐王。由于两人所处地位不同，关系开始发生变化。太子是国之储君，按照古代礼制要求，"君之嗣嫡，不可以帅师。"（《左传·闵公二年》）太子是不将兵的。

李元吉留守太原时，因刘武周进攻而弃城逃归长安，声望不振，加上李世民能力较强，所以此后的一些重要战役，常由李世民指挥。同时，在统一天下的战争中，李渊不放心军队大权交给外姓将领，所以大多数指挥军队的都是自己的儿子或家族子弟。

太子李建成性格宽厚，喜爱酒色和游猎。齐王李元吉，为人残忍好兵。而秦王李世民则以卓越的军事才能，扫灭群雄，功名日盛，威望日隆，在帝国中的政治地位和军事地位日益增长。

武德四年（621年）七月，李世民俘获窦建德、王世充，取得了唐朝统一天下的决定性胜利。高祖觉得有必要大大地褒奖一下，可是李世民的官位臻达尚书令，又封为秦王，已升无可升。十月，李渊别出心裁地封他为天策府上将，可自置官属天策府，这是一个比尚书令和诸王要高、非常尊贵、可是又不可能问鼎太子宝座的位子。

当李世民统率大军击败刘黑闼、进军徐圆朗之时，李渊在京师宫城之西专门营建弘义宫，给秦王居住，殊遇无比。

据统计，从武德元年（618年）六月抗击薛举，到武德五年（622年）三月平定刘黑闼第一次起兵，前后共四十六个月，而秦王亲自驰骋战场为二十七个月。

秦王李世民为帝国的统一东征西讨，取得赫赫战功，他的声望、地位与权势与日俱增，对李建成太子地位构成的威胁，是客观存在的。

李世民被授予天策上将之后，并非没有谋取国家最高权力的意图。天策府僚属的渊源，可追溯到太原起兵的元谋功臣，刘文静与长孙顺德、刘弘基等都与李世民友善，长孙顺德成了秦王的亲信，刘弘基、柴绍常随秦王征战，唐俭是天策府长史。公孙武达，任秦王府右三军骠骑。屈突通降唐后，为秦王行军元帅长史。破刘武周时，收降了名将尉迟敬德。平定王世充，得到了秦叔宝、程知节、刘师立等。此外，尚有钱九陇、樊兴、李安远、张士贵、薛万均等人，都是在历次战争中被秦王引为左右。天策府于五年后玄武门之变当月撤销。

武德四年，李世民被新命为天策上将军不久，便锐意经籍，在宫殿西侧开设文学馆，以待四方之士。

有大行台司勋郎中（掌官员勋级、资历）杜如晦、记室考功郎中（掌考察官员功过善恶）房玄龄及于志宁、军谘祭酒（掌赞划军机）苏世长、天策府记室（主记录文书）薛收、文学（掌校典籍文章）褚亮、姚察、太学博士（掌教生徒）陆德明、孔颖达、主簿（事务官）李玄道、天策仓曹（掌仓库）李守素、秦王记室虞世南、参军（掌参谋军务）蔡允恭、颜相时、著作郎记室许敬宗、薛元敬、太学助教（博士之下掌教生徒）盖文达、典签（掌表启书疏）苏勖，均以本官兼文学馆学士。秦王让阎立本画像、褚亮为赞，号"十八学士"。

秦王对这些人礼数甚厚，分成三拨排班。自己在公事之余也到馆中，引见讨论，有时半夜才走。

以秦王为首的文武俱备的政治集团已基本形成。在战争中招纳人才是为了统一的需要，而和平时期的这种行为，可窥见李世民觊觎国家最高权力的用心。

至于太子、齐王的府中，也都有各自的亲信，如太子宫中的王珪（南梁王僧辩之孙）、魏徵、韦挺等人，都很有政治才干。兄弟三人之中，太子与秦王之间矛盾，不难理解。而齐王虽跟秦王东征，但二人之间却没有结成亲密关系。齐王站在太子一方，除了秦王对他不重视外，也可能与他本人行为放荡骄奢有关。齐王既与秦王格格不入，太子又是未来的皇帝，因而，齐王与太子联合便顺理成章。

李渊晚年，宫中嫔妃很多，张婕妤、尹德妃最受宠幸。

太子和齐王逢迎讨好她们，而秦王多数时间将兵在外，很少与之交往。嫔妃们经常在李渊面前赞扬太子和齐王，说秦王坏话。

秦王平定洛阳，李渊派诸嫔妃到洛阳后宫，有的私下索要隋朝府库珍玩，或为兄弟讨官，秦王拒绝说"宝物已写进封存的清单，官爵非有功不赏"，嫔妃们都不高兴。秦王考虑到李神通功劳大，给了他数十顷良田，张婕妤（妃嫔称号）也向李渊为父亲要这块地，李渊亲自写下同意的敕书，李神通因秦王给田在前，不肯交出来。张婕妤向李渊告状，皇帝赐田被秦王抢去给了别人，李渊生气，责问秦王："我亲手写的诏书还不如你的命令么？"几天后，李渊对左仆射裴寂说："我儿长时间带兵，被儒生所误，不再是我当年那个儿子了。"

秦王府属官杜如晦骑马经过尹德妃父亲尹阿鼠家门口，尹阿鼠很生气杜如晦的傲慢，领着几个家童把杜如晦拉下马暴打一顿，造成一指骨折。事后尹阿鼠害怕，先指使女儿向李渊诉说秦王下属欺凌妃父，李渊不察真相，再次质问秦王："连我妃嫔的家人都被你的左右欺负，何况小民！"秦王诚心解释，李渊不信。

秦王参加宫中宴饮，看见李渊嫔妃，想到母亲太穆皇后过早去世，不能亲眼见到父亲拥有天下的尊荣，有时独自悲泣，妃嫔们便密奏李渊，"海内平安无事，皇帝年事已高，正应欢饮游乐，但是秦王每每痛哭，这是怨恨我们，一旦您万岁之后，我们母子必定不为秦王所容，一个也不能活着"，哭完后，又夸奖太子仁孝，必能保全她们。

李渊听后，心中怆然，打消了更换太子的打算，渐渐疏远秦王，而日益亲近太子和齐王。

武德五年（622年）十一月，刘黑闼第二次起兵。

东宫王珪、魏徵为改变秦王功盖天下而对"因为年长才位居东宫"的太子造成的不利局面，建议太子亲率大军，征伐不足万人、资粮缺乏的刘黑闼，借机结纳山东豪杰。太子向李渊请求率兵东征，李渊马上批准，任太子为陕东道大行台及山东道行军元帅。

武德六年（623年），太子讨平刘黑闼，这是太子在统一天下的战争中所立唯一重大的战功。这一战功的取得，对巩固李建成的太子地位是当然有利的。

武德六年下半年，秦王屯守并州，再未出征。齐王劝太子除掉秦王，自己也可动手。秦王跟李渊来到齐王府，护军宇文宝埋伏在卧室准备刺杀秦王，被太子制止，齐王生气地说："我这只是为兄长着想，对我有什么好处。"自此，双方矛盾日益尖锐激烈。唐初秦王、齐王府各置左、右六府护军。

太子从长安及各地招募两千骁勇壮士，驻扎在东宫长林门附近，称长林兵，又秘使太子属官右虞候可达志从燕王李艺处调来三百幽州骑兵，安置在宫城东面各坊，补充东宫防卫力量，此事被告发后，受到李渊责备，可达志被流放远地。

太子和东宫原侍卫杨文干关系很好，不仅派他担任庆州总管，还暗中让他招募壮士送往长安。

武德七年（624年）六月，李渊到仁智宫避暑，让太子留守长安，秦王和齐王随行。

太子告诉齐王，这是决定安危的关键时刻，在路上要对秦王下手，又派郎将尔朱焕、校尉桥公山把铠甲兵器送给庆州总管杨文干。二人走到豳乡（今陕西彬县），害怕问罪，便上告李渊，太子和杨文干相应之事；宁州人杜凤举也到仁智宫告发太子之事。李渊大怒，亲笔写下诏书假托他事召太子前来仁智宫。太子害怕不敢去，太子舍人徐师谟劝其举兵造反，东宫官属之长、詹事主簿赵弘智劝其只身认罪。太子采纳后者意见，带着十多个骑兵到仁智宫认罪，奋身自掷，几至晕死过去。李渊余怒未消，晚上把太子押在帐篷里，只给麦饭充饥。李渊派司农卿（九卿之一，掌仓储）宇文颖去庆州（今甘肃庆阳）驰召杨文干，宇文颖告以实情，杨文干立即起兵造反，李渊派左武卫将军钱九陇与灵州都督杨师道率兵进击。李渊又派人找来秦王商量，秦王认为不足为虑，派一将即可。李渊又说，太子和杨文干之事有染，恐涉及多人，秦王最好去一趟，回来事成就立秦王为太子，他自己不能效仿隋文帝诛杀骨肉，只能废李建成为蜀王，蜀地土地僻小易制，来日他如果不能尊事秦王，取之十分容易。

秦王出兵到达宁州，杨文干已被属下所杀。

李渊在齐王和嫔妃的请求及封德彝的劝解下改变主意，又让太子回到京师居守，仅仅责怪太子不能和睦兄弟，把罪过归于太子属下王珪、韦挺和天策府杜淹等人，把他们流放巂州（今湖北通城西北），此事便不了了之。

这一年，突厥屡次入侵关中，有人说是"子女玉帛皆在长安"之故，若焚烧长安迁都，突厥自然不来，得到李渊的首肯。

李渊让宇文士及翻过南山到樊、邓之地选址，太子、齐王和裴寂表态赞成，萧瑀知其不可却不敢劝谏，唯秦王劝道：

"戎狄为患，自古有之。陛下以圣武龙兴，光宅中夏，精兵百万，所征无敌，奈何以胡寇扰边，遽迁都以避之，贻四海之羞，为百世之笑乎！彼霍去病汉廷一将，犹志灭匈奴；况臣忝备藩维，愿假数年之期，请系颉利之颈，致之阙下。若其不效，迁都未晚。"

（《资治通鉴·唐纪七》）

李渊夸秦王讲得好，但太子却嘲笑秦王，认为和汉初樊哙以"十万众横行匈奴"一样是空口说大话，二人争辩起来。太子私下上奏李渊说，突厥虽多次犯边，但是给好处就撤，秦王表面假托御敌，阻止迁都，实为想久掌兵权，谋夺帝位。

一次，李渊到城南打猎，让太子、秦王、齐王比赛骑射。之前，太子把自己的一匹健硕但经常尥蹶子的胡马送给秦王，秦王骑着这匹胡马猎鹿，三次被甩下马背，回头对宇文士及说："他们想借此

第六章 / 高祖禅位，秦王登基 /

害我，死生有命，有什么难过的！"太子听说后，让妃嫔对李渊说，秦王在猎场上从马上跌下时，感慨自己有天命，即将当上天下之主，岂能随便死去。李渊质问秦王对帝位"求之一何急"，秦王摘掉帽子磕头，请求立案查验真假，李渊怒气未消。这时有官员入报突厥入寇，李渊立即和颜悦色，抚慰秦王，让他带上帽子，和他商量应对之策，随后让秦王、齐王出兵幽州。

每当有盗贼起事，李渊就命秦王征讨，事平之后，猜嫌之心更重。秦王因有军务经常不在京城，在长安和宫中没能成功地得到支援，考虑到一旦与太子关系有变，以洛阳形胜可为自保之地，便让温大雅出镇洛阳，又派秦府车骑将军张亮带一千多人到洛阳，暗中联络山东豪杰，并拿出很多金银，任其所用。齐王告发张亮图谋不轨，下狱审问时，张亮一言不发，最后被放归洛阳。

有一天晚上，太子找来秦王宴饮，在酒中下毒，李世民心脏骤然疼痛无比，吐血数升，被淮安王李神通扶回西宫。李渊到西宫探视病情，得知是在东宫饮酒所致，便敕令太子，秦王平素不擅长喝酒，从今往后不得晚上饮酒。接着李渊肯定了秦王首建大谋、削平海内的功劳，表白自己几次要立秦王为太子都被坚定拒绝，又说李建成作为长兄，当太子已很长时间了，自己不忍废黜，担心他们兄弟同在长安，难免冲突，所以要仿效汉朝梁孝王故事，让秦王去洛阳，自陕以东都由秦王做主。秦王哭着说"不愿远离父亲膝下"，李渊安慰秦王，东、西两都道路很近，想念了就可以来。

秦王将行，太子、齐王担心秦王到洛阳后拥有州县、军队不好对付，不如留在长安，只是一人而已，收拾相对容易，于是暗中指使人上书密奏李渊，说"秦王左右听说前往洛阳，无不欢呼雀跃，看他们的想法，是不想再回来了"，又指使近臣陈说利害，李渊便改变主意，不再让秦王去洛阳。

太子、齐王与李渊妃嫔日夜在李渊那里说秦王的坏话，李渊不得不信，要降罪秦王，被陈叔达劝阻，他说："秦王有大功于天下，且性子刚烈，若加罪责罚，恐其不胜忧愤，如果得了不测之疾，陛下悔之何及。"李渊便没有降罪秦王。

齐王秘密请求诛杀秦王，李渊认为，没有理由杀掉罪状不明显且有安定天下之功的秦王。齐王提出了"秦王初平东都，顾望不还""散钱帛以树私恩""违敕命"三个"非反而何"的证据，无理地提出，只要速杀、何患无辞，李渊没有同意。

太子、齐王与秦王的矛盾，至此已剑拔弩张，秦府众将已是"忧惧不知所出"。

武德九年（626年）六月初一，发生了太白经天的星象变化，就是这个特殊的天象，引发了一场宫廷流血事件。

2. 喋血推刃玄武门

六月初，房玄龄与长孙无忌说了一段话，就是这番话，改变了历史的走向。

房玄龄向长孙无忌分析，太子和秦王嫌隙已成，太子如抢先动手，秦王就要一败涂地，要像周公杀掉反对他的兄弟管、蔡那样，当天采取行动，长孙无忌深表赞成，告知秦王。秦王问房玄龄该怎么办，房玄龄认为秦王功盖天地，应做皇帝，形势危急，天意如此，便和杜如晦一起劝秦王杀掉太子、齐王。

太子、齐王看到秦王府有很多猛将，想拉拢过来。

之前太子曾暗中送给尉迟敬德一车金银器具，写信说愿结布衣之交，被尉迟敬德以"私交殿下，乃是二心"拒绝。尉迟敬德把信交给秦王，秦王夸奖尉迟敬德的忠心如山，一斗黄金也不可移动，并说可以收下，无须顾虑，而且收下后还能探听内部消息，并提醒他注意安全。齐王非常忌惮尉迟敬德，派壮士行刺，尉迟敬德察觉

第六章 / 高祖禅位，秦王登基 /

之后，打开家中所有大门，躺着不动，刺客几次进到院子里却始终不敢动手。齐王诬告尉迟敬德，李渊诏令下狱审讯处死，在秦王苦苦哀求下，才得赦免。

太子还诬告程知节，李渊外放程知节到康州（今甘肃成县）当刺史，程知节违命不去，提醒秦王，"大王的腿脚和翅膀都被剪除，身躯还能活多久，我愿意冒判死刑的危险，留在京师，请早定大计。"

太子又用金银诱惑段志玄，也被拒绝。太子对齐王说，秦王最可怕的是出谋划策的房玄龄和杜如晦，俩人也遭到诬告，被调出天策府。

最后，秦王心腹只剩下长孙无忌在府里，长孙无忌和高士廉、侯君集、尉迟敬德等日夜劝说秦王诛杀太子和齐王。

秦王犹豫未决，询问灵州大都督李靖和行军总管李世勣的意见，二人都辞以不应，以沉默保持中立，秦王因此看重二人。

适逢突厥处罗可汗之子郁射设率领数万骑兵驻扎在黄河之南，围攻乌城（今陕西榆林定边南）。以前凡有突厥侵扰，都由秦王督军出战，这次太子推荐齐王代替李世民督军北上征讨，李渊便诏命齐王督率李艺、张瑾等前去救援乌城。齐王请求让尉迟敬德、程知节、段志玄及天策府秦叔宝和精锐士兵一起随军出征，想乘此机会彻底解除秦王的武装力量。

太子的率更丞（东宫内属官，率更令的副职）王晊密告秦王，"太子告诉齐王，'现在你已经得到秦王的精兵强将，拥有数万军队，我和秦王在昆明池为你饯行，到时命令一个壮士把秦王拉出去在帐下杀死，上奏时就说突发暴病，陛下应该能够相信，再派人劝说陛下，让我主持国事。尉迟敬德等既然落到你的手中，应该活埋，谁敢不服！'"

秦王把王晊说的话告诉长孙无忌等人，长孙无忌等人劝说秦王立即行动。秦王感慨地说："骨肉相残，古今大恶。我的确知道祸在旦夕，想等着他们先动手，然后伸张正义对付他们，不是也行吗！"尉迟敬德说："爱惜生命是人之常情！现在众人为大王愿效死命，这是天意。大难即将临头，而大王还和平时一样乐观不以为忧，大王纵然自轻生命，将置江山社稷于何地！大王不听敬德的话，敬德将要窜身草泽，不能留在大王左右，束手待毙！"长孙无忌说："不听敬德之言，事情一定落败。敬德等人要是离开秦王，我也跟着走，不再给大王做事了！"秦王说："我说的话也不能都不听，你们再想想怎么办吧。"尉迟敬德说："大王今天处理事情迟疑不决，不智；遇到困难不能立即决定，不勇。再说大王平时培养的八百多勇士，留在外面的都已入宫，穿着铠甲，拿着兵器，局势已经发展到这样，大王还能罢手么！"

秦王询问王府部属的意见，大家都说，"齐王残暴凶狠，最后一定不肯臣事皇帝。护军薛实曾跟齐王说，'齐王的名字元吉，合在一起类似唐字，最终将要主持大唐祭祀。'齐王高兴地说，'只要除掉秦王，收拾东宫易如反掌。'他和太子犯上还没有成功，便有夺取太子之位的心思。作乱之心贪得无厌，什么事干不出来！如果让他们二人得逞，恐怕唐朝将再次失去天下。以大王的英明神勇，收拾他们二人，如同捡起地上的草秆那么容易，为什么要囿于个人的道德名节，不顾江山社稷的百年大计！"秦王还犹豫未决，大家说，"大王怎么看待舜的为人？"秦王回答说"是圣人"，大家说，"假如舜在疏浚水井的时候没有躲过父兄在上面填土的毒手，能讲孝心吗？假如舜在涂饰粮仓檩柱的时候没有逃过父兄在下面放火的毒手，能施仁政吗？所以，舜小杖轻打忍受，大杖重打逃走，是所存者大。"

秦王心里很不踏实，让占卜一下。张公谨从外面取来龟甲，扔到地上，说："占卜是用来解决疑惑不清楚的事情，现在形势非常明朗，事情不能再犹豫，有什么可占卜的！假如占卜不吉利，也不能不行动啊！"于是，众人定计施行。

第六章 / 高祖禅位，秦王登基 /

武德九年（626年）六月初二，秦王想找房玄龄、杜如晦二人商量。房玄龄却说："皇帝有旨意，不让再为秦王做事，今天如果私自拜谒，定犯死罪，不敢遵从秦王命令。"秦王听到后怒不可遏，对尉迟敬德说："房玄龄、杜如晦难道想背叛我么！"然后取下佩刀递给尉迟敬德说："你再去看看，如果他们真的不来，砍掉他们的脑袋。"秦王以为房、杜二人背叛了他，其实他俩意在搞清秦王到底是不是真想发动政变。尉迟敬德再次和长孙无忌一起传达秦王的意思："秦王已经下定决心，你们应该快速入府谋划。咱们四个人，不能一起走。"于是房玄龄、杜如晦穿着道士的服装和长孙无忌同行，尉迟敬德从另一条路绕回天策府。

是什么原因促使秦王冒险发动兵变？有可能他预感到，父亲李渊要下定决心决定他的生死命运。

六月初三，太白金星再次在白天划过天空。

负责天时星历的太史令傅奕密奏李渊："太白星出现在秦国（陕西）上空，秦王当有天下。"

李渊将奏章转给秦王，秦王看完后却密奏太子和齐王淫乱后宫，并说："臣对兄弟无丝毫亏欠，现在想杀我，简直是替王世充、窦建德报仇。臣今天冤死，永别君亲，到地下实在是羞见众贼！"李渊看见奏章十分惊愕，批示"明天大臣当朝质询此事，你应早来"。

当天，秦王暗中联系执掌宿卫部队的云麾将军敬军弘、中郎将吕世衡和玄武门屯卫将军常何等人，商定在玄武门下手。玄武门是皇宫宫城北门，是出入内宫必经之路，为内廷警卫驻地。因驻屯地的原因，玄武门禁军态度向背十分关键。

张婕妤暗中知道秦王奏章大致内容，派人飞报太子。太子找来齐王商量，齐王建议称病不去并组织东宫和齐王府士兵备战。太子说："护卫军已准备妥当，我们应去见皇帝亲自听听消息。"二人万万没有想到，属下何常已被秦王收买。

六月初四一早，秦王率领长孙无忌、尉迟敬德、房玄龄、杜如晦、宇文士及、高士廉、侯君集、程知节、秦叔宝、段志玄、屈突通、张士贵等人埋伏在玄武门。（据《旧唐书·本纪第二》）

天刚亮，太子和齐王骑马来到玄武门，二人快到临湖殿，察觉形势不好，立即调转马头向东返回东宫。秦王在后大声招呼，齐王在马上拉弓想射秦王，一连三次，弓都拉不满。秦王随即开弓，一箭射死了太子。尉迟敬德率领七十名骑兵随后赶来，齐王被射下马。秦王的马跑到树林，被树枝挂住，跳不起来，齐王突然扑过来，夺下弓并用弓弦将要勒住秦王，尉迟敬德策马大声呵斥，齐王转身跑向武德殿，被尉迟敬德射死。

当时，李渊已找来裴寂、萧瑀、陈叔达等人入宫准备案验其事。

冯立，有武艺，被太子任命为禁卫部队长官翊卫车骑将军，是太子的心腹。听说太子被杀，东宫亲信大多逃散，冯立叹了一口气说："哪有活时受主人厚恩，主人死了却躲开危难！"于是便和副护军薛万彻（薛世雄第四子）、屈咥、谢叔方率领宫、府两千精兵，来到玄武门。秦王府张公谨力大，一人关上了城门，冯立等人冲不进去。云麾将军敬君弘掌管宿卫后军，驻扎在玄武门，准备挺身出战，亲信阻止他说："事变结局未知，应该缓一缓，看看事情的变化，再说，等到士兵集结完毕，列队好了再战也不晚。"敬君弘不听，和中郎将（唐置十六卫的主将助理）吕世衡迎战，都被杀死。守门士兵和薛万彻等人激战很久，薛万彻张罗着要攻打秦王府，秦王府将士听后大惊。幸好尉迟敬德拿着太子和齐王的脑袋让宫、府士兵看，他们顿时丧失斗志，四下溃散。薛万彻和数十骑兵逃进终南山，冯立已经杀死敬君弘，对他的卫兵说："足以稍稍报答太子！"便扔掉武器，逃到野外。

李渊正在海池（据阁本太极宫图：太极宫中有三海池，东海池在玄武门内之东，近凝云阁；北海池在玄武门内之西；南有南海池，近咸池殿）划船，看到尉迟敬德穿着铠甲、拿着长矛，很是吃惊，问他："今天作乱的是谁？你来到这里想干什么？"尉迟敬德回答："秦王因为太子、齐王作乱，带兵杀了他们，恐怕惊动陛下，派臣来担任警卫。"李渊对裴寂等人说："想不到今天遇到这种事，应当怎么办？"萧瑀、陈叔达说："建成、元吉本来没有参加晋阳起兵，建国以来也没有功劳，妒忌秦王功高望重，共同设下阴谋。现在秦王已带兵杀死了他俩，秦王功盖宇宙，四海之内，深受拥护，陛下如果立他为太子，处理国事，就再不会发生其事端了。"李渊说："好吧！这也是我的夙愿。"

当时宫廷警卫和秦府士兵与东宫、齐王属下的战斗还没有停止，尉迟敬德请求李渊颁布手令"各军并受秦王指挥"，李渊听从。天策府司马宇文士及自东上阁门出来宣布李渊诏令，众人才最后安定。

李渊又派黄门侍郎裴矩到东宫告诉太子将士，全部免官逐散。

李渊召来秦王，轻轻地摸着他说："几天来，几乎被没有事实依据的谣言迷惑。"秦王嚎啕大哭了好一阵子。

太子和齐王子女全部被杀，齐王金银、帛、器物，全都赐给尉迟敬德。

当初太子许诺，登基后封齐王为皇太弟，所以齐王尽死效命。众将想扩大屠杀范围，杀死李建成、李元吉一百多亲信并抄家，尉迟敬德力争不可："首罪二人已经伏诛，如果牵连到其他人，并非求安之计。"

当天朝廷下诏：大赦天下；除李建成、李元吉外，其他人一律不予追究；朝廷事务，均由秦王处置。

六月初五，冯立、谢叔方前来请罪，李世民说："你在东宫，私下离间兄弟，第一罪；当天再次率兵来战，杀伤我的将士，第二罪。怎么可能逃脱一死！"冯立回答："委身奉主，只图为主尽忠效命。为主人挺身而战的时候，没有考虑那么多。"于是趴在地上哽咽抽泣，悲不自胜。薛万彻被李世民多次派人召还，才从山中出来，李世民说"这些人是忠心事主的义士"，全部释放。

冯立对亲信说，"遇见莫大之恩，侥幸得以不杀，终当以死报答。"不久，突厥侵掠便桥，冯立率数百骑兵在咸阳打败突厥兵，太宗赞叹，拜广州都督。薛万彻后来还娶了丹阳公主。

当初，魏徵劝太子及早除掉秦王，等到李建成被杀，李世民找来魏徵，严厉地质问他为何离间他们兄弟，在场众人无不惊惧，魏徵举止如常，说："先太子若早听我的话，必无今日之祸。"李世民平时就看中魏徵才华，听后不怒而喜，以礼相待，引为詹事主簿。

李世民还召回流放的李建成心腹王珪、韦挺，任为谏议大夫。

六月初七，李渊立李世民为皇太子，下诏说："自今往后，军国众事，无论大小，一律委托太子处理决定，然后上奏。"李世民开始了实质的执政生涯，命令放出禁苑鹰犬，停止四方贡献，听取群臣意见，政令简肃，朝野上下大悦。

李世民十分优待其他兄弟，分封到全国，连纨绔子弟李元婴都被封了滕王。

李渊诸子命运迥异：

隐太子李建成和四子李元吉，玄武门之变被杀；第二子，秦王李世民，玄武门之变后登基，为唐太宗，创造"贞观之治"；第三子，卫王李玄霸，即李元霸，早夭；第五子，楚王李智云，晋阳起兵后被阴世师所杀，年十四岁；第六子，荆王李元景，因参与房遗爱谋反，被高宗赐死；第七子，汉王李元昌，怂恿太宗太子李承乾作乱，被太宗赐自尽于家；第八子、第九子，酆王李元亨、周王李元方，早死；第十子，徐王李元礼，恭谨善骑射，高宗咸亨三年病死；第十一子，韩王李元嘉，其母宇文昭仪，是隋左武卫大将军（隋左右武卫、左右武候，各置大将军，为禁军官级将领，纯系军职）宇文述之女，于李渊登基后所生诸子中最受宠爱，武则天临朝称帝，

/ 第六章 / 高祖禅位，秦王登基 /

因与儿子通州刺史、黄公李撰及越王李贞父子起兵反对武后，失败被杀；第十二子、第十三子，彭王李元则、郑王李元懿，高宗时期病死；第十四子，霍王李元轨，少时多才艺，反对武则天被杀；第十五子、第十六子、第十七子，虢王李凤、道王李元庆、邓王李元裕，高宗时期病死；第十八子，舒王李元名，十分高傲，名性高洁，永昌年间，和儿子李亶一起被丘神绩所陷害，被杀；第十九子，鲁王李灵夔，精通音律，武后临朝，想起兵响应越王李贞父子，事情泄露，被流放振州，自缢而死；第二十子，江王李元祥，性格贪婪，为官吏所患，永隆元年死；第二十一子，密王李元晓，上元三年死；第二十二子，滕王李元婴，高祖最幼子，骄纵逸游，常触犯法规，高宗曾经专门下诏斥责他。李元婴在文明元年去世，陪葬献陵。自第七子后的十五位皇子都是李渊退位后所生。

八月，李渊正式传位太子，以太上皇身份徙居大安宫，不再预闻国事。贞观九年（635年）五月，李渊病死，时年七十，葬于献陵（在今陕西三原）。

真正的唐帝国时代，一个治世的贞观时代，从此开始了。

3. 神文圣武登帝位

李世民，高祖李渊次子，隋开皇十八年（598年）十二月二十二日，生于武功（今陕西武功）李家别馆。因为出身于关陇贵族集团，李世民从小娴习武艺，所用的箭比通常的要大一倍，能在百步之外"射洞门阖"。

李世民为人聪明机智，豪爽有见识。

"玄鉴深远，临机果断，不拘小节，时人莫能测也。"（《旧唐书·本纪第二》）

李世民还喜好文学，有诗作与墨宝传世，如《温泉铭》《晋祠铭》等。

大业十一年（615年），炀帝被困雁门，下诏勤王，李世民应募从军，隶属屯卫将军云定兴部。李世民认为突厥敢于围困皇帝，一定是判断隋军仓促之际不能增援，如果隋军白天旗帜相连，夜里鼓声相应，突厥人认为救兵云集，定会撤退，否则敌众我寡，若突厥全军来战，援军一定打不过。云定兴采纳了这个建议。

大业十二年（616年），李渊与甄翟儿在雀鼠谷作战，李世民率领骑兵冲锋陷阵，使李渊大破敌军。

大业十三年（617年），李渊晋阳起兵，进军关中。李世民与父、兄等人登上群雄逐鹿中原的舞台，在建立李唐王朝过程中东征西讨，发挥了重要的作用。

武德元年（618年），李渊即位，任李世民为尚书令、右翊卫大将军，封秦王，后以其攻灭陇右薛举的战绩，拜右武候大将军、太尉、使持节陕东道大行台尚书令。刘武周南下侵占太原，关中震骇，李渊准备丢弃河东之地，李世民请命，统军大破刘武周，收复旧地，拜为益州道行台尚书令。旋即，李世民率军东征，一举消灭了洛阳王世充和河北窦建德两大劲敌，奠定了唐朝统一全国的基础。

武德四年（621年）六月，唐军凯旋。李世民身穿金甲，一万铁骑列阵，三万甲士跟随，在太庙行献俘之礼。

李渊因现有官名无法与李世民之功相称，便以天策上将封之，位在三公之上。天策，原是星名，即傅说星。李世民之后，终唐未再以此官封他人。

武德五年（622年），李世民东出河北打败刘黑闼，加拜左右十二卫大将军。

李世民战功卓著，威胁到太子地位。李渊虽重视有功的次子，但一直自觉或不自觉地维护李建成的地位。

武德九年（626年）六月初四，李世民发动玄武门之变，诛杀李建成，夺取皇太子地位。八月初九，李渊禅让皇位，李世民在东宫显德殿称帝，史称太宗，开始了他辉煌的皇帝生涯。第二年正月初一，改元"贞观"。

"贞观"两字取自《易经·系辞下》，天地之道，贞观者也。南宋朱熹解释最为恰当，贞，正也，观，示也。天地之道，在于正也，"贞观"即以正示人之意。

当时朝廷的执政团队包含各类成员，有隋朝旧官、义军将领，还有降唐群雄与原太子集团的重要人物，各种政治力量，都需要以太宗为中心进行重新组合。

太宗即位，必须处理的第一个大问题，便是如何处置武德时期的宰相班子。

唐初，门下省议事之地称政事堂，人员以尚书令、左右仆射、侍中、中书令组成，均称宰相。武德时期九年计有宰相十二名，除李世民和李元吉外，其余为裴寂、刘文静（武德元年除名）、窦威（武德元年逝）、窦抗（武德元年罢）、陈叔达、封德彝、杨恭仁、萧瑀、裴矩、宇文士及。

玄武门之变时，除李世民外，宰相有尚书左、右仆射裴寂、萧瑀，中书令封德彝和杨恭仁，纳言陈叔达，侍中李元吉和宇文士及。

太宗掌权后对此立即调整，任高士廉为侍中、房玄龄为中书令，以亲附于己的尚书右仆射萧瑀为尚书左仆射，以长孙无忌、杜如晦分别为吏、兵部尚书，罢杨恭仁相位。之后，又以宇文士及为中书令，封德彝为尚书右仆射。通过调整，秦王心腹高士廉、房玄龄任宰相，长孙无忌、杜如晦掌握尚书省最重要的吏、兵部权力。此外，李世民又提拔杜淹为御史大夫，任用魏徵、韦挺等人为谏议大夫。新补充之人各尽其才，更重要的是能以太宗为中心，把政令贯彻全国。

太宗接下来罢黜了宰相裴寂。裴寂因参与太原起兵密谋，武德时期是高祖身边最亲近的第一号人物。他与太宗却有积怨，一是在刘文静事件上发生过严重分歧，太宗对此耿耿于怀；二是在皇位之争中，他站在李建成一边，这是矛盾的焦点；三是治理国家的政策不符太宗心意。太宗曾斥责他说："武德年间政令刑罚失误，朝廷纲纪松弛紊乱，都是你的缘故。"由于以上原因，太宗罢免裴寂宰相职务，但方式较为和缓。武德九年，加封裴寂一千五百户，定其功臣排位第一。

贞观三年（629年），裴寂因受沙门法琳事件牵连，被免官放归本乡，他还想住在京师，太宗斥责他说："算一算你的功劳，不至于居此高位，只是因为皇恩浩荡，才特意让你位居第一。"于是裴寂被赶出长安，回到家乡蒲州。

不久，有人说"裴公有天命"，裴寂惊慌害怕，不敢奏报太宗，却私自派人杀了那人。太宗知道后大怒，宣布裴寂死罪四条：位列三公而与妖人亲密；事发之后负气忿恨，称国家有天下是其所谋；妖人说他有天命，隐瞒不报；私自杀人灭口。太宗说，"我杀你不是没有借口"，但是裴寂仍被宽大处理，被流放到静州（今广西昭平）。贞观六年，裴寂病死。

同年，太宗追复刘文静官爵，以其子刘树义袭封鲁国公。

太宗在罢免高祖旧臣同时，进一步任贤选能。贞观元年（627年），太宗说："致治之本，唯在于审。量才授职，务省官员。故《书》称'任官惟贤才'，又云：'官不必备，惟其人。'若得其善者，虽少亦足矣；其不善者，纵多亦奚为？"

贞观三年二月，太宗任命房玄龄、杜如晦为尚书左、右仆射，王珪为侍中，中书令李靖为兵部尚书，魏徵参与朝政，形成了以房、杜二人为中心的宰相班子。

在整个贞观时期，太宗最亲密和最信任的是他的内兄长孙无忌。

长孙无忌出身北魏世族，少年时和太宗关系很好。他在长春宫参加了高祖向长安进军的队伍，事实证明，他是个很有才能的战略家，常随太宗征伐四方。作为太宗心腹,他帮助太宗策划并亲自参加了"玄武门之变",太宗即位后,长孙无忌被任为尚书右仆射,成为宰相,其妹成为皇后。

长孙无忌最受尊崇,太宗特许他出入宫禁,不受限制。一次,他问同僚"富贵何如越公",自谓只有一处不及,"越公之贵也老,而无忌之贵也少"。由于权势过大,他曾被指控为擅权并被迫辞职。从贞观七年(633年)到太宗去世前两年,他是群臣中享有最高的称号(虽然是名誉性的)、唯一的正一品大臣司空。

贞观十七年(643年),太子李承乾被废,太宗欲立晋王李治而同时又喜爱魏王李泰,他以个人的巨大影响解决了储位之争,使之有利于未来的高宗。从贞观十九年(645年)直到太宗晚年,他再度执掌门下省和尚书省大权,并负责修订律令。太宗死后,在他的指导下完成了这项工作。

他和褚遂良同受太宗顾命,太宗临终时告诉太子:"有无忌、遂良在,你勿忧天下!"太宗盛赞长孙无忌,并要求褚遂良在太宗死后保护长孙无忌免受伤害。

长孙无忌对太宗的终生忠诚及姻亲关系,使他特别受到太宗的器重,成为贞观群臣中最有影响的人物。

太宗群臣中的第二号人物是房玄龄。

房玄龄出身齐州(大业初改齐州置郡,武德元年又改齐郡为州,今山东济南)临淄士族,十八岁考中进士,做过隋朝的隰城尉。太宗徇地渭北时成为秦王府僚。他长期追随太宗,每次出征得胜,别人寻求珍宝,他总是网罗人才,引入秦府。房玄龄和长孙无忌一同策划"玄武门之变",当上尚书左仆射后,他"虔恭夙夜,尽心竭节,不欲一物所失"(《旧唐书·房玄龄传》)。他谋国有功,治国有功,起草诏令,驻马立成,言约意丰,不需草稿。

房玄龄是一个卓越的实干家,荐举了一批高层官员,"不以求备取人,不以己长格物,随能收叙,无隔疏贱"(《旧唐书·房玄龄传》)。他做尚书左仆射十三年,是太宗一朝任期最长的宰相。他是一位特别讲求实际和正直的大臣,影响比魏徵更大,因为魏徵的道德谏诤,有时被束之高阁,而"勋高情旧,望重寄深"的房玄龄则在必要时自动让步,顺从太宗。他务实而又深得人心,公正宽厚,施政稳健,深为太宗和臣下欢迎。他谦柔而没有很大野心,是朝廷安定的基石,特别在太宗晚年,是仅次于长孙无忌的朝中重臣。

太宗打算赐给房玄龄一个美人,房夫人性格至妒,坚决不同意,太宗告诉她"不妒而生,宁妒而死",房夫人选择"妒",太宗便赐给一杯假毒酒,房夫人一饮而尽,无所犹豫,太宗只好说:"我都怕见,何况玄龄。"

与房玄龄齐名的杜如晦,京兆杜陵人,出身西北望族,在隋代做过滏阳尉。高祖建唐,他成为秦王府僚。杜如晦聪明识达,深受重用,是太宗夺取政权、开创贞观之治的主要谋臣之一。他参与"玄武门之变",拜为兵部尚书,封蔡国公。太宗十分相信他的决断力,对房玄龄说,所有重大决策都需要杜如晦拍板。他和房玄龄取长补短,共掌朝政,决定台阁规模及典章文物,时人称为良相,史称"房谋杜断"。二人都是命世之才,房知杜能断大事,杜知房有好办法,又恰逢识人善任的太宗,以至配合默契。不幸的是他于贞观四年(630年)病重而亡,年仅四十六岁。

和"房谋杜断"的宰相形成鲜明对比的是敢于谏诤的魏徵,他成为太宗时期政治特色的一个象征,这个特色就是君臣以诚相待,彼此坦率地交换意见。

另一个大臣是倔强而难以相处的萧瑀,他是李渊舅舅的女婿。

萧瑀是太宗时继续任职的高祖少数大臣之一,主要发挥监察得失的御史作用。他经常吹毛求疵,并与同僚们争吵,终于触怒太宗,被免除宰相之职。他任御史大夫,后来又几次出任宰相。太宗尊重

第六章 / 高祖禅位,秦王登基 /

他似乎是由于他的行政经验，但更重要的是他廉洁和耿直的品质。在整个太宗执政时期，他依然是一个有权势的人物，身上有一股刚正不阿的品质。

太宗晚年，魏徵死后，南方人褚遂良备受重用。

褚遂良是一个天才的学者、有名的书法家和历史学家，执掌起居注时，以抵制太宗影响起居注内容的企图而闻名。对内主张温和，对外反对扩张。贞观二十一年（647年），当上宰相。太宗临终时，他和长孙无忌同受顾命。他在朝廷上有很高的个人威信，一直持续到高宗时期。

太宗朝还有两个有影响的武将。

排名第一的是李靖。

李靖的祖父和父亲是北魏和隋的刺史和郡守。李靖性格沉厚，少有文武才略，舅舅韩擒虎十分欣赏他。在隋为官，牛弘和杨素都看好他，杨素拍着他的床说"卿终当坐此"。他是追随太宗最久的僚属。李靖在长安被高祖占领后免死投唐，高祖以"既往不咎，何忧何惧"勉励，其后领军平萧铣、擒辅公祐，称之"韩白卫霍不能及"。太宗即位，历任刑部尚书、中书令、兵部尚书，因灭突厥、擒颉利之功拜尚书右仆射，贞观四年至八年，和房玄龄共管尚书省。贞观八年（634年）加授特进（位同三公）引退，次年，又率军击败吐谷浑。妻子死后，坟前筑阙似突厥的燕然山和吐谷浑的积石山，以表彰他的特殊功勋。虽屡遭谮毁，但持续影响太宗，直到贞观二十三年（649年），七十九岁去世为止。

另一个是才兼文武的更年轻的李勣。

李勣本名徐世勣，高祖赐姓李，永徽中避太宗讳改为李勣。李勣少年时从翟让入瓦岗寨，献策劫取运河官私船只，与王伯当共同说服翟让推李密为主，后随李密归降洛阳杨侗政权，李密投唐后，坚持以李密部下的身份率十郡归唐，以示不忘故主，被高祖称为"纯臣"。

李勣行军打仗，运筹帷幄，临敌应变，动合事机。李勣随李世民平窦建德、王世充、刘黑闼、徐圆朗，复与李靖破辅公祏、防御突厥。李勣在并州任行军总管，负责北边防御十六年，突厥十分畏惮他，太宗称赞李勣胜过"数千里长城"。

贞观十五年（641年），李勣率军远征并大败薛延陀。贞观十七年，李勣成为太子李治的太子詹事，做了宰相。

虽然李勣贵为宰相，姐姐有病，他仍旧亲自熬粥，锅下火把胡须都烧着了，他姐姐说，仆人很多，不必自苦这样，他说："岂是无人干活儿啊，是想到姐姐年老，我也年老，即使想常为姐姐做粥，还能有机会么？"

一次宴会，太宗回头看着李勣说："我要托人来照顾我的孤幼之子，思来想去没有能超过你的。你以前不忘故主李密，如今岂能负我！"李勣擦着眼泪答应，咬得手指流血。不久，李勣大醉，太宗把御服盖在他的身上。还有一次，李勣得了暴病需胡须灰入药，太宗剪掉胡须为他和药。由此可见，李勣深受太宗信任。

贞观十八年（644年），李勣随太宗一征辽东，破其数城。贞观二十年（646年），李勣又率军抗击薛延陀。

太宗晚年，对李勣是否能继续忠于太子非常关心，便在临终时将其贬到叠州（今甘肃迭部，下同），并告诉太子："若李勣立即赴任，我死后你用为仆射，由你亲自下诏；若其徘徊顾望，立即诛杀。"李勣受诏，没有回家，直奔叠州。

高宗总章元年（668年），李勣乘高句丽内乱再伐，攻破平壤，灭其国。

李勣为高祖、太宗、高宗三朝元老，高宗、武后时的宰相，与李靖并称名将，总章二年（669年）病逝，享年七十六岁。

除了秦府幕僚，太宗还重用了李建成集团的魏徵和王珪。

太宗安邦治国，先"西北骁武之士"，后"东南儒生"。

"以武定祸乱，出入行间，与之俱者，皆西北骁武之士。天下既定，精选弘文馆学生（士），日夕与之议论商榷者，皆东南儒生也。然则欲守成者，舍儒何以哉！"（《资治通鉴音注》·卷一九二）

太宗一生事业，武功赫赫，文治昭昭，正如其所说：

"虽以武功定天下，终当以文德绥海内。文武之道，各随其时。"

4. 屈己纳谏妩媚间

贞观四年（630年），朝廷宰相班子由房玄龄、魏徵、王珪、李靖、温彦博、戴胄等人组成。

在一次宴会上，太宗让王珪品评众人。王珪说，房玄龄孜孜奉国，知无不为；李靖才兼文武，出将入相；温彦博敷奏详明，出纳唯允；戴胄处繁治剧，众务毕举；魏徵以谏诤为己任。王珪认为自己激浊扬清，嫉恶好善。

纳谏，是皇帝对臣下的极大尊重，臣僚必然竭力效忠皇帝，这是儒家思想"君使臣以礼，臣事君以忠"的具体表现。

孙伏伽认为，天子有诤臣，虽无道也不会亡国。

太宗与魏徵的关系，就是这种思想的典型，成为千古明君诤臣的杰出榜样。

魏徵出生在一个小官吏的家庭，父亲为北齐屯留（今山西屯留南）令。魏徵幼年丧父，家道中落，生活贫困，因不事生产，便做了道士。但他胸怀大志，博览群书，见隋末天下渐乱，便开始研究纵横之学。

大业末年，武阳（今河北大名）郡丞元宝藏举兵叛隋以应李密，让魏徵典掌文书。李密每次见到元宝藏所呈条陈，十分欣赏，后来听说是魏徵所写，立即找来任为元帅府文学参军（负责文书的属官）。

魏徵进献十条奇计，李密没有采用。

武德元年（618年），李密兵败，入关降唐，魏徵跟着到达长安，在被冷落很久后，自请安抚山东各地，到黎阳，劝徐世勣"谁无善始，终之虑难。去就之机，安危大节"，使之降唐。

不久，窦建德南下攻陷黎阳，俘获魏徵，任为负责记录帝王诏命的起居舍人。

武德四年（621年），窦建德在汜水被擒，魏徵又做了李建成的太子洗马（掌东宫图籍）。

魏徵为提高太子声望，建议太子亲征刘黑闼，又提议及早除掉秦王。

武德九年（626年）六月，玄武门之变后，李世民责问魏徵，魏徵表现出惊人的直率。李世民器重他的才干与耿直，决定收抚这个倔强坦率的人，任为自己的詹事主簿（东宫官署詹事府属官，掌印及勾检稽失）。

原太子及齐王党羽逃匿民间，虽有赦令，犹不自安，李世民便派魏徵宣慰山东，允其便宜行事。

魏徵到达磁州（今河北邯郸磁县），遇上州县押送前东宫千牛李志安、齐王府护军李思行去京师，他没有顾虑有可能被误解，认为既然自己被皇帝以国士看待，应以国士回报朝廷，便命令释放羁押之人，李世民对魏徵不顾嫌疑、忠心奉国十分高兴。李世民即位后，任其为谏议大夫，成为门下省负责谏谕得失的官员。

贞观元年（627年），太宗令谏官随宰相入阁平章（商量处理）国计，谏臣有所开说，太宗定虚心采纳，群臣奏书中的裨益之处，也贴于寝殿墙上坐卧观看。

魏徵备经丧乱，阅历丰富，遇事无所屈挠，深为太宗器重。

太宗屡次把魏徵找进卧室，询问政事得失，魏徵以知己之遇、思竭其用，知无不言。不久，魏徵升为尚书左丞，后以秘书监身份

第六章 / 高祖禅位，秦王登基 /

参议国事。

贞观二年（619年），魏徵劝太宗兼听纳谏，举了唐、虞和秦二世、梁武帝正反两方面的例子，提出"皇帝之所以明，兼听；其所以暗，偏信"的观点。魏徵说，"君，舟也；人，水也。水能载舟，亦能覆舟。"皇帝要爱惜民力，防止劳烦百姓。当年，高昌王麴文泰要来长安朝见，西域诸国也想遣使献贡，魏徵说："国内刚稳定，战争创伤尚未恢复，如果劳役渐兴，会让百姓不安。以前麴文泰入朝，所经州县都不能保障供奉，何况现在。"太宗便下令追回去迎接的使者。

贞观三年（629年）四月，太宗下诏强调中书门下要对皇帝诏敕提出建议。

"中书、门下，机要之司。擢才而居，委任实重。诏敕如有不稳便，皆须执论。比来惟觉阿旨顺情，唯唯苟过，遂无一言谏诤者，岂是道理？若惟署诏敕、行文书而已，人谁不堪？何烦简择，以相委付？自今诏敕疑有不稳便，必须执言，无得妄有畏惧，知而寝默。"（《贞观政要·卷一·论政体》）

魏徵坚持凡事应以制度为准绳，不以贵贱亲疏而移易。他认为"如果赏不论疏远，罚不避亲贵，以公平为规矩，以仁义为准绳，则善恶自分"。

曾是秦王府僚的濮州刺史庞相寿因贪污被撤职，被太宗宥免。魏徵立即指出，秦王幕府旧人众多，若人人恃恩为所欲为，影响不好。太宗欣然改正。

有一次，太宗住在九成宫，有宫人还京，在沣川县官舍休息，不久，右仆射李靖、侍中王珪随后到达，沣川县把宫人转移到别的房间而让李靖等人住宿。太宗知道后十分生气，说："威福之权，怎能由李靖把持？为什么尊礼李靖而轻慢我的宫女？"要追究沣川县吏和李靖等人责任。魏徵劝道："李靖、王珪，陛下心腹大臣；宫女，皇后打扫卫生的奴仆。大臣到地方，官吏要咨询朝廷法度；回来，陛下要询问民间疾苦。官舍本是李靖会见官员的地方，官员不能不拜见大臣。宫女不一样，服务饮食之外没必要参见侍候。以此问罪县吏，恐怕天下闻之惊骇。"太宗醒悟，按下此事不问。

贞观四年（630年），太宗修建乾元殿之事引起群臣激烈争议，给事中（门下省掌读署奏抄、驳正违失之官）张玄素上书切谏，说百姓在隋末大乱后，财力凋尽，日常生活"饥寒犹切，生计未安"，说太宗修建宫殿所费亿万远远超过炀帝，太宗尽管十分生气，还是停建，高度评价其"众人之唯唯，不如一士之谔谔"。

贞观五年（631年），治书侍御史权万纪与李仁发因为告发别人过失得到太宗恩宠，因此他俩更有恃无恐、任意弹劾。魏徵直言批评太宗，"陛下不是不知他们坏到极点，而是因其能无所避忌，想以此来警戒群臣。然而他们挟恩依势，逞其奸谋，凡所弹劾，都非有罪。陛下纵然不能提倡忠诚以激励群臣，奈何宠爱小人以自损名声！"太宗默然不语，后来觉得他说的有理，赏赐五百匹绢。

贞观六年（632年），太宗与侍臣讨论政事，魏徵认为求谏不如贞观之初，贞观初年，太宗志在节俭，求谏不倦，现在营缮工程稍多，劝谏的人"颇有忤旨"，"不倦"与"忤"，这就是前后差别，太宗听完拍手大笑说："确有这事。"

当时文武百官认为盛世君王都举行封禅，多次请求太宗东封泰山，只有魏徵不同意。他说尽管太宗功高德厚，国泰民安，四夷宾服，然而经历隋末丧乱，民生未复，仓储尚虚，皇帝车驾东巡，千乘万骑，沿途饮食供给靡费众多。由于赶上河南、河北数州水灾，封禅之事暂停。

八月，长乐公主下嫁，太宗以公主是长孙皇后所生，嫁妆比高祖永嘉长公主增加一倍。魏徵规劝，长公主地位比长乐公主尊贵，嫁妆不应超过长公主。长孙皇后听后，钦佩魏徵刚直敢谏，亲自去魏徵家赐帛五百匹，颇有感触地对太宗说：

"尝闻陛下重魏徵，殊未知其故。今闻其谏，实乃能以义制主之情，可谓正直社稷之臣矣。妾与陛下结发为夫妇，曲蒙礼待，情义深重，每言必候颜色，尚不敢轻犯威严，况在臣下，情疏礼隔，故韩非为之《说难》，东方称其不易，良有以也。"
（《旧唐书·后妃传》）

一次，太宗在九成宫大宴近臣，长孙无忌说："王珪、魏徵以前跟着李建成，我看到他俩就像见到仇人，不想今天在一起吃饭。"太宗说："魏徵以前确是仇人，但他尽心做事，也有值得称道之处。每每犯颜切谏，不许我做错事，这是我所看重的。"魏徵回答："陛下导之使言，臣所以敢谏；若陛下不受臣谏，岂敢数犯龙鳞，触碰忌讳？"太宗的开明是臣下敢于直谏的重要原因，魏徵一语点破。

贞观八年（634年），中牟丞皇甫德参上书说"修建洛阳宫，劳人；收取地租，厚敛；民俗喜好高髻，受宫中影响"，太宗大怒，认为皇甫德参是想要"国家不役一人，不收斗租，宫人都无头发"，欲治其讪谤之罪。魏徵劝道，昔日汉朝贾谊上疏汉文帝之所以说"可为痛哭者三，可为太息者五"，实际是以激切言辞以引起皇帝警觉，若其是狂人之语，皇帝可圣裁之后再做决断。太宗醒悟，"我要是责罚他，今后还有谁再敢说话。"

长孙皇后听说荥阳望族郑仁基的女儿漂亮有才华，想为太宗纳为充华（帝王之妾美称），册封礼仪准备停当之际，有人说郑家女已许配人家。魏徵劝太宗，"陛下有大房子住，就想让百姓也有家；陛下吃山珍海味，就想让百姓也吃饱饭；陛下有很多嫔妃，就想让百姓也娶上媳妇。现在，郑家女已许配人家，陛下要娶进宫中，还是为人父母的天子行为？"太宗听后，不再册封郑家之女。

贞观十年（636年），文德皇后下葬后，太宗在宫苑建造一座高楼，以眺望昭陵。有次和魏徵同登，魏徵仔细看后说："臣老眼昏花，什么也看不见。"太宗指给他，魏徵说："这是昭陵吗？"太宗说：

"是。"魏徵说:"臣以为陛下在望献陵,若是昭陵,我本来也看得见。"太宗哭了,拆了这座高楼。

不久,朝廷修定五礼,应封一子为县男,魏徵请封哥哥的孤子魏叔慈,太宗伤感地说:"这可以勉励世人。"

贞观十一年(637年),侍御史马周上疏认为民役过繁,百姓发出牢骚,太宗便停止制造器物。太宗曾让人在益州(今四川成都)和北门分别制造绫锦、金银器具,魏徵认为制作锦绣织品妨碍女性劳动,制作金银器物妨碍农业生产,这些奢侈之物,古人会扔到深潭或在路口焚烧,而太宗喜爱这些,他感到耻辱。

太宗东巡洛阳住在显仁宫,因招待不好,责备了很多人。魏徵认为太宗渐生奢侈之风,举了炀帝大事奢靡而导致亡国的例子,指出"令人悔为不奢"是一个危险的导向,给太宗敲了一下警钟。

贞观十二年(638年),太宗得个皇孙,席间说:"贞观以前跟着我平定天下,房玄龄功劳第一;贞观之后尽心于君,献纳忠说,安国利民,犯颜正谏,匡正我的过失,只有魏徵。古代名臣也比不上他。"于是亲解佩刀赐给二人。

贞观十三年(639年)五月,魏徵借着太宗让五品以上官员奏事之机,全面地、系统地总结了政事不如贞观之初的事实,这就是著名的《十渐不克终疏》。

贞观十四年(640年),魏徵劝太宗纳谏要善始善终,"很多帝王创业之初,一定自戒谨慎,听取谏诤,然而一旦天下安定,则喜欢奉承,不愿听别人劝谏。"

太宗有两大嗜好,骏马和狩猎。宫中饲养的一匹骏马无病而死,太宗要杀养马夫,皇后举了晏子谏齐景公的故事劝解。有边臣去边境为太宗寻找猎鹰,凉州都督李大亮拒绝之后报告太宗,得到表扬。太宗曾得到一只俊美异常的鹞,放在手臂上,看见魏徵来了,便藏在怀中,魏徵也看到了,故意上前汇报事情,谈论帝王逸乐之事,说了许久，太宗心疼鹞要被闷死，但也十分尊重魏徵，魏徵说个不停，最终那只鹞死在太宗怀中。唐俭跟随太宗在洛阳苑打猎，一群野猪冲出树林，太宗四箭射倒四只，一只野猪跃起直奔马镫，太宗拔剑砍死野猪，回头嘲笑唐俭，作为天策长史看见上将军击贼却感到害怕，唐俭说："汉高祖马上得天下，不以马上治天下。陛下神武平定四方，岂能拿杀兽开心？"太宗听后，从此不再打猎。

太宗屡次以宦官充任使者出京，宦官回来后妄加弹劾。魏徵说："太监地位虽低，但常在皇帝左右，他们进言，皇帝轻而易信，若暗中诽谤，为患特深。您是明君，无可顾虑，但为子孙着想，不可不在源头禁止。"太宗听后高兴地说："不是你，我上哪里听到这样的话！"唐朝后期宦官专权，恰好印证了魏徵预言。

贞观十六年（642年），魏徵染病卧床不起，又上言数事，对太宗"常以至公为言，退而行之，未免私辟"的言行不一的做法提出了批评。

贞观十七年（643年）正月，魏徵病情恶化，太宗和太子两次亲临探望，许以衡山公主下嫁其子魏叔玉。十七日，魏徵病逝，时年六十四岁，赠司空、相州都督，谥为"文贞"，陪葬昭陵。

魏徵死后，太宗悲恸至极，登楼望丧痛哭，亲为撰写碑文。

太宗说："人以铜为镜，可以正衣冠；以古为镜，可以见兴替；以人为镜，可以知得失。魏徵去世，我丢了一面镜子。"

据《贞观政要》载，魏徵向太宗面陈谏议五十次，呈送奏疏十一件，前后两百余件，数十万字。其次数之多，言辞之激切，态度之坚定，历代诤臣难以至此。魏徵劝谏，有时弄得太宗面红耳赤，甚至下不了台，但太宗清醒地认识到，魏徵谏诤是忠心奉国，有助匡正失误，因此感慨，"人说魏徵举动疏慢，我但觉妩媚"。

太宗绘二十四功臣图像于凌烟阁，魏徵下有诗一首：

劲条逢霜摧美质，台星失位夭良臣。唯当掩泣云台上，空对余形无复人。

太宗对魏徵的特殊礼遇引起了某些人的嫉妒，说魏徵将谏诤之语抄录给史官褚遂良，太宗十分生气，取消了衡山公主的婚约，下令推倒了亲自书写的墓碑。

贞观十九年（645年），太宗亲征辽东，战士死伤数千，战马损失十分之七八，太宗后悔之余，慨然叹息说："若魏徵在，一定不使我有此一行。"随即派人为魏徵重新立碑。

太子右庶子高季辅曾上疏得失，太宗赐予钟乳一剂，说"卿进药石之言，故以药石相报"。

裴矩辅佐隋炀帝时虽居高位却"无所谏诤，但悦媚取容而已"，投唐以后，一反常态，如不同意太宗所为，都直言批评，极力劝阻，颇受太宗赞赏。

司马光说，"君明臣直。裴矩佞于隋而忠于唐，非其性之有变也；君恶闻其过，则忠化为佞，君乐闻直言，则佞化为忠。"

太宗屈己纳谏，可称一代名君。

贞观朝谏事一览表

时间	分序	总序	谏事内容	史料依据
武德九年（626年）八至十二月	1	1	孙伏伽辨元律师法不当死	《通鉴》卷195
	2	2	萧瑀劝上毋得轻敌辄出	《通鉴》卷191
	3	3	封同人谏上教射士卒于殿庭	《通鉴》卷192
	4	4	封德彝谏遍封宗子	《旧唐书·宗室传》
武德九年（626年）八至十二月	5	5	魏徵谏点中男及不足十八者入军	《贞观政要》卷2
	6	6	裴矩谏试赂吏而欲杀之	《唐会要》卷40
	7	7	张玄素谏人主自专庶务	《新唐书·张玄素传》
	8	8	张蕴古进《大宝箴》讽上居安思危	《通鉴》卷192
	9	9	魏徵谏关东给复事	《魏郑公谏录》卷1

续表

时间	分序	总序	谏事内容	史料依据
贞观元年（627年）	1	10	戴胄议柳雄等诈冒资荫据法当流	《通鉴》卷192
	2	11	崔善为谏户殷处民得徙宽乡	《册府元龟》卷486
	3	12	戴胄谏诛监门校尉	《贞观政要》卷5
	4	13	长孙后谏以无忌为宰执	《旧唐书·后妃传》
	5	14	魏徵谏发江岭兵讨冯盎、谈殿	《通鉴》卷192
	6	15	孙伏伽谏驰射	《旧唐书·孙伏伽传》
	7	16	张行成言人主四海为家不当以东西为限	《旧唐书·张行成传》
	8	17	李乾祐论裴仁轨私役门夫罪不至死	《通鉴》卷192
贞观二年（628年）	1	18	魏徵论君臣一体不当唯事形迹	《旧唐书·魏徵传》
	2	19	房玄龄言理国在于公平正直	《贞观政要》卷5
	3	20	侍臣谏上吞蝗	《唐会要》卷44
	4	21	魏徵讽谏怒杀卢祖尚事	《通鉴》卷193
	5	22	魏徵言兼听杜谗事	《贞观政要》卷1卷6
	6	23	王珪言治国当用经术士	《贞观政要》卷1
	7	24	王珪谏以庐江王妃侍侧	《旧唐书·王建传》
贞观二年（628年）	8	25	温彦博、王珪谏以祖孝孙教宫人音乐	《唐会要》卷58
	9	26	杜正伦劝上慎言	《旧唐书·杜正伦传》
	10	27	李百药谏后宫过多	《通鉴》卷193
	11	28	魏徵、李百药谏封建事	《文献通考》卷275
	12	29	杨文瓘、魏徵论叱叱奴鹭据律不合决死	《唐会要》卷58

续表

时间	分序	总序	谏事内容	史料依据
贞观三年（629年）	1	30	孔颖达言人主自矜拒谏之害	《贞观政要》卷6
	2	31	李大亮谏遣使求鹰	《通鉴》卷193
	3	32	魏徵谏以侯君集推向房玄龄、王珪	《面会要》卷81
	4	33	魏徵谏庞相寿贪污而上欲还旧任事	《通鉴》卷193
	5	34	魏徵谏罪长安县令王文楷	《唐会要》卷58
贞观四年（630年）	1	35	张玄素谏修洛阳宫	《大唐新语》卷2
	2	36	魏徵谏迎西域使入贡	《通鉴》卷193
	3	37	李大亮谏绥远致弊事	《旧唐书·李大亮传》
	4	38	魏徵、杜楚客谏以河南地处突厥降者	《唐会要》卷73
	5	39	窦静谏处突厥河南并请屯田事	《大唐新语》卷3
贞观五年（631年）	1	40	魏徵谏宠权万纪等告讦大臣	《通鉴》卷193
	2	41	戴胄谏修洛阳宫	《旧唐书·戴胄传》
	3	42	执失思力谏上逐鹿兔于后苑	《通鉴》卷193
	4	43	魏徵谏受林邑、新罗所献鹦鹉美人	《通鉴》卷193

续表

时间	分序	总序	谏事内容	史料依据
贞观六年（632年）	1	44	魏徵谏封禅	《大唐新语》卷13
	2	45	马周上书言崇奉大安宫、亲祀宗庙等五事	《旧唐书·马周传》
	3	46	姚思廉谏九成宫之行	《通鉴》卷194
	4	47	魏徵谏长乐公主出降资送逾制	《旧唐书·魏徵传》
	5	48	魏徵谏案验李靖、王珪及洧川县官属	《大唐新语》卷1
	6	49	魏徵谏营缮及责谏者事	《唐会要》卷52
	7	50	魏徵论择官才行事	《通鉴》卷194
	8	61	长孙后谏记恨魏徵廷折而怒不平事	《大唐新语》卷1
	9	52	马周言流内九品以上官考课不当限于中上	《唐会要》卷81
贞观七年（633年）	1	53	魏徵谏杖解薛仁方	《贞观政要》卷2
	2	54	虞世南谏上作艳诗	《唐会要》卷65
贞观八年（634年）	1	55	魏徵谏以郑仁基女为充华	《通鉴》卷194
	2	56	虞世南劝上慎终如始	《唐会要》卷43
	3	57	虞世南请因灾理冤狱	《旧唐书·虞世南传》
	4	58	皇甫德参上琉言收租及宫中奢风事	《通鉴》卷194
	5	59	魏徵谏治皇甫德参谤讪罪	《贞观政要》卷2
	6	60	魏徵谏深理李弘节清慎名	《贞观政要》卷5
	7	61	高季辅上封事陈帝子亲王昭穆等事	《旧唐书·高季辅传》
贞观九年（635年）	1	62	群臣谏上自诣园陵	《通鉴》卷194
	2	63	虞世南论高祖山陵制度	《旧唐书·虞世南传》
	3	64	长孙后谏赦囚度道为己祈福	《旧唐书·后妃传》

续表

时间	分序	总序	谏事内容	史料依据
贞观九年（635年）	4	65	契苾何力谏解薛万均官	《旧唐书·契苾何力传》
	5	66	颜师右谏立高祖庙于太原	《通鉴》卷194
	6	67	朱子奢谏上欲观起居纪录	《唐会要》卷63
贞观十年（636年）	1	68	魏徵谏纵越王而责大臣	《贞观政要》卷2
	2	69	魏徵谏立巢喇王妃场氏为后	《通鉴》卷198
贞观十一年（637年）	1	70	唐俭谏上逞雄心于一兽	《大唐新语》卷1
	2	71	魏徵谏作飞山宫并言得失	《旧唐书·魏徵传》
	3	72	马周上疏陈时政谏营作	《旧唐书·马周传》
	4	73	魏徵劝帝礼士	《贞观政要》卷5
	5	74	魏徵谏责怀州上封事者	《通鉴》卷195
	6	75	谢偃上封事极言得失	《旧唐书·谢偃传》
	7	76	魏徵谏责罚显仁宫官员	《贞观政要》卷8
	8	77	柳范谏责权万纪	《通鉴》卷195
	9	78	魏徵因凌敬过失言用人事	《贞观政要》卷2
	10	79	岑文本言得失	《唐会要》卷43
	11	80	魏徵谏以阉宦充外使	《贞观政要》卷5
	12	81	虞世南谏畋猎	《贞观政要》卷10
	13	82	刘洎请精简左右丞	《全唐文》卷151
	14	83	魏徵谏帝亲格猛兽	《唐会要》卷28
	15	84	刘德威论刑网苛密事	《旧唐书·刘德威传》
贞观十二年（638年）	1	85	魏徵议亲王三品礼仪事	《贞观政要》卷7
	2	86	魏徵言上不如往初	《贞观政要》卷2
	3	87	褚遂良请罢捉钱令史	《唐会要》卷91
贞观十三年（639年）	1	88	于志宁谏宗室世袭刺史	《通鉴》卷195
	2	89	魏徵谏令人自举	《贞观政要》卷3
	3	90	魏徵陈太宗渐不克终十事	《贞观政要》卷10

续表

时间	分序	总序	谏事内容	史料依据
贞观十四年（640年）	1	91	岑文本言侈不可长魏王泰宜有抑损	《旧唐书·岑文本传》
	2	92	魏徵谏以高昌为州县	《唐会要》卷95
	3	93	刘仁轨谏校猎同州	《贞观政要》卷10
	4	94	魏徵谏贬黜韦元方	《通鉴》卷195
	5	95	孙伏伽谏重罪韦悰司农寺官员	《大唐新语》卷9
	6	96	岑文本谏置侯君集狱	《旧唐书·侯君集传》
	7	97	魏徵谏以薛万均对质高昌妇女	《通鉴》卷195
	8	98	褚遂良谏穷诘张玄素门户	《旧唐书·张玄素传》
	9	99	魏徵言上宽于大事急于小罪	《通鉴》卷195
	10	100	魏徵谏上责张士贵杖吏过轻	《通鉴》卷195
	11	101	褚遂良请立高昌以为藩翰	《贞观政要》卷9
	12	102	魏徵上论六正六邪疏	《贞观政要》卷3
贞观十五年（641年）	1	103	薛颐、褚遂良谏封禅	《通鉴》卷196
	2	104	魏徵谏因立叶护可汗而市其国马	《贞观政要》卷2
	3	105	魏徵劝帝虚心听纳	《通鉴》卷196
	4	106	张行成谏人主兼行将相事	《唐会要》卷54
	5	107	魏徵谏征薛延陀	《通鉴》卷197
	6	108	魏徵谏于益州造绫锦金银等物	《唐会要》卷52
	7	109	魏徵谏责房玄龄过问北门营造事	《魏郑公谏录》卷2
贞观十六年（642年）	1	110	魏徵责帝言公而行私	《通鉴》卷196
	2	111	魏徵谏以魏王泰居武德殿	《唐会要》卷5
	3	112	褚遂良谏魏王泰给料优逾太子	《唐会要》卷4

续表

时间	分序	总序	谏事内容	史料依据
	4	113	褚遂良谏观起居注	《大唐新语》卷3
贞观十七年（643年）	1	114	褚遂良谏授皇子年幼者都督刺史	《贞观政要》卷4
	2	115	高俭、李勣谏阻特赦汉王昌	《旧唐书·高祖二十二子传》
	3	116	褚遂良谏立魏王泰为太子	《大唐新语》卷1
	4	117	褚遂良谏帝失信拒绝薛延陀	《通鉴》卷197
	5	118	长孙无忌谏立吴王恪为太子	《通鉴》卷197
	6	119	房玄龄谏征高（句）丽	《贞观政要》卷9
	7	120	姜行本谏征高（句）丽	《旧唐书·姜行本传》
	8	121	高季辅上书陈得失	《贞观政要》卷2
	9	122	刘洎谏诘难公卿言事者	《唐会要》卷54
	10	123	刘洎言太子傅保事	《唐会要》卷26
	11	124	马周谏城阳公主改适	《唐会要》卷6
	12	125	韦挺上疏陈得失	《贞观政要》卷2
贞观十八年（644年）	1	126	褚遂良谏上亲征高（句）丽	《唐会要》卷95
	2	127	刘洎请广言路	《通签》卷197
	3	128	马周谏帝以喜怒高下赏罚	《通鉴》卷197
	4	129	李大亮谏罢辽东之役	《旧唐书·李大亮传》
	5	130	褚遂良请勿受高（句）丽上贡白金	《贞观政要》卷8
	6	131	太子治谏诛穆裕	《贞观政要》卷2
	7	132	韦挺、张亮论、张仲文罪属妖言会赦当免	《唐会要》卷39
	8	133	褚遂良谏供给皇弟少于亲王	《唐会要》卷54
	9	134	许敬宗请收叙原太子宫僚	《旧唐书·许敬宗传》
	10	135	褚遂良请缓发诸道巡察使	《唐会要》卷77

第六章 / 高祖禅位，秦王登基 /

229

续表

时间	分序	总序	谏事内容	史料依据
贞观十九年（645年）	1	136	尉迟敬德谏上亲征高（句）丽	《贞观政要》卷9
	2	137	张亮谏伐高（句）丽	《旧唐书·张亮传》
贞观二十年（646年）	1	138	李道裕言张亮反形未具明其无罪	《通鉴》卷198
	2	139	张行成谏以太子从幸灵州	《新唐书·张行成传》
	3	140	褚遂良谏遣房玄龄归第	《通鉴》卷198
	4	141	褚遂良请令太子还东宫	《唐会要》卷4
贞观二十一年（647年）	1	142	崔仁师上《清暑赋》讽帝幸翠微宫	《旧唐书·崔仁师传》
	2	143	房玄龄、长孙无忌谏上哭高士廉	《通鉴》卷198
	3	144	段志冲上封事请致位太子	《通鉴》卷198
贞观二十二年（648年）	1	145	房玄龄遗表谏征高（句）丽	《通鉴》卷199
	2	146	充容徐惠上书谏征伐营作等事	《唐会要》卷30

5. 小邑犹藏万家室

贞观二年（628年），京师长安大旱，蝗虫大起，遮天盖地。

一日，太宗入苑视察禾苗生长情况，见蝗虫啃啮禾苗，便随手捉住几只，说：

"人以谷为命，而汝食之，是害于百姓。百姓有过，在予一人。尔其有灵，但当蚀我心，无害百姓。"（《贞观政要·论务农》）

太宗说着说着，就要吃掉手中的蝗虫，左右急忙劝谏："圣上不可如此，吃了恐怕引发疾病！"太宗回答说："我所期望的，正是移灾于我自己，谈什么避免疾病！"说着，立即将数只蝗虫吞入腹中。

作为一位皇帝，太宗为什么不怕灾祸，坚持吃掉蝗虫？

"以隋为鉴"是贞观年间太宗与近臣们不绝于口的话题，隋末动乱和隋朝的灭亡，给太宗留下了深刻的影响。隋朝本是一个十分强盛富庶的统一帝国，海内殷阜，可是炀帝即位不到十三年，便分崩离析，短命而亡，原因是什么呢？

用太宗自己的话来说，一是由于隋炀帝"广治宫室，以肆行幸"，所造离宫别馆，自长安至洛阳，乃至并州、涿郡，"相望道次，遍布各地"；二是"美女珍玩，征求无已"，唐军初平长安，太宗见隋宫"美女珍玩，无院不满"，可见隋炀帝是烦民慰己，欲壑难填；三是"东西征讨，穷兵黩武"。

总之，隋炀帝依仗国力富强，不顾后患，徭役不断，干戈不停，百姓无法生活，激起变乱，终至身死国灭。

贞观初年，太宗对侍臣说，作为皇帝，首要的要存活百姓，不要过分剥削。

"若损百姓以奉其身，犹割股以啖腹，腹饱而身毙。"（《贞观政要·君道》）

贞观二年，太宗又说：

"凡事皆需务本。国以人为本，人以衣食为本。"（《贞观政要·论务农》）

同年，关中大旱，百姓发生饥荒。太宗认为上天应责罚皇帝，百姓没有过错却卖儿鬻女，他心中十分痛心，便派御史大夫杜淹拿出朝廷府库金银赎回儿童，还给其父母。太宗以百姓之忧为忧，最典型的莫过于前文提到的亲食蝗虫一事。

太宗的爱民治国方针，核心便是在"国以人为本"的理论指导下，把增长人口视为治理国家的基础。

隋末战乱，人口骤减。祖君彦替李密写的檄文中提到，"万户则城郭空虚，千里则烟火断灭"。国家人口由隋朝极盛时期的近

/ 第六章 / 高祖禅位，秦王登基 /

九百万户减到唐初的不足三百万户。

太宗出兵高昌时，褚遂良描述西北地区现状时说：

"飞刍挽粟，十室九空，数郡萧然，五年不复。"（《贞观政要·议安边》）

因为百姓生产生活没有得到恢复，所以魏徵不同意太宗封禅泰山。

"今自伊、洛以东，暨乎海岱，灌莽巨泽，苍茫千里，人烟断绝，鸡犬不闻，道路萧条，进退艰阻。"（《旧唐书·魏徵传》）

发展农业生产，必须有足够的劳动力，为增殖人口，太宗采取了有效的措施。

先是尽一切努力召回流落突厥的汉人。隋末，边境地区的一些汉人为躲避战乱而离开中国，而掠夺汉族人口，对居于边境的少数民族来说也是常见之事。隋末，有相当数量的中国人流落到突厥，协助李靖防御突厥的行军副总管张公谨说：

"华人在北者甚众，比闻屯聚，保据山险。"（《新唐书·张公谨传》）

武德九年（626年）九月，太宗刚刚即位，突厥颉利可汗献给唐朝三千匹马，上万只羊，皇帝没有接受，只是要求突厥归还掠夺的中国人口。

贞观三年（629年），户部上奏说，自塞外归来的中原人加上突厥先后归附、开拓边疆设置州县而增加的人口，有一百二十余万。

贞观五年（630年）四月，唐朝用金帛赎回因隋乱流落突厥的八万中原人，遣返故乡。同年，先后归附的还有三十万党项、羌族人口。

贞观二十一年（647年）六月，太宗下诏说：

"隋末丧乱，边民多为戎、狄所掠，今铁勒归化，宜遣使诣燕然等州，与都督相知，访求没落之人，赎以货财，给粮递还本贯；其室韦、乌罗护、三部人为薛延陀所掠者，亦令赎还。"（《资治通鉴·唐纪十四》）

太宗为召回、赎回流入突厥等边境外族地区的汉人所采取的积极措施收到了很大的成效，前后流入唐朝人口近二百万人，农业劳动力短缺状况得到缓解。

太宗增殖人口的另一项重要措施是奖励婚嫁。

贞观元年（627年）二月，太宗颁布《令有司劝勉民间嫁娶诏》，诏令说：

"宜令有司，所在劝勉。其庶人之男女无室家者，并仰州县官人，以礼娉娶。皆任其同类相求，不得抑取。男年二十、女年十五以上，及妻丧达制之后，孀居服纪已除，并须申以媒媾，令其好合。若贫窭之徒，将迎匮乏者，仰于其亲近，及乡里富有之家，衰多益寡，使得资送以济。其鳏夫年六十、寡妇年五十以上，及妇人虽尚少而有男女，及守志贞洁者，并任其情愿，无劳抑以嫁娶。刺史县令以下官人，若能使婚姻及时，鳏寡数少，量准户口增多，以进考第。如其劝导乖方，失于配偶，准户减少，以附殿失。"（《全唐文·令有司劝勉民间嫁娶诏》）

诏令规定男子年龄达到二十岁、女子年龄达到十五岁及丧失配偶的成年男女过了丧期，应组建家庭。对经济贫困的，乡里富人及亲戚应予以资助。诏书同时规定把及时婚嫁、丧偶家庭减少及户口增多列为州县年度考核的重要内容之一。

为奖励增殖人口，贞观三年，太宗下诏奖励正月以来生下男孩儿的妇人一石粟。

太宗施行的第三个措施就是释放宫女。

武德九年八月即位当月，太宗就释放三千宫女。贞观二年，太宗又派尚书左丞戴胄、给事中杜正伦于掖庭西门简出宫女，前后共计三千多人。太宗释放宫女的原因是，"妇人幽闭深宫，诚为可愍。洒扫之余，亦何所用，宜皆出之，任求伉俪。"即《放宫女诏》中所说的"归其戚属，任从婚娶"。所谓"任求伉俪""任从婚娶"，即是释放宫女后让其嫁人，建立家庭，生儿育女，这与太宗奖励婚娶的政策显然是协调一致的。

太宗施行的第四个措施就是将人口增殖情况纳入官吏考核内容。

唐朝的里正负责"比户口，收手实，造籍书"，对客观上没有发现脱漏户口（脱谓脱户，漏谓漏口）及每年增减情况的：

"一口笞四十，三口加一等；过杖一百，十口加一等，罪止徒三年。"（《唐律疏议·户婚》）

如果是主观上有意漏统或者收受贿赂的，处分就很重：

"一口徒一年，二口加一等。赃重，入己者以枉法论，至死者加役流；入官者坐赃论。"（《唐律疏议·户婚》）

这一切对于增加人口无疑起到了积极的作用，贞观年间收到了明显的成效。

贞观十三年（639年），唐朝户数达到3041871户、人口12351681人（《旧唐书·地理志》）。太宗去世当年，全国户数接近380万户，虽然还不到隋朝最多时户数的一半，但比武德年间增了180万户。太宗驾崩后的第三年（652年），据《唐会要·户口数》记载，户口总数已增加到380万，唐初农业劳动力缺乏的状况已基本上得到解决，为唐朝农业经济的恢复和发展提供了有利的条件。

随着人口的增加，由血缘为纽带维系的氏族就产生了，氏族经过发展，有的就形成了士族，魏晋时期演变成门阀制度。门阀，是门第和阀阅的合称，指世代为官的名门望族，士族在政治上按门第高低分享特权，在经济上占有大量土地和劳动力，建立起自给自足、实力雄厚的庄园经济，在社会活动中不与庶族（指士族以外的一般中小地主或新兴地主，也称寒门）通婚，甚至坐不同席。

国家重要的官职被少数士族垄断，个人的出身背景远大于其本身的才能。

隋朝摒弃九品中正制，实行地方佐官由中央任免。隋末，经农民起义的巨大冲击，士族的政治、经济势力比起魏晋南北朝的全盛局面，确实减小了许多。

高祖建立的唐朝是以关、陇士族为骨干，得到了山东士族、江南士族和部分庶族地主的支持。高祖非常重视门第，曾对裴寂说：

"我李氏昔在陇西，富有龟玉，降及祖祢，姻娅帝王，及举义兵，四海云集，才涉数月，升为天子。至如前代帝王，多起微贱，勠劳行阵，下不聊生。公复世胄名家，历职清要，岂若萧何、曹参起自刀笔吏也。"（《旧唐书·裴寂传》）

唐德宗时的苏冕更具体地说：

"创业君臣，俱是贵族，三代以后，无如我唐。高祖，八柱国唐公之孙，周明懿、隋元真二皇后外戚，娶周太师窦毅女，毅则周太祖之婿也。宰相萧瑀、陈叔达，梁、陈帝王之子；裴矩、宇文士及，齐、隋驸马都尉（皇帝女婿专授之官）；窦威、杨恭仁、封德彝、窦抗，并前朝师保之裔；其将相裴寂、唐俭、长孙顺德、屈突通、刘政会、窦轨、窦琮、柴绍、殷开山、李靖等，并是贵胄子弟。比汉祖、萧、曹、韩、彭门第，岂有等级以计言乎？"（《唐会要·卷三十六》）

由此可见，唐朝立国之初士族力量的强大。

但太宗确立了以考试为依据的科举制度后，士族不再享有世袭特权，推进了士、庶合流，这主要是太宗用人的标准并不是只看门第，而是颇重人才。

士庶并举。皇帝选拔士族地主，魏晋以来极为常见。太宗力拯

/ 第六章 / 高祖禅位，秦王登基 /

235

前朝用人之失，采取了士、庶并举的方针。为秦王时，他就注意物色有才能的庶族地主房玄龄、张亮、侯君集等人，同时也信任士族地主高士廉、长孙无忌、杜如晦等。通过科举考试，让更多有才能的人进入仕途，也不排斥有才能的士族，包括山东士族。

官民同申。马周就是一个典型的例子，马周本是山东布衣，教书时，遭地方官斥责，以至于被迫辞职住在驿舍中，驿舍主人看他衣衫褴褛，对他十分冷落。这样一个出身低微的人，太宗居然让他做了大官。贞观三年，太宗下诏让官员们议论国家大事，提出建议，当时马周正好在中郎将常何家里做客，常何是个武将，没读过书，提不出什么建议，马周替他写了二十条建议。太宗很奇怪识字不多的常何奏章的写作水平，常何如实回答是马周替写的，太宗要求立刻召见马周，马周一时没到，太宗坐立不安，一连四次派人催促。和马周交谈之后，发现他的确有治理国家的才能，太宗十分高兴，任命为监察御史，后任命中书令，成为宰相。城门左入右出，就是马周的提议。太宗常说"我于马周，暂时不见，则便思之"。

新故兼进。太宗的用人标准是贤能，只要贤能，不管是故旧还是新进，都一视同仁。对秦王府的房玄龄、杜如晦、长孙无忌等，太宗依旧信任，而对李建成手下的有识之士，也加以任用。以魏徵为例，不到七年，就由仇虏而位极人臣。

汉夷并用。太宗既重视汉族的能臣名将，也不歧视少数民族。突厥人阿史那社尔以智勇出名，深为太宗器重，贞观十四年（640年）攻打高昌，任交河道行军总管，战争结束，太宗夸奖他廉正，赐给高昌宝刀及各色彩绸一千丈。贞观九年（635年），平定吐谷浑时赤水源一战，唐将薛万均、薛万彻被围，铁勒族酋长、左领军将军契何力拼力厮杀，薛氏兄弟才得免一死，后被太宗提拔为北门宿卫。

山东崔、卢、李、郑等士族自恃出身世家，在通婚上不把李唐皇室放在眼里，女子嫁给外族，索取"陪门财"，多求聘礼，有的还凭恃娘家欺凌其他同宗兄弟，太宗对此提出批评。

为了表明和体现朝廷对待士族、庶族的态度和政策，太宗指定高士廉、韦挺、令狐德棻、岑文本等编撰《氏族志》，刊正姓氏，记载宗族谱系，褒进忠贤，贬黜悖逆，编成后以崔民干为第一等。太宗十分不满地说：

"汉高祖与萧、曹、樊、灌皆起闾阎布衣，卿辈至今推仰，以为英贤，岂在世禄乎！高氏偏据山东，梁、陈僻在江南，虽有人物，盖何足言！况其子孙才行衰薄，官爵陵替，而犹印然以门地自负，贩鬻松槚，弃廉忘耻，不知世人何为贵之！今三品以上，或以德行，或以勋劳，或以文学，致位贵显。彼衰世旧门，诚何足慕！而求为昏，虽多输金帛，犹为彼所偃蹇，我不知其解何也！今欲厘正讹谬，舍名取实，而卿曹犹以崔民干为第一，是轻我官爵而徇流俗之情也。"（《资治通鉴·唐纪十一》）

太宗主张"不须论数世以前，只取今日官爵高下作等级"，以官员品级高下的原则，重新修订。

第二次修完后，凡二百九十三姓，一千六百五十一家，基本贯彻了太宗的指示，以皇族为首，外戚次之，降山东士族崔民干为第三等。

太宗修《氏族志》，提高了皇室地位，使一部分做官的庶族地主取得了士族身份，客观上起到了削弱山东旧士族的作用，并为三十年后颁布《姓氏录》、彻底否定传统的门阀制度打下基础。

太宗重才能、轻门第的用人标准，开士、庶合流滥觞，打破了士、庶原来不可逾越的鸿沟。郑樵说：

"自隋、唐而上，官有簿状，家有谱系。官之选举，必由于簿状；家之婚姻，必由于簿系。……所以人尚谱系之学，家藏谱系之书。自五季（五代）以来，取士不问家世，婚姻不问阀阅，

/ 第六章 / 高祖禅位，秦王登基 /

故其书散佚，而其学不传。"(《通志·氏族略》)

到了晚唐，著名的牛李党争也可以溯源到传统的关东士族与武周之后以文词进士科发迹的新阶层的矛盾，更显示了士族及士族观念对唐朝政治的深刻影响。

第七章

开疆垂统，四夷宾服

1. 四夷共尊天可汗

隋末，突厥复兴，国势强大，始毕可汗一跃而成东亚大部分少数民族霸主，雄踞漠北、力控西域、势倾中原，黄河流域起兵者莫不臣服。史载，始毕可汗

"迎萧皇后，置于定襄。薛举、窦建德、王世充、刘武周、梁师都、李轨、高开道之徒虽僭尊号，俱北面称臣。东自契丹，西尽吐谷浑、高昌诸国皆臣之。戎狄之盛，近代未有也。"（《隋书·突厥传》）

隋末大乱，突厥人畜繁衍增多，控弦之士多达百万，再加上黄河流域的地方割据势力争相称臣，如扶植册封刘武周为"定杨可汗"、梁都师为"大度毗伽可汗"、李子和为"屋利设"等，突厥再次强大，势力侵入河朔（泛指黄河以北）、陕西。

其时，突厥的政治态度直接影响着中原政局的发展，薛举、窦建德、李轨、高开道、王世充也曾先后与之联合，高祖太原起兵，不得不派刘文静称臣突厥。但是随着中原局势的变化，唐朝和突厥关系极不稳定，时有和战。

自唐朝建国到太宗即位之初的几年里，突厥大举入侵唐朝，有八次之多。

第一次是武德二年，始毕可汗支持刘武周、梁师都大举南侵。

第二次是武德三年，始毕可汗去世后，其弟立，号处罗可汗，也大举侵唐。

第三次是武德四年，处罗死后，其弟颉利可汗立，奉炀帝之孙杨政道侵唐。

第四次是武德五年，颉利可汗亲率十五万骑兵大举侵扰太原。

第五次是武德六年，突厥为争夺马邑与苑君璋一起入犯。

第六次是武德六年夏，突厥与唐朝争夺北疆国防要塞马邑，与高开道大举南侵幽、并、朔、原、渭等州（今北京大兴、山西太原、朔州、甘肃固原、陇西）。

第七次是武德七年七月到八月三个月内（闰七月），突厥乘杨文干叛乱，大举入寇，让苑君璋侵掠朔、并、忻三洲，突厥颉利和突利两可汗侵掠原州、陇州（今陕西陇县）、绥州（今陕西绥德），兵峰直指豳州、阴盘（今甘肃平凉东），有南下长安之意。其时，吐谷浑、党项也受突厥驱使，侵掠岷、鄯、松三州（今甘肃岷县、青海乐都、四川松潘，下同），逼得高祖想另立都城。

高祖派李世民到豳州抵御，时值关中大雨，道路泥泞，粮运不济，而突厥已在城西列阵，唐军恐慌，李世民设法离间颉利和突利关系，使之退兵。高祖又派裴寂出使突厥。

九月，突厥再次侵掠绥、甘（今甘肃张掖，下同）两州。

武德八年（625年）正月，唐朝同意突厥和吐谷浑互市。

四月，西突厥叶护可汗请婚，高祖同意，以远交近攻之策，威胁颉利。

高祖再次设置府兵十二军，对抗突厥。府兵之"府"，是指地方行政区域之外的另外一种军事区域的名称，称之为折冲府，分上、中、下三等，数目有时多有时少，唐朝全国共有六百到八百个府。至于军官，中央直辖十六卫，各卫设有大将军。

颉利频繁侵扰中原，致使李建成借口对突厥用兵，调用秦王府武将，最终逼迫李世民绝地反杀，武德九年（626年）六月初四，发生"玄武门之变"。

八月初九，李世民即位。此时关中人心尚动荡不安，李建成和李元吉在渭北及黄河以北的余党蠢蠢欲动，如幽州大都督卢江王李瑗、李艺等。而突厥自上次入侵后，还停留在陇州、渭州（唐初改陇西置，今甘肃陇西南）、秦州等地，受割据朔方的梁师都鼓动，颉利利用唐朝皇室内乱、太宗刚刚即位的时机，第八次大举入侵。

颉利和其侄突利合兵十多万，直奔泾州，在镇守泾州的燕郡王李艺不抵抗之下，兵分三路攻唐：右翼出武功，左翼奔高陵（今陕西西安高陵西南），主力直趋长安城北的渭水便桥。

二十日，突厥右翼抵达武功，京师戒严。二十四日，突厥左翼抵达高陵。

太宗急忙派尉迟敬德为泾州道行军总管，过渭水迎击突厥左翼，在泾阳（今县）活捉突厥大将俟斤阿史德乌没啜，斩首一千多人。但这并不能阻挡突厥主力一路南下，二十八日，颉利和突利两可汗直达渭水便桥之北，逼近长安城下。

颉利派心腹执失思力入长安城去见太宗，执失思力气焰极为嚣张，恐吓说"二位可汗领兵百万，已经到了"。为挫其锐气，太宗当面指责执失思力："我和你们可汗曾当面缔结盟约，赠送金帛前后不可胜数，现在你们可汗背约引兵深入，难道没有愧疚之意？你们虽是戎狄之人，也要有做人的良心，为什么忘记大恩，自恃兵强马壮？我先杀了你！"大臣萧瑀、封德彝等人极力劝说太宗礼放执失思力回去，太宗说："我现在放他回去，突厥还得说我怕他。"于是，押其于门下省。

当时长安兵力不足数万，征调的各州兵力急切之间也尚未到达。太宗一面组织军队防御，长安全城戒严，一面派人骑马向李靖问计，

/ 第七章 / 开疆垂统，四夷宾服 /

李靖建议"倾府库赂以求和",并自请由灵州倍道兼程南下,中途设伏,截击突厥归路。

太宗采纳李靖建议,从玄武门出发,和高士廉、房玄龄等六人骑马来到渭水。突厥人看见太宗如此架势,十分吃惊,下马罗列而拜。

不久,唐军陆续赶到,旌旗蔽野,部队严整。

颉利见执失思力没回来,又见唐军军容强大,面有惧色。

太宗指挥各路军队就地列阵,自己单独和颉利交涉。萧瑀叩马拦阻,太宗说:

"吾筹之已熟,非卿所知。突厥所以敢倾国而来,直抵郊甸者,以我国内有难,朕新即位,谓我不能抗御故也。我若示之心弱,闭门拒守,虏必放兵大掠,不可复制。故朕轻骑独出,示若轻之;又震曜军容,使之必战;出虏不意,使之失图。虏入我地既深,必有惧心,故与战则克,与和则固矣。制服突厥,在此一举,卿第观之!"(《资治通鉴·唐纪七》)

于是太宗和颉利可汗隔河对话,"卷甲韬戈,啖以金帛",双方缔结和约。

八月三十日,太宗在城西斩杀白马,和颉利可汗盟于便桥,突厥尽虏唐朝男女百姓而退。这就是太宗与突厥缔结城下盟约的"渭水之耻"。

太宗自渭水之耻后,励志图强,修明政治,举贤任能,戒奢崇俭,制造甲兵,训练士卒,数年之间,天下大治,唐朝社会经济迅速复苏,军事实力大大增强。

在此期间,因为突厥势力仍旧强大,唐朝不轻起事端,只是派最善于用兵的李靖和李世勣分别镇守北方灵州、并州,耐心等待时机再行分化瓦解。

而颉利自渭水便桥退兵之后,骄傲自大,又重用得到的汉人赵德言。赵德言依仗颉利支持,作威作福,变更突厥旧俗,所出政令繁苛,突厥内部人心不悦。同时颉利又让胡人首领专政，疏远突厥宗族子弟，胡人政令无常，兵戈屡动，突厥内部形势日益不稳。恰逢突厥辖地又遭天灾，天降大雪，深达数尺，牲畜多死，连年饥荒，部众饥寒交迫。颉利因自身用度不足，便开始严重剥削其他部落。导致内外一片怨声载道，很多部落开始叛乱，颉利势力逐渐衰弱。

贞观元年（627年），阴山以北薛延陀、拔野古、回纥等部落相继起兵反叛，颉利派兵进攻，被回纥打败。

十二月，出使突厥回来的鸿胪卿郑元璹回到长安，向太宗汇报了突厥羊马饿死很多、牧民闹了饥荒的情况，有人建议乘机攻击突厥，太宗认为"国家初定、府库不充足"，应该等待突厥罪行明显，然后再发兵征伐。

贞观二年（628年），颉利派遣其侄突利再次攻打薛延陀，又被打败。颉利十分生气，把突利关押十多天，用鞭子抽他，突利心生怨恨，有了背叛的念头。颉利又向突利征兵，突利不给，同时上表向太宗请求归降，欲公开背叛颉利。

四月十一日，突利派使者到长安请求应对之策，太宗仍然坚持之前的立场，不想出兵。但是太宗也借突厥国政混乱之际，出兵攻打突厥无力保护的朔方梁师都，城中粮尽，梁师都被堂弟梁洛仁杀死。唐朝收复朔方，设为夏州，拔掉了突厥在中原安插的最后一个据点。

梁师都自大业十三年（617年）三月起兵，历时十二年，为隋末群雄最后被消灭之人，唐朝对内统一战争到此结束。

其时突厥北边诸部落大多叛离，归附薛延陀，他们共同推举薛延陀首领夷男为可汗，夷男不敢接受，太宗正想图谋突厥，便派人册封夷男为真珠可汗。

贞观三年（629年）八月初八，太宗赐给来到长安的夷男使者宝刀和宝鞭，告诉夷男"所部有大罪者斩之，小罪者鞭之"，夷男十分高兴。

颉利听说后，心中害怕，谋求称臣和亲。

唐朝代州都督张公谨从六个方面指出突厥可破之道：

"颉利纵欲逞暴，诛忠良，昵奸佞，一也。薛延陀等诸部皆叛，二也。突利、拓设、欲谷设皆得罪，无所自容，三也。塞北霜旱，糇粮乏绝，四也。颉利疏其族类，亲委诸胡，胡人反复，大军一临，必生内变，五也。华人入北，其众甚多，比闻所在啸聚，保据山险，大军出塞，自然响应，六也。"（《资治通鉴·唐纪九》）

张公谨的分析符合客观实际，八月十九日，太宗决定发兵北征。

十一月，颉利先发入侵河西各州，被肃州（今甘肃酒泉）刺史公孙武达、甘州（大业时改甘州为张掖，唐初改回甘州）刺史成仁重击退。

二十三日，太宗部署五路大军进攻突厥：改命兵部尚书李靖为定襄道总管，出定襄（今山西平鲁，下同）；华州刺史柴绍为金河道行军总管，出金河（今内蒙古清水河）；任城王李道宗出灵州道；灵州大都督薛万彻为畅武道行军总管，出营州；命并州都督李世勣为通汉道行军总管，从云中出发。唐军总兵力达十多万，归李世勣统一指挥。

十二月，突利入朝长安，被任为右卫大将军，赐爵北平郡王。太宗说：

"往者太上皇以百姓之故，称臣于突厥，朕常痛心。今单于稽颡，庶几可雪前耻。"（《资治通鉴·唐纪九》）

五路大军中以李靖一路战绩最为辉煌。

贞观四年（630年）正月，李靖亲率三千精骑从马邑出发，进屯恶阳岭（今内蒙古和林格尔南）。李靖乘颉利不备，夜袭定襄，大破突厥。颉利可汗没有料到李靖猝然至此，十分吃惊，错误地认为唐军若非倾国而来，李靖是断不敢孤军深入突厥重兵之地，因而内心十分害怕，一日数惊，移牙帐于碛口。李靖又派间谍使出离间计，颉利亲信康苏密带着萧皇后和炀帝孙子杨政道投降。

定襄大捷，太宗非常高兴，大赦天下，祝酒五天，赞扬李靖胜过汉朝李陵。

"昔李陵提步率五千，不免身降匈奴，尚得书名竹帛。卿以三千轻骑深入虏庭，克复定襄，威振北狄，古今所未有，足报往年渭水之役。"（《旧唐书·李靖传》）

颉利从定襄北逃碛口（今内蒙古二连浩特西南），途经白道川（今内蒙古呼和浩特西北），又被从云中来的李世勣打败，部下有五万多人投降。颉利退屯铁山（今宁夏固原北），收集余部几万人，派执失思力觐见太宗谢罪求和，请求举国内附，只身入朝。太宗派鸿胪卿唐俭前去慰抚，又令李靖率兵前去迎接颉利。

颉利虽然卑辞求和，但内心十分犹豫，想等草青马肥时，再逃往漠北。

李靖和李世勣在白道会合，商量后认为颉利虽败，部下还很多，如果逃到漠北，联合回纥九姓，实力增强，加上路途远险，追之难及。现在唐使已到，颉利戒备一定松懈，如果挑选精骑一万，携带二十日口粮突袭，可不战而胜。张公谨不同意，李靖认为机不可失，决定连夜发兵，李世勣在后跟随。

二月初八，唐军行至阴山，俘虏了一千多帐突厥部众随行。当时，颉利可汗已经迎到唐俭，十分高兴，心中稍安。李靖让苏定方率二百骑兵为前锋，乘雾而行，距离牙帐七里时，大雾散去，突厥人才惊觉唐军已到。颉利乘千里马先走，李靖部队随后而至，突厥兵溃散，唐俭乘机脱身而归。李靖斩首突厥兵一万多人，俘虏男女十多万口，获得杂畜数十万，杀死了隋朝义成公主，活捉其子叠罗施。

颉利想率领一万多人通过大漠，被驻军碛口的李世勣所阻，颉利只得投靠灵州西北的启民可汗母弟苏尼失处，再逃往吐谷浑。

李道宗自灵州带兵围逼苏尼失，颉利带着几个骑兵半夜逃跑，藏身荒谷。苏尼失发现后十分害怕，上马追赶，找到了颉利。三月十五日，唐行军副总管将张宝相率兵逼近苏尼失，苏尼失率众投降，颉利也被俘虏。

不到半年，漠南（指蒙古高原大沙漠以南）遂空。

突厥既亡，其部落或北附薛延陀，或西奔突厥，降唐者约有十万人。

为安置突厥降人，太宗在原突利故地置顺（今北京顺义）、祐（今宁夏境）、化（今陕西横山北）、长（今内蒙古红柳河上游西部地区）四州都督府，分颉利漠南地区为六州，左置定襄都督府（今陕西靖边东北），右设云中都督府（今陕西靖边东北白城子），各以降酋为都督刺史，统治突厥部众。

太宗于贞观二十年（646年）打败薛延陀，高宗于永徽元年（650）擒获东突厥别部酋长车鼻可汗，此后，西起阴山、北至大漠的广阔地区尽为唐封疆之域。

不过，李靖在消灭东突厥后曾对太宗预言，"陛下五十年后，当忧北边"。

的确，太宗平定突厥后，臣服四邻，在整个亚洲地区声名显赫，改变了北亚的整个政治军事均势达半个世纪之久，不过，仅仅半个世纪而已。

贞观四年三月，四夷君长到长安朝见，请求太宗接受"天可汗"的称号，这意味着太宗从大唐的皇帝，升格为亚欧大陆东部的主人，有责任维持世界秩序。"九天阊阖开宫殿，万国衣冠拜冕旒"。此后，太宗以玺书赐西北各部落都称"天可汗"。

漠北既平，太宗将帝国关注的目光，转向了西域。

2. 扬威西海通西域

汉朝曾短期控制东起朝鲜北部，西至塔里木盆地西边，南到越南北部的一大片领土；自此以后，陆续兴起的封建王朝都梦想恢复这个泱泱大帝国的旧时疆域。

隋朝在近三个世纪的大分裂以后，开始恢复汉帝国的疆域，这一尝试被内乱中断。隋末唐初，中原战乱，无力西顾，西域成为西突厥、吐谷浑角逐的战场。

当时西域现状为：重新崛起的吐谷浑占有今青海全境和新疆南部，常侵扰河西；西突厥控制了塔里木盆地北、西边缘地带的高昌、焉耆、龟兹、疏勒、于阗五国，和分布在中亚楚河、锡尔河、阿姆河流域的康、何、石、米、安、东安、史、拔汗那等"昭武九姓"。

唐朝定都关中。东突厥灭亡后，来自北方的防御压力已经消失，因此当时关中地区的主要军事威胁来自西部。欲保秦、陇，必固河西；欲固河西，必斥西域。为国家长治久安着想，太宗西征乃是必然趋势。

贞观四年（630年），伊吾归唐，太宗设西伊州（两年后改为伊州），打通了西域门户。

贞观八年（634年），太宗想征讨吐谷浑，最终扫清通西域道路上的障碍。

吐谷浑，鲜卑慕容部一支，西晋初游牧于今辽宁凌海西北一带。晋武帝太康年间，酋长吐谷浑因与其弟慕容廆争夺牧场结怨，愤而率部千余家西走今内蒙古阴山地区，"永嘉之乱"时始度陇而西，其孙叶延立，以吐谷浑为族名及国名。叶延六传至阿豺，兼并羌狄，号为强国，阿豺九传至夸吕，始称可汗，兼有鄯善、且末之地，都伏俟城（今青海湖西岸五十里），活动在今青海湖周围和黄河源头附近，有城廓而不居，随逐水草，以鲜卑和诸羌为主体的吐谷浑民族至此形成。隋开皇十一年（591年），夸吕死后，其子世伏、伏允

第七章 / 开疆垂统，四夷宾服 /

先后继立。大业五年（609），被炀帝率六军击败。隋末中原战乱，客居党项的伏允趁机悉收故地。唐初，为借助伏允之力攻打西凉李轨，高祖送归被炀帝扣押为质的伏允嫡子伏顺，作为酬谢。

贞观八年，吐谷浑借故侵掠鄯州（今青海乐都，下同），太宗遣使责问，让伏允入朝。伏允称病不来，且为其子求婚，太宗让其子亲迎公主，又不来。之后，伏允又派兵侵掠兰、廓（今甘肃皋兰、青海化隆）二州。六月，太宗派段志玄、樊兴分两路沿黄河回击吐谷浑。十月，段志玄打败吐谷浑，追奔八百多里。十一月，吐谷浑又侵掠凉州。

太宗一朝，对西北少数民族的基本态度是"降则抚之，叛则讨之"。至此，太宗决心以武力征服伏允，想让李靖领兵，担心他年龄大，长途行军辛苦，李靖听说后主动请战，太宗十分高兴，任李靖为西海道行军大总管，再分别令兵部尚书侯君集为积石道、刑部尚书任城王李道宗为鄯善道、凉州都督李大亮为且末道、岷州都督李道彦为赤水道、利州刺史高甑生为盐泽道行军总管，合突厥、契苾之兵，以吐谷浑的国都伏俟城为进攻目标，分五路进击。

贞观九年（635年）闰四月，唐军到达鄯州，伏允引军西走，李道宗急追，在库山（今青海西宁西）大败伏允。伏允沿途焚烧野草，欲使唐朝军马无食。

在是否继续追击的问题上，唐军诸将认为"马瘦粮少，远入为难，应向鄯州，更图进取"，侯君集却认为应乘胜再次追击，理由是吐谷浑

"一败之后，鼠逃鸟散，斥候亦绝，君臣携离，父子相失，取之易于拾芥，此而不乘，后必悔之。"（《资治通鉴·唐纪十》）

李靖听取侯君集的建议，兵分两路，呈钳形之势继续追击。

李靖与薛万均、李大亮沿北路追击吐谷浑。李靖部将薛孤儿在曼头山打败吐谷浑，俘获大量牲畜，补充为军粮，再败其于赤水原。五月，吐谷浑国相天柱王自赤海反攻，薛万均、薛万彻轻骑先进被

围，骑兵阵亡十之六七，二人中枪落马。契苾何力率数百骑兵增援，拼死力战，薛氏兄弟才脱出重围。李大亮在蜀浑山抓住二十个名王，将军执失思力又大败吐谷浑于居茹川（今青海共和西北柴集河）。李靖督率各部军队经积石山河源，准备追往西部边境，到达且末后，听到伏允在突沦川（今新疆塔克拉玛干沙漠），将逃往于阗，契苾何力要率兵追袭，薛万彻以前车之鉴劝阻，契苾何力说："敌人不居城郭，随水草四时迁徙，如不乘其聚集袭取，一旦四处奔散，还能捣毁他们的巢穴么！"于是自选一千骁骑直奔突沦川，薛万彻随后。大漠缺水，唐军刺马饮血，终于袭破吐谷浑牙帐，伏允只身逃脱。

侯君集与李道宗沿着南路出击吐谷浑，侯君集在牛心堆（今青海共和境）大败吐谷浑别军，又与李道宗经两千多里无人区行军，道路盛夏降雪。唐朝南路军又历时一月，通过破逻真谷，途中所经之地没有水源，只得人啃冰、马饮雪。五月，唐军在乌海（今青海东境）追上吐谷浑，又经星宿川，到达柏海，回师与北路军在大非川（今青海共和西南切吉旷原）会合。

伏允在逃往于阗的途中被部下所杀，其子伏顺即位后，举国降唐。

由于伏顺曾长居长安，为隋氏之甥，太宗恐其不能服众，命李大亮领兵声援，但国人不附，伏顺为部下所杀，其子诺曷钵继立，因其年幼，大臣争权，国中大乱，太宗让侯君集主持公道，并封诺曷钵为河源郡王、乌地也拔勒豆可汗。

贞观十三年（639年），诺曷钵入朝长安，娶唐朝宗室弘化公主。

平定吐谷浑，唐朝不仅解除了河西走廊的威胁，还打通了西域道路。

诺曷钵事唐恭谨，同唐建立了极为亲密的依附关系，而强邻吐蕃因赞普娶文成公主，也同吐谷浑通好共处。松赞干布死后，幼孙即位，宰相禄东赞专权，采取对外扩张政策。龙朔三年（663年），吐蕃趁吐谷浑大臣素和贵叛逃吐蕃、泄漏虚实之机，发兵大破吐谷浑，

第七章 / 开疆垂统，四夷宾服 /

诺曷钵偕公主弃国逃到凉州，徙居内地，此是后话。

再说吐蕃。

直到隋代，今西藏和青海西南区域还被很多羌人部落政权割据。其北有苏毗，西和西北有大、小羊同，西南有悉立，东有白兰、党项、附国，雅鲁藏布江南有蕃部。隋开皇六年（586年），苏毗向隋进贡。贞观三年（629年），十三岁的松赞干布即位，先后降服塔布、工布、娘布、羊同、苏毗、香雄等部，统一西藏。《旧唐书》说，"西戎之地，吐蕃是强。蚕食邻国，鹰扬汉疆。"贞观八年，吐蕃遣使与唐通好。松赞干布获悉突厥、吐谷浑等部落首领均娶唐朝公主，也想和亲，被太宗婉拒。贞观十二年（638年），松赞干布集结二十万大军进攻松州，太宗看到了吐蕃的实力，意识到必须和这个高原的新邻周旋。贞观十五年（641年），当松赞干布再次派大相禄东赞亲赴长安请婚时，太宗许以文成公主出嫁，松赞干布亲至柏海（今青海札陵湖）迎接，以女婿之礼拜见李道宗，之后与唐朝工匠先行开辟道路，即是著名的唐蕃古道。贞观十七年（643年），文成公主抵达吉需卧塘。从此之后，唐蕃结甥舅之好，和同为一家。

太宗征辽东班师，松赞干布送了一只巨大的金鹅表示祝贺。太宗去世时，松赞干布派专使吊祭，并表态要为高宗讨不臣之国。高宗登基，封松赞干布为驸马都尉、西海郡王，刻石图像列于昭陵玄阙。终松赞干布之世，唐蕃友好持续二十年。不过，在后来长达170多年的时间里，吐蕃却构成了让唐朝最头疼的边患。

平定吐谷浑，与吐蕃和好，唐朝正式打通河西走廊。此后唐朝积极介入西域事务，通过册立西突厥泥孰系为可汗的方式，开始控制西域，但是政治怀柔有时并未奏效，有效的军事干预不得不提上议事日程。

唐朝通往西域的主要交通路线有三条，其中天山与塔里木盆地的塔克拉玛干沙漠之间路线为中道，出玉门关，经高昌、焉耆、龟兹、疏勒，到达葱岭。高昌正好位于内地通往天山南、北路的出口，是唐朝通西域的必经之地，战略地位十分重要。高昌初与唐友好，后因经济利益与唐关系恶化。经营西域，先平高昌已势在必行。

高昌国有城二十一座，部队近万人，其交河城位于吐鲁番西部，是原王庭所在。高昌本汉人所立，汉化水平较深，是与中原交往最多的西域国家，史载其国

"厥土良沃，谷麦岁再熟，有葡萄酒，宜五果，有草名白叠，国人采其花，织以为布。有文字，知书计，所置官亦采中国之号。"
（《旧唐书·高昌传》）

高昌国王麴伯雅是后魏高昌王麴嘉六世孙，隋炀帝时入朝长安，被封为东师太守、弁国公，并娶炀帝亲戚宇文氏之女华容公主。

武德二年（619年），凉州李轨被灭，麴伯雅遣使入贡。武德六年（623年）九月，麴伯雅去世，其子麴文泰立，唐朝派使者吊唁。

贞观四年冬，麴文泰入朝，太宗赏赐丰厚，赐其妻宇文氏姓李，封安乐公主。

七月，焉耆国王突骑之遣使入唐朝贡，请重开碛路（罗布泊沙漠东）以便商旅往来，太宗表态同意。碛路于隋末关闭，西域各国入唐改经高昌，过境贸易成为高昌重要的经济来源。焉耆重开碛路，损害了高昌利益。最初，西域各国动静，高昌都向唐朝汇报，自此，麴文泰转而投靠西突厥乙毗咄陆可汗。

高昌与唐朝公开反目，并与西突厥联合发兵，攻占了三座焉耆城市。此外，东突厥被灭后，许多在突厥的汉人逃到高昌，高昌拒绝将其归还唐朝。

贞观十三年（639年），麴文泰阻遏西域各国过境朝贡。

十二月，太宗派吏部尚书侯君集为交河道行军大总管，与焉耆相约，合攻高昌。唐军长途奔袭七千里（含两千里流沙覆盖之地），历时五个月，出人意料地到达碛口（今吐鲁番东南），麴文泰听说

后忧惧发病而死。其时高昌流传童谣："高昌兵马如霜雪,汉家兵马如日月。日月照霜雪,回首自消火。"当初西突厥乙毗咄陆派叶护(突厥官名,地位仅次于可汗,通常为可汗继承人,为可汗子弟及宗族专任、世袭)驻守浮图城(今新疆乌鲁木齐),以之声援高昌。

当侯君集进抵高昌,乙毗咄陆西走千里,叶护献城投降,继位的高昌王麹智盛只得开门出降,献二十二城归唐。

虽然魏徵认为占领高昌并不能给唐朝带来实际利益,而且驻军戍守和后勤供应存在困难,但是太宗决心控制高昌和浮图城这两个西域东部的战略要地,置高昌之地为西州,置浮图城为庭州,加上此前所设伊州(今新疆哈密,下同),便是历史上有名的伊、西、庭三州。三州各据要径,牢牢控制了西域东部。

为统一管理西域事务,太宗在交河城置安西都护府,任郭孝恪为安西都护,建立了经营西域首个稳固的前进基地。但是西州和庭州以西地区还受西突厥控制,唐朝开始与西突厥争夺焉耆。

焉耆位于塔里木盆地东北,既是由吐鲁番盆地进入塔里木盆地的关口,又是从天山北部南下的门户,对唐、突双方来说都具有重要的战略意义。

焉耆心向中原,曾遣使至唐,请求重开碛路通商。贞观十四年(640年),又帮助侯君集攻打高昌,战后请求归还高昌所夺三城。

唐朝占领高昌,又设安西都护府,焉耆王认为安全受到威胁,把女儿嫁给西突厥重臣屈利啜之弟,不再依附唐朝。

贞观十八年(644年)九月,郭孝恪率三千士兵,以焉耆王弟弟栗婆准为向导,奔袭焉耆。焉耆城四面环水,唐军半夜偷渡,天亮攻上城墙,俘虏焉耆王龙突骑支,因栗婆准向导有功,留其管理国事。唐军撤兵三天后,西突厥屈利啜抵达焉耆,扣押栗婆准,追击唐军,并派吐屯(突厥官名,职似唐之御史)管理焉耆。西突厥遣使长安,太宗责问:"焉耆乃唐军所破,你派的是何人前去管理?"西突厥被迫撤回吐屯。

贞观二十二年（648年），唐朝另立栗婆准堂兄薛婆阿那支为焉耆王。

焉耆的西邻龟兹，是通往中亚的重要商业国家。

贞观时，龟兹王苏伐叠一边入贡，一边臣服西突厥。郭孝恪攻伐焉耆，在西突厥压力下，龟兹援助焉耆，自此不再按时朝贡。贞观二十一年（647年），伐叠死后，其弟诃利布失毕立，不遵臣礼，侵渔邻国。十二月，太宗派阿史那社尔为昆丘道行军大总管，率契苾何力、郭孝恪、杨弘礼、李海崖等五将，连同铁勒等部及突厥、吐谷浑、吐蕃军队联合进攻龟兹。贞观二十二年九月，阿史那社尔击败处月、处密，十月，自焉耆之西，兵分五路奔袭龟兹北部边境。焉耆王薛婆阿那支弃城投奔龟兹，被唐军杀死，其堂弟先那准立为王，龟兹国内大惊，沿途守将大多弃城逃走。十二月，阿史那社尔攻下龟兹都城，留郭孝恪镇守。布失毕轻骑西走，唐军行军六百里，围困拔换城（今新疆阿克苏东）四十天，活捉布失毕。龟兹国相那利逃脱后，率余众夺回国都，杀死了郭孝恪。

贞观二十二年（648年），唐军攻破龟兹都城，一万一千多名投降的居民死于刀下，作为对郭孝恪之死的报复。

阿史那社尔前后共攻破龟兹五座大城，百余小城纷纷投降。阿史那社尔又立龟兹王弟叶护为王，刻石记功而还。

唐朝相继降服高昌、焉耆、龟兹，加上之前臣服的疏勒和于阗（632年臣服）、莎车（叶尔羌，635年臣服），整个塔里木盆地已全部归唐。

唐朝重现汉代丝绸之路的辉煌，从长安始发，出玉门，过敦煌，经焉耆、龟兹、碎叶，可到大食（波斯）、天竺（印度）和更远的拂（拜占庭），直到9世纪，这还是行旅往来的交流纽带。

太宗将安西都护府由交河移于龟兹都城，统领龟兹、疏勒、于阗、碎叶，称"安西四镇"。葱岭以东诸国既已平定，继续向西征服西突厥的条件已经成熟。

3. 耀武葱岭连朔漠

　　游牧经济的分散性和流动性，决定了突厥汗国政治上的分散性，加上被征服的异姓诸部的相对独立性，由此产生很大的离心倾向，注入突厥日后分裂的基因。

　　突厥在东征西讨的过程中，以金山（今阿尔泰山）为界，形成了东、西突厥。

　　西突厥室点密（土门之弟）去世后，其子玷厥继位，号达头可汗。

　　东突厥沙钵略可汗（土门之孙）继位后，打败了伯父之子阿波可汗，阿波在达头的支持下，又击败沙钵略，沙钵略积极争取到隋朝的支持，再次打败阿波。沙钵略去世后，其弟处罗侯继位，发兵活捉了阿波，后来处罗侯在一次战斗中中流箭而死，沙钵略之子继立为都蓝可汗，又被部下所杀。达头乘机吞并漠北，成为突厥大可汗，因突厥其余各部强烈反对，便投奔吐谷浑，最后不知所终。泥利被突厥阿波系推举为西突厥可汗，为铁勒所败，其子达漫继承汗位，号处罗可汗。处罗扩大势力，取代了突厥室点密系在西域的地位。

　　到了大业初年，炀帝计划以居留京师的处罗生母向氏（汉人）之命招抚西突厥。大业五年（609年），炀帝西巡，令处罗会于大斗拔谷，处罗辞以他故不至。炀帝大怒，从裴矩之策，鼓动达头孙子射匮攻打处罗，处罗战败，率数千骑东走高昌，于大业七年（611年）降隋。唐朝建立后，处罗被高祖封为归义郡王，后为始毕可汗使者所杀。

　　得到隋朝支持的射匮可汗卷土重来，突厥室点密系再次成为西突厥统治者。射匮向东发展，基本控制西域地区，正式建立西突厥汗国。

射匮死后，其子统叶护继位，北并铁勒，西距波斯（今伊朗），南接宾（今克什米尔），东至阿尔泰山，控弦数十万，臣服西域诸国。统叶护各遣吐屯监督西域诸国，负责征赋事宜。至此，汗国发展达到顶峰，"西戎之盛，未之有也"。

贞观二年（628年）十二月，西突厥内乱，统叶护被其伯父所杀，其伯父自立为莫贺咄可汗，突厥国人不服，时值统叶护之子避祸康居，被泥孰（弩失毕部统兵官）拥立为乙毗钵罗肆叶护可汗。

两可汗都向唐朝求婚以为外援，太宗以"内乱不宜谈论婚约"为由，同时拒绝两人，因为当时唐朝对外的首要目标是对付东突厥。

肆叶护因为是先可汗之子，为众所附，率兵打败莫贺咄，莫贺咄逃往金山，被泥孰设所杀。西突厥各部共推肆叶护为大可汗，西突厥再次统一。

不到两年，肆叶护又被当初拥戴他的泥孰夺权，逃往康居，不久死去。泥孰成为西突厥大可汗，号咄陆可汗。迫于形势，咄陆可汗请求称臣内附。此时唐朝改变了在西突厥内战秉持中立的态度，明确表示支持泥孰，正式封其为大可汗。

贞观八年（634年），咄陆可汗去世，其弟同娥设立，号咥利失可汗。咥利失可汗分其国为十部，每部令一人统之，号为十设，各赐一箭，谓之十箭；设左右厢，左厢号五咄陆，置五个大啜，居碎叶川以东，右厢号五弩失毕，置五俟斤，居碎叶川以西，通称十姓。可以说，西突厥沿着伊塞克湖和伊犁河分裂成了弩失毕和咄陆两部。

贞观十二年（638年），咥利失被大臣统吐屯袭击，兵败，逃到焉耆。统吐屯想立欲谷设为大可汗，却被咥利失手下杀死，欲谷设也被打败，咥利失再次占有故地，但是西部仍立欲谷设为乙毗咄陆可汗。至此，西突厥再次分裂。

贞观十三年（639年），太宗派兵平定高昌，为进军西域建立了前哨据点。

西突厥咥利失可汗大臣俟利发与咄陆通谋作乱，咥利失败走，死去。

弩失毕部落立其侄为乙毗沙钵罗叶护可汗，建牙离合水（今新疆伊犁北）北，称南庭，归附之国有龟兹、鄯善、且末、吐火罗（葱岭以西大国，今阿富汗境）、焉耆、石、史、何、穆（今阿姆河中游）、康等国。

咄陆建牙镞曷山（今新疆塔城北），称北庭，归附之国有厥越失（今塔尔巴哈台山附近）、拔悉弥（今新疆伊宁）、驳马（今俄罗斯西界）、结骨（今中蒙俄哈边境之科布多北）、火燖（今哈萨克斯坦）、触水昆（今俄罗斯唐努乌梁海南）等。

贞观十四年（640年），侯君集讨伐高昌，西突厥驻在高昌浮图城的部队惧而西走千里。下一年，西突厥两部相攻，咄陆杀死沙钵罗叶护，西突厥再次统一。

贞观十六年（642年）九月，咄陆可汗自恃强大，态度倨傲，拘留唐使，侵掠西域，攻打伊州，被郭孝恪打败，又让处月、处密二部（今新疆准格尔盆地附近）围攻天山，也被郭孝恪击败。咄陆又向西攻打康居（今塔什干西南），顺道灭了米国，缴获很多财物，没有分给部下，部下泥孰啜强夺财物被杀后，部众心生愤怨。泥孰啜属下袭击咄陆，咄陆战败，逃到白水胡城。

弩失毕各部及咄陆所部屋利啜等派人到长安，请求废黜咄陆，另立前可汗之子、泥孰之孙为乙毗射匮可汗。射匮被立后，释放被拘押的唐使，在攻打白水胡城时被咄陆打败。咄陆派人招抚旧部，旧部都说"即使我们千人战死，一人独存，也不跟随你！"咄陆自知不为众人所容，逃入吐火罗。

贞观二十年（646年）六月，射匮遣使请婚，太宗让其以龟兹、于阗、疏勒、朱俱波、葱岭五国为聘礼，射匮没有同意，两国交恶。

贞观二十二年（648年），唐朝攻克龟兹，置安西四镇，太宗让阿史那贺鲁招抚射匮部属。

阿史那贺鲁，室点密可汗五世孙，原为西突厥叶护，居多逻斯川（今新疆额尔齐斯河），领处月、处蜜、姑苏、葛罗禄、弩失毕五姓之众，后为射匮所逼，率众归唐。次年，阿史那贺鲁以讨伐龟兹之功，被擢为瑶池府都督。高宗永徽二年（651年），阿史那贺鲁率众西攻，击破射匮，建牙于双河（今新疆博乐西）和千泉，占有西突厥之地，并胁迫西域胡国归附。后来，阿史那贺鲁自立为汗，公开反唐，入寇庭州，攻陷金岭城和蒲类县（今新疆奇台东南旧奇台城），杀掠唐朝边民。高宗显庆二年（657年），唐朝在平定吐谷浑后，由苏定方统兵大败阿史那贺鲁。唐朝将其役属诸国分置州府，以碎叶为界，设二都护府、八都督府，隶属安西大都护府。

唐朝极盛时疆域：

"东至安东都护府，西至安西都护府，南至日南郡（今越南中南部），北至单于都护府。南北如前汉之盛，东则不及，西则过之。"（《通典·卷一百七十二》）

和硕柴达木发现的突厥《阙特勤碑》，描述了被征服的突厥人的命运：

"贵族子弟，陷为唐奴，其清白女子，降作唐婢。突厥之匐，弃其突厥名称，承用唐官之唐名，遂服从唐皇，臣事之者五十年。为之东征向日出之方，西征远至铁门。彼等之克国除暴，皆为唐皇出力也。"（原为突厥文，此为译文）

唐朝平定东、西突厥的同时，还与位于贝加尔湖以南、色楞格河和鄂尔浑河流域的"铁勒九姓"建立了密切关系。贞观二十年，成功瓦解了漠北薛延陀汗国。

薛延陀（铁勒诸部之一），是由薛和延陀两个氏族联合而成，原住土拉河流域，以游牧为生。北魏时逐渐强大。隋时，铁勒诸部反抗西突厥，推薛延陀首领乙失钵为野咥可汗，迁往燕末山（阿尔泰山支脉）。唐初，乙失钵之孙夷男暂附东突厥。颉利政乱，铁勒诸部多反，薛延陀势大，推夷男为主，不受，时太宗准备进攻颉利，便封其为真珠毗伽可汗。贞观四年，夷男联合回纥部助唐朝攻灭东突厥。漠北空虚，夷男率部东迁，据有颉利故地，建牙独乐水之阴（今土拉河南）。

此时，薛延陀有胜兵二十万，辖境东至室韦（今额尔古纳河流域），西至金山，南至东突厥降唐部落，北抵瀚海，回纥、拔野古、阿跌、仆骨诸部全都归附。

贞观七年（633年），真珠派人入朝长安。贞观十二年，太宗以其汗国势力强大，拜真珠可汗二子为小可汗，赐予鼓纛，外示优崇，实分其势。

贞观十三年，太宗以东突厥贵族、伊利可汗曾孙李思摩为可汗，令其率安置在各州的突厥等胡人渡过黄河，返回故地，李思摩畏薛延陀势大，不敢过河。太宗派司农卿郭嗣本告诉薛延陀，和突厥分别活动在漠北、漠南，各守土疆，薛延陀表态奉诏遵行。

贞观十五年正月，李思摩率十多万人过河，在定襄建立牙帐，辖地南临大河，北到白道，土地广袤，水草肥沃。李思摩上书太宗说：

"臣非分蒙恩，为部落之长，愿子子孙孙为国家一犬，守吠北门。若薛延陀侵逼，请徙家属入长城。"（《资治通鉴·唐纪十一》）

夷男害怕自己所统部落越过大漠逃往突厥，内心不愿李思摩回归故地。

十一月，夷男听说太宗东封泰山，便派其子大度设征发同罗等部共二十万兵马，越过漠南，攻打突厥。李思摩抵挡不住，退入长城，进入朔州（武德四年马邑郡改置），向唐朝告急。

十六日，太宗部署五路大军反击，诸将临行，太宗授以方略：

"薛延陀负其强盛，逾漠而南，行数千里，马已疲瘦。凡用兵之道，见利速进，不利速退。薛延陀不能掩思摩不备，急击之，思摩入长城，又不速退。吾已敕思摩烧剃秋草，彼粮糗日尽，野无所获。顷侦者来，云其马啮林木枝皮略尽。卿等当与思摩共为掎角，不须速战，俟其将退，一时奋击，破之必矣。"（《资治通鉴·唐纪十一》）

与此同时，真珠一面出兵掠地，一面派人到长安请与突厥和亲。

大度设率领三万骑兵逼近长城，看见唐军尘埃漫天而来，惧而北退。十二月二十七日，李世勣率领精骑在诺真水（今内蒙古四王子旗塔尔河）追上并打败大度设。大度设脱身逃走，退到漠北，遇上大风雨，人畜冻死者十有八九。

真珠派到长安的使者辞行，太宗说："我要求你与突厥以大漠为界，如擅自越界相侵，我定发兵征讨。你自恃强大，越过大漠攻打突厥，李世勣仅仅率领几千骑兵，你们已狼狈溃奔如此！回去告诉你们可汗，事有利弊，一定要斟酌好。"

贞观十六年，真珠派叔叔到长安求婚，太宗同意嫁与皇女新兴公主。第二年，真珠之侄来长安纳币进聘，契苾何力力言不可，太宗不想食言，契苾何力说：

"愿且迁延其事。臣闻古有亲迎之礼，若敕夷男使亲迎，虽不至京师，亦应至灵州；彼必不敢来，则绝之有名矣。夷男性刚戾，既不成昏，其下复携贰，不过一二年必病死，二子争立，则可以坐制之矣！"（《资治通鉴·唐纪十三》）

太宗采纳契苾何力的建议，决定亲往灵州。但真珠这次进贡的牲畜很多，自身库厩没有多少，征敛于其他部落，因大漠路远，牲畜食无水草，死亡大半，失期未至。有人说聘财未备而与为婚将使戎狄轻慢大唐，于是太宗下诏停止和亲。

期间薛延陀与突厥互相攻击，李思摩不能恩抚部下，突厥十万部众纷纷抛弃他南渡黄河。此时太宗正要东征辽东，便告诉薛延陀"我

第七章 / 开疆垂统，四夷宾服 /

父子东征奥迪,你要入寇,赶紧来",并派大将执失思力替换李思摩驻扎夏州之北。

贞观十九年(645年),真珠去世,二子果然相争,嫡子拔灼借奔丧之机杀庶兄曳莽自立为多弥可汗,乘太宗东征未还,率兵入侵河南之地(今内蒙古鄂尔多斯),被唐将执失思力打败。多弥可汗性格褊急,猜忌无恩,弃其父旧时贵臣,专用亲信,多所诛杀,人不自安,又遭此失败,九姓铁勒相率叛而附唐。

贞观二十年六月,太宗乘薛延陀国内不稳之机,让李道宗和阿史那社尔等率军进攻,薛延陀诸部大乱,多弥逃脱,余众七万西走,真珠兄之子咄摩支继立为可汗,铁勒九姓在唐朝的要求下没有接纳咄摩支,咄摩支被迫取消汗位降唐。

至此,薛延陀汗国破灭,漠北诸部大乱,回纥、拔野古、同罗、仆骨等十一姓请求委身内属,请同编列,并为州郡,太宗当机立断,九月亲至灵州,安抚各部俟斤(铁勒、突厥、回纥等族官名,世袭)、颉利发等数千人,各部一致请求"愿得天至尊为奴等天可汗"。十二月,太宗对到长安朝觐的回纥酋长吐迷度说:

"汝来归我,领得安存,犹如鼠之得窟,鱼之得水。不知夫我窟及水能容汝否?纵令不能容,我必为汝大作窟,深作水,以容受汝等。……我今为天下主,无问中国及四夷,皆养活之。不安者,我必令安;不乐者,我必令乐。"(《册府元龟·帝王部·来远》)

贞观二十一年(647年)正月,唐朝在漠北建六府、七州,为瀚海府、金微府、燕然府、幽陵府、龟林府、卢山府、皋兰州、高阙州、鸡鹿州、鸡田州、榆溪州、林州、颜州,以各部酋长为都督、刺史。二月,唐朝又设置燕然都护府。

太宗设羁縻府州,安抚铁勒诸部,"爱之如一,其种落皆依如父母",成功地解决漠北因薛延陀汗国瓦解而出现的民族问题。

漠北各族对唐朝一往情深，在施行羁縻府州一百多年后，借唐朝声威而统一漠北的铁勒回纥部派骑兵援助唐朝平定"安史之乱"，回纥叶护见到唐朝大将郭子仪说的第一句话，就是"国家有急，远来相助，何以食为"。

贞观二十一年（647年），太宗说，自古帝王虽定中原，不能服戎狄，汉武帝

> "穷兵三十余年，疲敝中国，所获无几；岂如绥之以德，穷发之地尽为编户！"

太宗的民族政策取得胜利，也促进了汉胡文化的进一步交流。

4. 千载琵琶听胡语

唐朝是以一种开明的兼容并蓄的态度来对待外来文明的。

太宗说"自古皆贵中华，贱夷狄，朕独爱之如一"，这也许和皇帝的出身有关，李唐王朝宗室男性虽是汉族，但也有着鲜卑血统，如太宗之妻长孙氏、其母窦氏、其祖母独孤氏都为胡族。北朝汉胡民族文化融合在唐朝加速了进程，立国者胡汉一家的政治品格影响了唐朝对周边国家的态度。

唐朝打败颉利可汗，原属东突厥的各部落种族归附唐朝，突厥人入居京师近万家。贞观六年（632年），太宗答应了焉耆王突骑支请开碛路通商的请求。贞观二十一年（647年），太宗大败吐谷浑，应铁勒各部要求，在回纥以南开通一条南北大道，谓之"参天可汗道"，备有马匹为过往使者使用。太宗平定高昌，经营西域，丝绸之路畅通无阻。

据唐朝著名地理学家贾耽所述，唐时从边疆通四夷道共有七条：营州入安东道；登州海行入高句丽渤海道；夏州塞外通大同云中道；中受降城入回鹘道；安西入西域道；安南通天竺道；广州通海夷道。

这些道路为唐朝与周边国家交往提供了便利条件，加上唐帝国统治处于上升阶段，国力强大，延续一二百年，为中外交流创造了极为有利的环境。

贞观十七年（643年），太宗接见拂菻（拜占庭帝国的叙利亚省）王的使臣，据说这是东罗马帝国皇帝君士坦丁二世派往中国的使臣，拜占庭在唐史籍上称拂，这是拜占庭第一次遣使到达中国。

贞观二十一年，波斯萨珊王朝最后一个国王伊嗣侯三世也派遣他的儿子卑路斯到长安，请求中国帮助抗击阿拉伯人，太宗没有答应，伊嗣侯和他的王朝因而灭亡。

贞观二十二年（648年），太宗接待居住在极北部（可能是在中西伯利亚）的骨利干族。

太宗平定铁勒诸部之后，赤发碧睛、身材高大的吉尔吉斯俟利发（铁勒等族官名，掌一方军政之权）失钵屈阿栈入朝，太宗在天成殿设宴，失钵屈阿栈请太宗加封一官，并说"执笏而归，诚百世之幸"。

此外，前来朝贡的还有非洲索马里南部的黑人国家殊奈，这是中国历史上记载的最早的黑人国家，因为离交趾沿海有三个多月的海程，殊奈使者在海上经历六千海里的长途航行，备尽艰辛到达唐朝，是非洲同中国往来交流的见证。

据史书所载，遣使来唐的还有林邑、真腊、曹国、倭国、女国、石国、吐火罗国、昙陵国、康国、盘盘国、朱俱波国、甘棠国、宾国、史国、乌苌国、𧃴陀洹国、瑟匿国、悉立国、求拔国、俱兰国、诃陵国、波登国、天竺国、泥婆罗国、火辞弥国等。

太宗也曾派使者出访其他国家。

贞观中，卫尉丞李义表奉使出访天竺，途经泥婆罗国，天竺王尸罗逸多派大臣郊迎使者，游览城市风情，沿途焚香夹道，拜受唐朝敕书。

右率府长史王玄策出使天竺，曾经创造了一人灭一国的奇迹。

中日两国的交往，是由遣唐使的形式实现的，自太宗贞观四年（630年）日本舒明天皇起，至昭宗乾元元年（894年）日本宇多天皇停派止，遣使来贡十九次之多，其中入唐使一次，送唐使一次。唐朝在亚洲的影响力与日俱增。

由于大量外族移民入住、商旅往来，长安成为国际性的贸易市场，聚集了中亚、南亚、东南亚及高句丽、百济、新罗、日本等各国各地区的商人。

胡商进入中原，有许多人开设各种店铺，如衣肆、坟典肆、药材肆、波斯邸、秋辔行、绢行、秤行、麦行、帛行、张家楼、窦家店、寄附铺等。其中，波斯（今伊朗）、大食（今阿拉伯）等国"胡商"，带来珍宝、皮毛、牲口、犀角、象牙、香料、药品、海米、白檀、吉贝、香油、织物、玻璃、翡翠、玳瑁、珊瑚等，再从唐朝买回他们需要的弓矢、刀、丝绢、铜器、瓷器、茶、纸等。

一些大城市如汴州、凉州、扬州等出现了不少外国人聚居的"蕃坊"。

楚州（今江苏淮安）城内和涟水县（今江苏涟水）设有新罗人聚居的"新罗坊"。长安有专为西域商人而设的波斯邸，由于波斯胡商来唐多经营商业，都有雄厚的资本，故为唐朝所重视。回纥部落留居京师的常有千人，"殖资产，开第舍，市肆美利者皆归之"。有时元旦朝贺，外国使节常常有几百上千人。

随着外国人入居长安，域外文化也因之而来，南亚的佛学、历法、语言，中亚的音乐和舞蹈，西亚和欧洲的景教、摩尼教、伊斯兰教、医学、建筑艺术等，从唐帝国开启的大门一拥而入。

胡汉交流，给唐朝带来了既深且广的影响。

唐代女装以华美为尚，受波斯、西域等的服饰影响，造型多变，裙装与披帛也相当受欢迎，表现了自由大方的精神。

唐制十部乐，立部伎有八部，自《破阵舞》以下，都擂大鼓，杂以龟兹之乐，动荡上谷，坐部伎有六部，除《长寿乐》以外都用龟兹乐，域外之乐成为正规。域外传入的还有泼寒胡戏和打马球，风靡长安，靖泰坊杨慎交宅中球场相当有名。

在宗教上，玄奘西天求法归来，在大慈恩寺翻译佛经，义宁坊的波斯寺在贞观十二年为大秦国胡僧阿罗斯创立。

胡乐、胡服、胡舞、胡食等也一度风行唐朝，在唐诗中有大量体现，如描写胡乐："君不闻胡笳声最悲，紫髯绿眼胡人吹。"（岑参《送使赴河陇》）"卷发胡儿眼睛绿，高楼夜静吹横竹。"（《龙夜吟》）描述胡妆："女为胡妇学胡妆，伎进胡音务胡乐。"（元稹《法曲》）描写"舞者立上，旋转如风"的胡舞，"弦鼓一声双袖举，回雪飘飘转蓬舞。左旋右转不知疲，千匝万周无已时。"（白居易《胡旋舞》）描述胡食："落花踏尽游何处？笑入胡姬酒肆中。"（李白《少年行》）长安酒楼有西域姑娘歌舞助兴，延揽顾客。

当时海内无事，京师人家多聚饮。汝阳王李琎曾取"云梦石热泛春渠以蓄酒，作金银龟鱼浮沉其中为酌酒具，自称酿王兼麴部尚书"，唐阳城"为谏议，每俸入，度其经用之余，尽送酒家"。

唐人喜欢饮酒，促进了酿酒业的发展。

光禄寺的良酝署负责酒的生产、管理，仅管理人员就达一百六十余人。生产的酒品种多、产量大、用途广，长安政府祭祀、礼宾、赏赐大臣等官府用酒均出自良酝署。私营酒业在长安也很普遍，当时长安东、西两市都有酒肆售酒。西市酒多，不仅有为沽酒者专设的酒楼，其他行业也有附设的酒店，如制罾行就建有酒楼。少数民族和外国人也在西市经营酒店，折卖域外酒，胡人开店，胡姬侍酒。

长安还是全国重要的酒类生产与销售基地，名酒辈出，西市的"西市腔"，常乐坊中虾蟆陵的郎官清、阿婆清，都是当时名酒，长安新丰市酒，历经唐、宋二代，经久不衰。长安出产的酒种很多，官府中供祭祀的有"五齐三酒""些酒",赏赐大臣的有酴酼雅酒、桑落酒,进奉的春暴、秋清,宪宗李花酒、玄宗三辰酒,这些都属于粮食酒,或以此为原料的配制酒。中草药补酒在长安也很受欢迎,当时长安以此为贵。岐王李范死时,仅陪葬的诸药酒就有三十余色,足见数量之多。

作为东西方文化交流的产物,葡萄酒在唐朝出现,是作为稀有商品投入市场。

武德时期,陈叔达在御前吃饭,看见盘中的葡萄却不拿起来吃,高祖问他原因,说:"我母亲生病口渴,想吃葡萄却没有,我想拿回家给母亲。"高祖便赏赐给他,由此可见,连宰相都不能想吃就吃,可见葡萄的珍贵稀有。

唐初平定高昌,太宗收集马乳葡萄果实在禁苑种植,对获得的酿酒之法引入长安并加以改进,酿成"绿色,芳香酷烈"的葡萄酒,赏赐群臣,京师之人才尝到葡萄酒的味道。魏徵家酿美酒"醽醁、翠涛",被太宗赞为"醽醁胜兰生,翠涛过玉薤。千日醉不醒,十年味不败",有人推测是两种葡萄酒。

除了西域的葡萄酒外,波斯的三勒染、龙膏酒等域外、国外名酒都曾进贡朝廷,虽然市民百姓无缘品尝,但作为酒种,仍旧流行于当时长安的上层贵族之间。

马是唐人最重要的战争与交通工具,太宗刻六骏于昭陵就是明证。

贞观二十一年,回鹘部落骨利干献胡马十匹,《唐会要》上说这些胡马特异常伦:

"骨大业粗,鬣高意阔,眼如悬镜,头若侧砖,腿像鹿而差圆,颈比凤而增细。后桥之下,促骨起而成峰;侧鞯之间,长筋密而如瓣。耳根铁勒,杉材难方;尾本高(句)丽,掘砖非拟。腹平赚小,目劲驰驱之方;鼻大喘疏,不乏往来之气。殊毛共

/ 第七章 / 开疆垂统,四夷宾服 /

枥，状花蕊之交林；异色同群，似云霞之间彩。仰轮乌而竞逐，顺绪气而争追，喷沫则千里飞红，流汗则三条振血，尘不及起，影不暇生。顾见弯弓，逾劲羽而先及；遥瞻伏兽，占人目而前知。骨法异而应图，工艺奇而绝象。"

由于"服改毡裘，语兼中夏"，不少内迁胡人"明习汉法，睹衣冠之仪，目覩朝章，知经国之要"。

唐朝还对胡汉通婚采取宽容的态度。

铁勒人契苾何力娶宗室女临洮县主，生下三子，其子契苾明又娶李孝义之女，生下三子，其后世的汉族母系血统反倒多于胡人父系血统。

东突厥贵族阿史那忠，贞观中取宗室女定襄县主，前后子孙五代在唐为官。

唐朝法律允许各国使者娶汉族妇女，只是不准带走。

对求学的新罗、日本僧人，"九年不还者，编诸籍。"有的还能科举及第。

"进士取人，本盛于唐。长庆初，有金云卿者始以新罗宾贡，题名杜师礼榜。由此以至天祐终，凡登宾贡科者五十有八人。"（《东文选·送奉使李中文还朝序》）

"唐人大有胡气"。

唐朝张开臂膀，拥抱世界，体现了恢宏的胸怀、气度、抱负与强烈的进取精神。它是如此气度宏大而不谨小慎微，包容万物而不狭隘排斥，胸怀开放而不闭塞拒绝，明目张胆而不畏缩怯懦。这样的盛世风采和精神气度，是唐不同于中国历史其他王朝的鲜明个性。

5. 四方商贾聚长安

长安位于关中平原，今为陕西省西安市。长安，位于渭水之滨，东临黄河，南靠秦岭，北依北山，历经西周、秦、西汉、隋等，至唐已有十个朝代在此建都，前后营建已有一千余年，历史极其悠久。

隋朝开皇年间，文帝从汉代长安故城向东南移动二十里兴建大兴城。高祖太原起兵，攻取关中，改其名为长安，坊、市布局承隋旧貌，稍有扩建和改建而已。

唐长安城分为宫城、皇城和外郭城三部分。

宫城在长安城之北，是皇室居住的地方，分为太极宫、东宫、掖廷宫。

宫城南面有五个门，正中为承天门，是举行国家大典、大赦、元旦、冬至、大朝会以及阅兵、受俘等的地方。宫城主殿是太极殿。

唐朝内侍省设在宫城之中，位于各官署之北，也称北司。

宫城之南是皇城，又称"子城"，是百官诸司处理政务的官署所在地，设有台、省、寺、卫等衙署，是唐朝中央政府所在地。

城中也有街道，以承天门街为中轴线，承天门街南与外郭城朱雀门相街接，共为长安城中的主干道。承天门街东西两侧各有两街，靠近承天门的两街，分别出朱雀门东西的安上门和含光门，与朱雀街东第一街和街西第一街相衔接。皇城内亦有东西向的南北六条横街，是由承天门南的横街向南算起，其第四横街东端为景风门，西端为顺义门，出景风门即与朱雀门街东第三街由北向南第四坊崇仁坊北的横街相连，出顺义门即与朱雀门街西第三街由北向南第四坊布政坊北的横街相连，其他各街仅至皇城根即止。皇城内的南北六街和东西六街合起来的十二街，当时人们多以之代表长安城。

门下省、中书省在太极殿围墙外的东西两侧，随时准备撰写诏令和文书。

太极殿北边的两仪殿是举行"内朝"的地方，也是太宗日常听政视朝所在。

两仪殿的北面与两侧还有甘露殿、武德殿、承庆殿、紫云阁等

/ 第七章 / 开疆垂统，四夷宾服 /

建筑。

外郭城在宫城和皇城之南，也包括其东西两侧部分，从东、西、南三面拱卫皇城和宫城，其中建有里、坊，是长安城的居民区和商业区。

外郭城中，皇城正中南门朱雀门向南通到外郭城正中南门明德门的街道，称朱雀门街，当时称天街，为全城中轴线。朱雀门北对宫城的承天门和其北的玄武门。朱雀门街东西两侧各有五条南北大街，依次称为朱雀门街东第一至第五街，西侧亦同。

皇城无北门，仅以东西横街与宫城相隔。

皇城之南、朱雀门外也有一条横街，与其南的外郭城相隔，这条横街之南，依次还有九条横街。

宫城和皇城东西两侧外郭城部分，同样依次有四条横街。

合计起来，外郭城有东西向的南北十四条大街，南北向的东西十一条大街。

南北和东西各街间列置各坊，共一百零八坊，坊长、宽三百多步，万年（今陕西临潼东北）、长安两县治所，寺观、邸店、宅第、编户错落其间，是一般居民和官僚的住宅区。以朱雀大街为正中，东西两侧各五十四坊，里坊不仅两两对称，而且排列整齐，白居易有诗形容为"百千家似围棋局，十二街如种菜畦"。

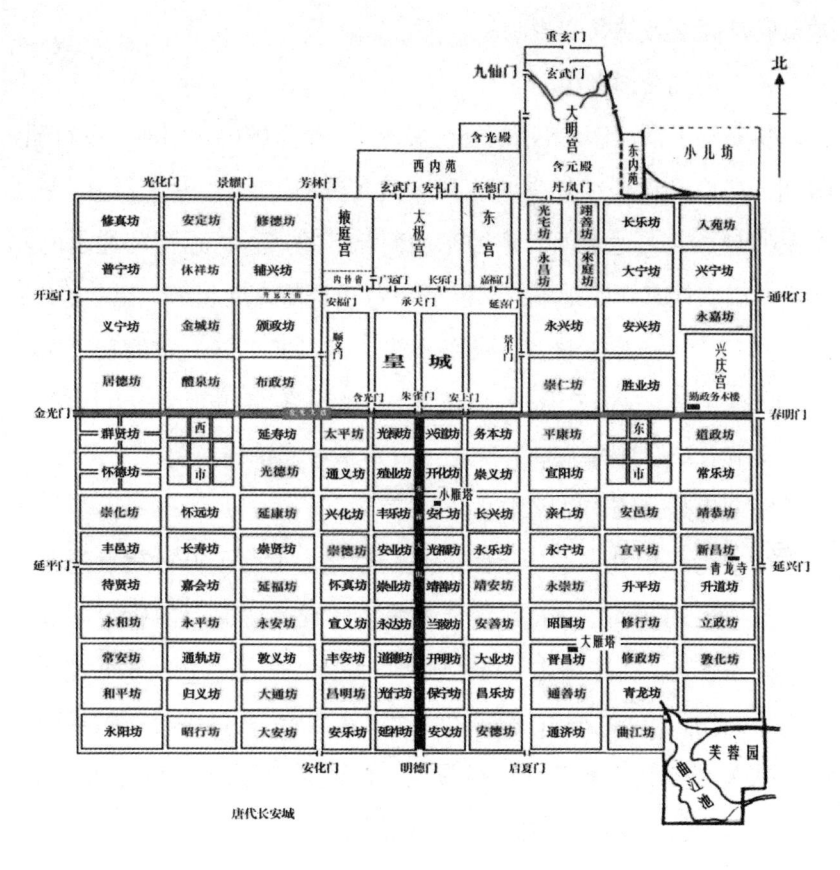

唐代长安城图

外郭城内另有东西两市，各占两坊之地，是长安城的商业区。

贞观八年（634年），在宫城东北，就是宫城和皇城东侧的外郭城之北，唐朝兴建大明宫（原名永安宫），使本来长方形的城池，东北角外突出了一大块。太宗准备让父亲李渊在此"清暑"，后成为高宗李治居住和处理朝政的地方。

大明宫有三大殿，即含元殿、宣政殿、紫宸殿。含元殿是大明宫的前殿，建在龙首原上，是当时长安城内最宏伟的建筑，壮丽辉煌，气魄雄伟。

唐长安城的形制是中国古代城市，尤其是都城建设的典范，影响了邻近国家的都城建设。日本国的平城京和平安京、渤海国上京龙泉府都高度效仿长安规制。

长安水陆交通发达。

长安位于渭河南岸,渭河在潼关流入黄河。唐朝的渭河可以行船,隋朝开凿广通渠,经长安城北到潼关入黄河,直达洛阳。洛阳是通济渠的起点,可达淮河,连通东南商旅、物产。大运河沟通了南北水道,商旅往来,船乘不绝,航运事业也空前发展起来。崔融曾说:

"且如天下诸津,舟航所聚,旁通巴、汉,前指闽、越,七泽十薮,三江五湖,控引河洛,兼包淮海。弘舸巨舰,千轴万艘,交贸往还,昧旦永日。"(《旧唐书·崔融传》)

长安也是帝国的陆路中心。

太宗为了便利交通,于国内政局稳定之后,便开始修筑道路。从长安往东,沿着渭河南岸,经过潼关,可到东都洛阳,洛阳到汴州后,可通山东各地,自汴州北上可达幽州,经幽州可达营州及东北地区,南下可到扬州;经过渭桥,奔向东北,可达太原;渡过灞河,经过蓝田,再经武关,可到荆襄各地,经潭州、衡州(今湖南衡阳)到广州,自衡州可到邕州;西过散关,可达巴蜀。

为了给商旅往来提供方便,唐朝在重要陆路每隔三十里便设一驿站,沿途更有店、铺。全国陆驿一千二百九十一,水驿一千三百三十,水陆相兼之驿八十六。

"东至宋、汴,西至岐州(大业初改置扶风),夹路列店肆待客,酒馔丰溢,每店皆有驴赁客乘,倏忽数十里,谓之驿驴。南诸荆襄,北至太原、范阳,西至蜀川、凉府,皆有店肆,以供商旅。"(《唐会要·卷八十六·驿》)

在规划整齐的长安城内,常住人口约有百万左右,包括各坊的居民百姓、王公贵族、百官士兵、佛道僧尼、奴仆杂役及外国使节、留学生、留学僧人、国内外商人等,长安成为国际性城市。

这样多的人口必然需要大量的农产品、手工业品等多种商品的供应，因此长安成为商业和手工业的中心。

长安城出现了东、西两市。

两市分列于朱雀门街的左右，相互对称，是繁华的商业街，商贾云集，邸店林立，物品琳琅满目，贸易极为繁荣。

东市靠近三大内（西内太极宫、东内大明宫、南内兴庆宫），周围坊里多为皇室贵族和达官显贵第宅，故市中"四方珍奇，皆所积集"（《长安志·东市》)，市场商品多为上等奢侈品，以满足皇室贵族和达官显贵的需要。

西市距三内较远，周围多是平民百姓住宅，市场经营的商品多是衣、烛、饼、药等日常生活品。西市距离长安丝绸之路的起点开远门较近，周围坊里有不少胡商居住，商业活动比东市繁盛。

《唐两京城坊考》记载，长安城内有固定的店铺，如靖恭坊毡业、崇仁坊乐器业、永崇坊茶肆、辅兴坊胡饽店、颁政坊馄饨，也有居无定所的卖药的。丰邑坊还有专门租赁凶器、出售寿衣、为人主持葬礼的凶肆。

《太平广记》描述，长安城内，朱雀街东宣平坊小曲内有卖油的，还有擅长算命的王生，春明门附近有卖饼的，至于春明门至曲江一带，沿途的酒肆很多，城西路边有客店，永兴坊有卖鱼的，长兴坊有毕罗店，常乐坊虾蟆陵的郎官清酒闻名全国，朱雀街西延寿坊有专卖金银珠玉的店铺，崇仁坊旗亭曾有商人在这里发财致富。书中还讲述了长安城中两家店铺开展激烈商业竞争的事例，有东、西两家凶肆，约定在天门街较凶器优劣，输的罚钱五万。两家店都备有供人雇用的奇丽车舆，还有善唱挽歌的佣者可为人唱曲。在两家的商业宣传下，竞争之时，观者如云。同行之间竞争如此激烈，坊市的繁荣可见一斑。书中还提到，金吾铺外与世无争的寺观，也为利益诱使，开始经营牡丹售卖，品种名贵的，可卖几万钱。在大安国寺，胡商从僧人那里还买到了价值四千万贯的宝珠。

《长安志》中说，崇仁坊北门、当皇城景凤门、南当春明门大街，隔街与东市相望，有时"昼夜喧呼，灯火不绝，京中诸坊，莫之相比"，可知已形成夜市。

都会所在，来往行人众多，长安西市有窦家店，据说"当其要害，日收千金"。唐朝又出现了专门的邸店。《唐律疏义》中说，"居物之处为邸，沽卖之所为店。"邸店，可以为远方商客住宿，也可为客商存放货物，还可以帮助客商卖出货物后再买进货物。邸在两市四面而立，为各地商人开展贸易提供方便，分布在朱雀门街东的务本坊、长兴坊、靖安坊、亲仁坊、永崇坊、道政坊、延福坊等坊。

长安商业发达，手工业也有相当的地位。

《唐六典》中说，"工作贸易者为工，屠沽兴贩者为商。"工作贸易者是指作巧成器、自行销售，就是手工业者兼经商，经营的形式是作坊与店铺结合。长安东市有铁行，西市有秤行。东郭通化门附近的长店，是车工聚集地，其中就有造车的场所，修车的同时，也售卖轮辕辐毂等零件。文宗时，内库琵琶偶有损坏，则送崇仁坊修理。

坊市繁华，商品种类也大大增加，体现于日常商品茶、纸、瓷器、纺织品等。

唐时"风俗贵茶"。虽然我国早就有茶叶生产，但在南北朝时北方还不是茶的销售市场。到了唐朝，关西、山东村落开始饮茶，《封氏闻见记》中说，"渐至京邑，城市多开店铺，煎茶卖之。"人们可累日不吃饭，不可一日无茶。皇宫之中，从皇帝到大臣、后妃、宫女，人人饮茶成风。皇帝除自己饮用外，还将贡茶赏赐给大臣或将士，韩翃《为田神玉谢赐茶表》、柳宗元《为武中丞谢赐茶新表》就是明证。唐朝官员、诗人、画家顾况在《茶赋》中说：

"皇天既孕此灵物兮，厚地复揉之而萌，惜下国之偏多，嗟上林之不生。至如罗玳筵，展瑶席，凝藻思，开灵液，赐名臣，留上客，谷莺啭，泛浓华，漱芳津，出恒品，先众珍，君门九重，圣寿万春，此茶上达于天子也；滋饭蔬之精素，攻肉食之膻腻。发当暑之清吟，涤通宵之昏寐。杏树桃花之深洞，竹林草堂之古寺。乘槎海上来，飞锡云中至，此茶下被于幽人也。"

唐朝造纸业空前发达，纸的品种增加了许多。

"纸则有越之剡藤、苔笺，蜀之麻面、屑末、滑石、金花、长麻。鱼子、十色笺，扬之六合笺，韶之竹笺，蒲之白簿、重抄，临川之滑簿。又宋、毫间，有织成界道绢素，谓之乌丝栏、朱丝栏，又有茧纸。"（《唐国史补》）

又如瓷器。学术界一般将中国陶瓷工业史分为三个阶段，南北朝处于陶瓷阶段，亦即半陶半瓷阶段，当时虽已出现了真正的瓷器，但陶器仍占优势，在陶瓷工业中，瓷器尚未成为主流。隋唐以后，陶瓷工业始进入瓷器阶段。在唐朝，瓷工业成为独立的生产部门，出现了邢窑、越窑等名贵瓷器。同时，由于唐朝饮茶之风盛行，也刺激了瓷器工业的发展，唐朝市场上常见的瓷制茶具，有许多为以前所没有的，如茶盖、白瓷瓯、茶杯、茶拓子等。

唐朝纺织品最为繁多，品种也最为复杂，其中仅绢一种，就有八等，产地来自近几十个州，定州上贡的绫就有六种，为细绫、瑞绫、西窠绫、独窠绫、二包绫、熟线绫，数量达到1575匹之多。长安作为主要的集散地，经营丝绸的行有绢行、大绢行、小绢行、新绢行、小彩行、丝帛行、丝绵财帛行、丝帛彩帛行、总棉丝织行等各种店铺，可见丝绸贸易的繁盛。

唐朝打败突厥，经营西域，从长安往域外供应丝绸的交通线丝绸之路畅通无阻。唐人张籍的《凉州词》中说，"无数铃声遥过碛，应驮白练到安西"，可见当时运输到西域的驼队已是习以为常。

唐朝市场上还出现了许多新的商品，如棉花、石炭、刻印佛经、印制的日历、印刷的诗文和书籍、葡萄酒、蔗糖、冰糖和沙糖等。

蔗糖生产开始于唐初，《新唐书》记载，贞观二十一年（647年），摩揭陀国"献菠萝树类白杨；太宗遣使取熬糖法，即诏扬州上诸蔗，榨沉如其剂，色味逾西域甚远"。太宗派人学得的制糖办法，无论是气味还是品相已经远超西域出的糖，更是提高了脱色技术，通过滴漏法过滤成红砂糖，这在当时是一项很先进的技术。陆游曾说，沙糖"中国本无之，太宗时外国贡至……至此中国方有沙糖"。

都城自是文化的中心，很多诗人、书法家也来到长安，多有题咏、绘制。因太宗重视教育，国子监教室增筑四百多间，国子、太学、四门学生大幅增加，负箧求学的多达万人，儒学之兴，古今未有。太宗又多次来到学堂，让祭酒、司业、博士开展讲解讨论，研究者在天文学、算学、医学、地理学、史学等方面取得了辉煌成就，唐朝科技文化、政治制度、饮食风尚等又从长安传播至世界各地。

贞观时期，唐朝政治统一、经济繁荣、文化昌盛，长安城在政治、经济、文化等方面都比隋时有较大发展，成为当时世界上最大、最繁荣的城市。

第八章

政清治明，盛世贞观

1. 三省六部垂千古

唐朝政治制度基本沿袭隋制，即"唐承隋制"，但也有发展演变。武德年间，制度变化较少。贞观时期，太宗加快了改革速度，在中央，确立三省六部制度，在地方，并省州、县，改善了国家机器职能，提高了行政效率。

唐朝设三公（太尉、司徒、司空），正一品，是有唐一代最尊显的三个官职合称，为虚职，无实权。

太宗一朝二十三年，任为"三公"的，多为死后赠官，如魏徵死后追赠司空。活着拜为"三公"的只有三人，第一个是裴寂，代价是被排挤出尚书省；第二个是长孙无忌，先后被拜为司空和司徒；第三个是房玄龄，贞观末以尚书左仆射身份拜为司空，直至去世。晚唐以前拜为太尉的只有三人，一是太宗本人，一是辅弼两朝的重臣长孙无忌，一是历事五朝荣宠不衰的郭子仪。

唐史未明确记载授予"三师"者。

唐朝中央政府实行中书、门下、尚书三省制，即"中书取旨，门下封驳，尚书奉行"。与汉代宰相领袖制不同，唐朝相权采取委员制，由多人会议协商决定。

中书省掌军国政令，依典故起草诏旨敕制及玺书册命，主发令，即起草诏令。

长官为中书令二人，正三品，与尚书平级，副职为中书侍郎，定额两名，下设六房舍人，分别对应六部尚书。中书舍人虽为五品，但除了为皇帝起草诏书外，还负责侍从、宣旨、劳问、接纳上奏文表，分别签押六部之事，还兼管中书事务。中书舍人地位显贵，被视为天子近臣，为时人羡慕。

唐初，中书舍人对所负责之部的上奏文书提出处置意见，其他五位舍人参议章表、各陈所见、同押连署，是谓"五花判事"，而后再由中书侍郎、中书令审议裁决，呈皇帝画敕，才为正式诏书。贞观三年（629年），太宗再次强调"五花判事"制度，由是"鲜有败事"。

门下省掌出纳王命，总典吏职，赞相礼仪，辅佐皇帝而统大政，军国之务与中书省参详而总。

门下省实行双首长制，长官为两名正二品的侍中，副手为两名正三品的黄门侍郎，下又有给事中四人。门下省对中书省起草、颁给尚书省执行的诏令和六部奏抄加以审核、封驳，即封还皇帝失宣诏令、驳正臣下奏章违误。审驳包括三个方面：一是公文审正，臣下所上奏议先递进门下省，重要的转呈皇帝，不需皇帝阅看处理的发往尚书省；二是诏敕封驳，皇帝有诏旨，由中书省中书舍人起草诏令，交宰相会议讨论，若通过，先送门下省给事中复审，如有谬误，或事有不便，便在原诏书上圈画修改后驳正奏还，称为"涂归"，意为诏书涂改后送还中书省重拟，如此往复，直到门下省审核通过，才在诏书上用上玉玺和相印，正式公布，付尚书省施行，诏书敕令虽出自皇帝意旨，仍需宰相同意及门下省副署；三是六品以下官员拟任职务的审定。

门下省还设有散骑长侍和谏议大夫等官。

中书出命，门下封驳，这是两省各自职权。两省相互依存、相互制约，从而避免和减少中央政令失误。太宗对此高度重视，贞观元年（627年）对王珪说：

"中书所出诏敕，颇有意见不同，或兼错失而相正以否。元置中书、门下，本拟相防过误。人之意见，每或不同，有所事非，本为公事。或有护己之短，忌闻其失，有是有非，衔以为怨。或有苟避私隙，相惜颜面，知非政事，遂即施行。难违一官之小情，顿为万人之大弊。此实亡国之政。"（《贞观政要·论政体》）

尚书省主管行政，总领百官，仪刑端揆，是唐朝政府最高行政机构，其下设六部、二十四司和都省。

尚书省长官为正二品的尚书令，副职为从二品的尚书左、右仆射。

隋文帝、炀帝、唐高祖、太宗四朝七十余年，只有杨素、李世民任过尚书令。李世民登基之后，"人臣莫敢当"，尚书省不置尚书令。其后，只有德宗任雍王时收复两京被代宗授为尚书令，郭子仪于国家有大功，朝廷想任为尚书令而被其坚拒。

尚书省由左、右仆射代理，以左为尊，仆射之下设尚书左、右丞。唐制规定"尚书细务属左、右丞"，只有大事应上奏的才请示左、右仆射，左丞负责吏、户、礼三部事务，右丞负责兵、工、刑三部事务，左、右丞承上启下，时有参谋决断，开元以后，掌辖省事，故其地位极其重要。

尚书省下设吏部、民部、礼部、兵部、刑部、工部六部。

高宗即位，避太宗李世民讳，改民部为户部，以后历朝不改。

吏部为六部之首，负责全国官吏任免、考课、升降、调动，户部负责财赋户籍，礼部负责上下礼仪、学校、贡举，兵部负责选用武官及兵籍、军械、军令及传驿，刑部负责刑狱，工部负责殿宇衙署、开河造桥等工程营造。每部设正三品尚书一人，负责各部，与左、右仆射合称八座。每部设一或两名侍郎为副职，除吏部侍郎为正四品上外，其余五部侍郎为正四品下，凸显吏部之重。每部下辖四司，共二十四司，设二名或四名郎中、员外郎为正副主官，共五十七人，与都省左右司郎中、员外郎四人，共计六十一人。

唐朝尚书省还有一项事务，即处理日常文书，负责机构叫都省，设左、右司郎中、员外郎，相当于尚书省办公厅，明确规定了签发、检核文书流程：

"凡内外百司所受之事，皆印其发日，为之程限，一日受，二日报。小事五日，中事十日，大事二十日，狱案三十日，其急务者不予焉。"（《唐六典》）

三省长官尚书令、左右仆射、侍中、中书令同为宰相，但地位却有差别。

唐初，尚书左、右仆射权力最大，侍中、中书令均居其后。武德时期，裴寂任尚书右仆射，后又改任左仆射，其地位与权力超过了同是宰相的纳言（侍中）刘文静和内史令（中书令）萧瑀、窦威。贞观三年，杜如晦检校侍中而摄吏部尚书，后进位尚书右仆射，房玄龄则由中书令而进尚书左仆射。可见武德、贞观时，尚书仆射权力超过中书令、侍中。

到了贞观二十三年（649年），高宗即位，李世勣被任为尚书左仆射同中书门下三品，才有资格出席政事堂宰相会议，证明仆射地位已降低。中宗神龙以后，左、右仆射不再参与决策，不是真宰相。尚书省从决策、执行合一的机构，变成上承政事堂宰相会议精神，再转下施行政事的单纯行政机构。至此，中书门下的决策与审驳权力相应扩大，宰相权力重心移向中书令和侍中。武后时期，群相议政的政事堂也于唐初门下省迁往中书省，称中书门下。

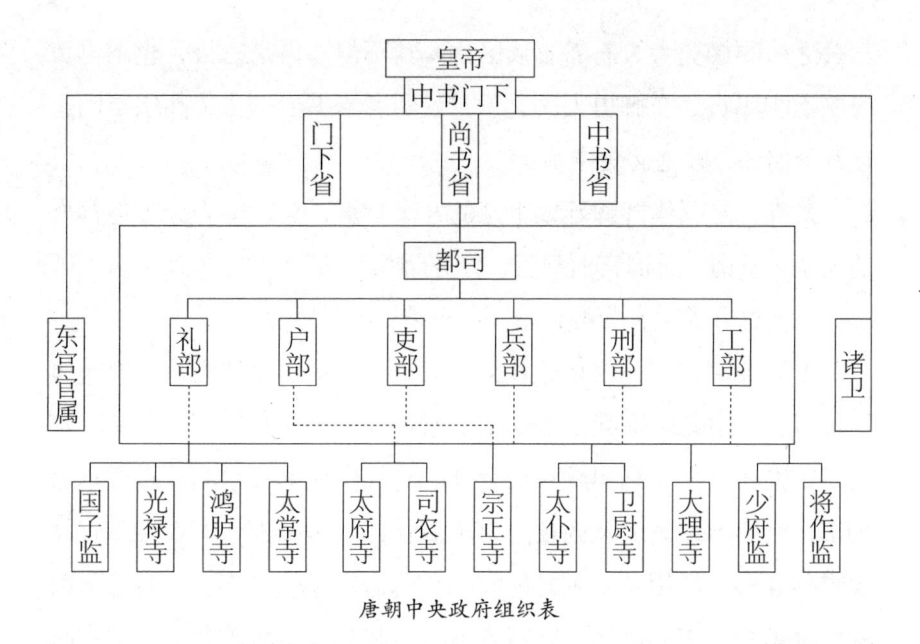

```
                    皇帝
                  中书门下
         ┌──────────┼──────────┐
        门下省    尚书省    中书省
                    │
                   都司
    ┌────┬────┬────┼────┬────┬────┐
   礼部  户部  吏部  兵部  刑部  工部
```

唐朝中央政府组织表

御史台是唐代监察机构，长官是正三品的御史大夫，副职是御史丞；职责大致为六方面，一是维持朝仪，二是平正讼狱，三是整肃官箴，四是稽核财赋，五是监临地方，六是纠正军纪；其他还有监督尚书六部、驿站交通、郊庙祭祀、京城巡阅、狩猎监围，几乎无所不管。

御史台品秩虽低，但地位清高。御史于大夫，虽有上下职分，但独立行事，不受长官牵制，由于御史的超然性，才能实现监察。

御史台下设三院，分别为台院、殿院和察院。

台院的御史称侍御史（从六品下），负责纠举百官、入阁承诏、推（推鞫）弹（弹举）公廨和其他杂事；殿院的御史称殿中侍御史（从七品下），负责纠察朝仪，兼知库藏出纳及宫门内事，及京畿纠察事宜；察院的御史称监察御史（正八品下），在御史台中位分最低，负责分察百僚、巡按郡县。

御史台的作用主要是对以宰相为首的文武百官进行监察监督和弹劾检举。

御史台长官是正三品的御史大夫，当然唐朝的御史大夫和汉代三公之一的御史大夫有着本质区别，其不但不再是三公，也不再负有副丞相职责。在御史大夫之下，设两名治书侍御史，高宗年间避皇帝李治讳，改为御史中丞。

九寺，是汉代九卿延续下来的九个官署，与六部为分工与合作的关系，所谓"总群官而曰省，分务而专曰寺"。

北齐称九寺主官为卿，隋、唐沿袭，副职称少卿。

太常寺掌宗庙礼仪承命礼部，卫尉寺掌军器仪仗帐幕等事大事承敕旨、小事则听命兵部的库部，宗正寺掌皇室亲属事务承命吏部司库，太仆寺掌车马舆厩承命兵部的驾部，大理寺掌案件审理承命刑部，鸿胪寺掌宾客及凶仪之事承命礼部主客祠部，司农寺掌存储食粮与各种生活用品及朝廷所有园苑承命户部的仓部，太府寺掌财称库藏承命户部的金部，光禄寺掌皇室膳食未定所承之部。另有国子监掌国家教育，少府监负责管理工匠、督造皇帝所用器物及铸钱、互市等事，将作监负责宫殿、官署、道路、桥梁等土木营造之事，都水监掌川泽津梁等事。

唐朝的地方行政体制为州、县两级制，之外又设有道、府。

道。贞观初年，太宗按照山川形势特点，重新把全国划分为十道：西北的关内道、陇右道，北部的河东道，东北的河北道，华中的河南道、淮南道、山南道、剑南道，南方地广人稀的江南道、岭南道。

设置十道有一定的国防目的，即以东西两京为中心，分别向东北、正北和西北呈辐射状布置，对应军事交通，以便战时指挥。

道不是新的行政单位，而是一种机动的地区行政组织，无常设行政机构，只是设置起监察作用的观察史，不定期地进行吏治巡察。如贞观八年（634年）、贞观二十年（646年），太宗分别命李靖与孙伏伽等人按道巡察吏治，抚恤百姓。

府。唐初的府，有异于前代的制度，可分两类，管理国内战略要地的都督府和设在边疆地区军事重镇的都护府，主要职能是协调军事任务。

都督府。武德七年（624年）之前，唐朝军事活动不断，高祖仿照隋朝开皇年间旧制，实行军政合一的军事统治，全国设置43个总管府。武德七年，除梁师都据有朔方之外，天下平定，高祖便结束军事统治，更定州官制，改总管为都督，号令数州，全权负责境内的一切军民之政。统治十州以上的，称为大都督府，如洛州、荆州、并州、幽州和交州。到贞观十三年（639年），全国有358个州，设置了四十一个都督府，除京畿九州外，其他州都分属于四十一个都督府。

都护府。唐朝开疆拓土，对归附的少数民族以部落为基础设置羁縻府州，再置都护府统领治理，主要目的是经略边防及羁縻异族。都护之名，源自西汉所置西域都护。唐前期先后设有六个都护府，执掌所辖地区行政、军事与各族事务。

安西都护府，贞观十四年（640年），唐平定高昌后所设，统治天山及中亚羁縻府州，后又置龟兹都督府，府治移往龟兹（今新疆库车，下同）；上元年间，焉耆（今新疆焉耆西南，下同）等四镇都督府受其节制；武后年间，统领九十六个羁縻州府；肃宗至德初年，一度更名镇西；德宗贞元三年（787年）被吐蕃占领。

北庭都护府，贞观十四年，太宗在天山北部置庭州（今新疆乌鲁木齐），武后长安二年（702年）于其地设北庭都护府，统辖十六个府州，与安西都护府以天山为界，分治南北，德宗贞元七年（791年），其地被吐蕃占领。

燕然都护府，贞观二十一年（647年）平定薛延陀部后所设，治金山（今蒙古科布多境），统辖薛延陀、回纥各部，管理瀚海（回纥部）、燕然（多滥葛部）、金微（仆骨部）六部都督府及狼山等二十七个羁縻州府；总章二年（669年）改称安北都护府，辖大漠以北，后治所逐渐南移，先后治于东受降城（今内蒙古托克托）、西受降城（今内蒙古五原北）和中受降城（今内蒙古包头西）；至德以后，称镇北都护府。

单于都护府，高宗永徽元年（650年）设，辖有狼山、云中、桑干三个都督府和苏农等十四州，辖地在大漠以南；龙朔三年设云中都护府，后又改回原称。

安东都护府，高宗显庆五年（660年）平百济，设熊津、马韩、东明、金涟、德安都督府；总章元年（668年）灭高句丽，设安东都护府于平壤，辖东北南部及朝鲜半岛中北部，后治于辽东故城（今辽宁义县东南）；肃宗至德年间（758年）废。

安南都护府，高宗调露元年（679年）改交州都护府为安南都护府，治交州，统境内羁縻州，兼控南海各国；肃宗改为镇南；代宗复改原称。

州，县。武德元年（618年），高祖改隋末的郡为州，县仍然是州的下一级行政单位，州、县长官分别定名为刺史和县令。

武德时期，高祖大封皇室成员、外戚、勋臣宿将及新归附各方豪杰，使之管辖州、县以示恩宠，导致州、县数量是隋朝的两倍多。

太宗即位，国家的行政组织已失去平衡，因此太宗于二月下诏，并省州、县，裁减行政分支机构。贞观十三年，全国设有358个州、1551个县。

唐朝的州、县分为上、中、下三等，四万户以上为上州，三万户以上为中州，不满三万户的为下州。

唐朝又根据地理交通状况，分州为四辅、六雄、十望、十紧之号。四辅，为华、同、岐、蒲四州；六雄，为郑、陕、汴、绛、怀、魏六州；十望，为宋、亳、洺、滑、卫、相、虢、许、汝、晋十州；十紧，为秦、陇、延、泾、邠、汾、隰、慈、唐、邓十州。这三十个州是唐朝中心地带的重要之州。

州官设置，有刺史、别驾、长史（唐初改郡丞为别驾，高宗改别驾为长史），下设功、仓、户、兵、法、士六曹。六千户以上为上县，二千户以上为中县，一千户以上为中下县，不满一千户的为下县。县有丞一人，主簿一人，尉两人，只有京兆、河南、太原三县有丞两人。京兆各县，设置司功、司仓、司户、司法、司士，称为佐。上县以下，只有司户、司法佐各四人。

县以下，有乡、里、坊（村）、保、邻，百户为里，五里为乡，乡设耆老一人，里设里正，坊（村）设坊（村）正，保和邻设保长和邻长。

至此，有唐一代的中央和地方行政制度基本确定下来。

罗马之后再无罗马，唐亡之后依然有中国，这便是唐代伟大远超罗马之处。

唐朝中央官制表

种类	官名		官品	职责	组织设置
三师	太师、太傅、太保		正一品	三师为训导之官，大抵无所统职。	三师三公皆无官职。
三公	太尉		正一品	三公为论道之官，辅佐天子，理阴阳，平邦国，无所不统，所以不以一职为其官。	
	司徒		正一品		
	司空		正一品		
三省	尚书省	尚书令	正二品	总领百官，仪刑端揆。	所属除六部外，还有左右丞各一人，左丞正四品上，右丞正四品下。
		左右仆射	从二品	总领六官，纪网百揆，为尚书令副职。	负责管辖省事，纠举宪章，以辨六官仪制，而正百僚文法，分别视事。
		六尚书 吏部尚书	正三品	掌天下官吏选授、勋封、考课政令，凡职官铨综之典，封爵策勋之制，权衡殿最之法，悉以咨之。	吏部尚书一人正三品，侍郎二人正四品上，所属有四：一为吏部、二为司封、三为司勋、四为考功。吏部郎中二人，其余三司各置郎中一人，从五品上。

续表

种类	官名			官品	职责	组织设置
三省	尚书省	六尚书	户部尚书	正三品	掌天下户口井田之政令。凡徭赋职贡之方，经费供给之数，藏货赢储之准，悉以咨之。	户部尚书一人正三品，侍郎二人正四品下，所属有四：一为户部、二为度支、三为金部、四为仓部。户部郎中二人，其余三司各置郎中一人，从五品上。
			礼部尚书	正三品	掌天下礼仪、祠祭、燕飨、贡举政令。	礼部尚书一人正三品，侍郎一人正四品下，所属有四：一为礼部、二为祠部、三为膳部、四为主客，各置郎中一人，从五品上。
			兵部尚书	正三品	掌天下军卫武官选授政令。	兵部尚书一人正三品，侍郎二人正四品下，所属有四：一为兵部、二为职方、三为驾部、四为库部。兵部郎中二人，其余三司各置郎中一人，从五品上。
			刑部尚书	正三品	掌天下刑法及徒隶句覆、关禁政令。	刑部尚书一人正三品，侍郎二人正四品下，所属有四：一为刑部、二为都官、三为比部、四为司门。刑部郎中二人，其余三司各置郎中一人，从五品上。
			工部尚书	正三品	掌天下百工、屯田、山泽政令。	工部尚书一人正三品，侍郎一人正四品下，所属有四：一为工部、二为屯田、三为虞部、四为水部。各置郎中一人，从五品上。

续表

种类	官名	官品	职责	组织设置
三省	侍中（门下省）	正三品	负责出纳王命，缉熙皇极，总典吏职，赞相礼仪，以和万邦，以弼庶务，即辅佐天子而统大政，凡军国之务，与中书令相参而总。	侍中二人正三品（大历二年升为正二品）。黄门侍郎二人正四品上（大历二年改为正三品）。给事中四人正五品上，负责侍奉左右，分判省事，凡百司奏抄，侍中审定，则先读而署签，以驳正违失；若官非其人，理失其事，则报侍中而退量。
	黄门侍郎	正四品上	侍中副职，凡政之驰张，事之予夺，均参议。	左散骑常侍二人从三品，负责侍奉规讽，备顾问应对。谏议大夫四人，正五品上，负责侍从赞相，规谏讽谕。左补阙二人，从七品上；左拾遗二人，从八品上，负责供奉讽谏，扈从乘舆。隶有弘文领馆。
	中书令（中书省）	正三品	负责军国政令，缉熙帝载，统和天人，入则告之，出则从之，以釐万邦，以度百揆，辅佐天子而执掌大政。	中书令二人，正三品（大历二年升为正二品），中书侍郎二人，正四品上（大历二年升为正三品）。中书舍人六人，正五品上，负责侍从进奏，参议表章，凡诏旨制敕及玺书册命，皆按典故，起草进画，既下则署签颁行。右散骑常侍二人，从三品，右补阙二人，从七品上，右拾遗二人，从八品上，其责如左散骑常侍补阙拾遗之职。隶有集贤殿。
	中书侍郎	正四品上	中书令副职，凡国家庶务，朝廷大政，均参议。	

第八章 / 政清治明，盛世贞观 /

285

续表

种类	官名	官品	职责	组织设置
此外，机关以省为名的有三种： 1. 秘书省，监一人从三品，少监二人从四品上，丞一人从五品上，监掌国家经籍图书事务。有二局，著作、太史，皆率所属而修其职。少监为副职，丞掌判省事，隶有司天台。 2. 殿中省，监一人从三品，少监二人从四品上，丞二人从五品上，监掌乘舆服御之政令，总领尚食、尚药、尚衣、尚乘、尚舍、尚辇六局官属。少监为副职，丞掌判省事。 3. 此外还有内侍省，内侍四人，从四品上，内常侍六人，正五品下，内侍经常在内侍奉，出入宫掖，宣传制令，总领掖庭、宫闱、奚官、内仆、内府五局官属。内常侍为副职。			
一台	御史台	御史大夫	从三品	负责国家刑宪典章之政令，以肃正朝列。中丞为副职。	御史大夫一人从三品，丞二人正五品，为大夫副职。下设三院：一为台院，侍御史四人从六品下，负责纠举百僚，推鞫狱讼；二为殿院，殿中侍御史六人，从七品下，负责殿廷供从仪式；三为察院，监察御史十人，正八品上，负责分察百僚，巡按州县。
九寺	太常寺	卿	正三品	负责国邦礼乐郊庙社稷之事，设八署分别管理。少卿为副职。	卿一人正三品，少卿二人正四品上，为卿副职，总领郊社、太庙诸陵、太乐、鼓吹、太医、太卜、廪牺等署。
	光禄寺	卿	从三品	负责国家酒醴膳馐之事，总领四署官属，修其储备，谨其出纳。少卿为副职。	卿一人从三品，少卿二人从四品上，为卿副职。总领大官、珍羞、良酝、掌醢四署。

续表

种类	官名	官品	职责	组织设置
九寺	卫尉寺	卿	从三品	负责国家器械文物之政令，总领三署官属。少卿为副职。	卿一人从三品，少卿二人从四品上，为卿副职，总领武库、武器、守官三署。
	宗正寺	卿	从三品	负责皇九族六亲之属籍。少卿为副职。	卿一人从三品，少卿二人从四品，为卿副职，领崇玄署。
	太仆寺	卿	从三品	负责国家厩牧车舆之政令，总领四署及各监牧官属。少卿为副职。	卿一人从三品，少卿二人从四品上，为卿副职。总领乘舆、典厩、典牧、车府四署及各监牧官属。
	大理寺	卿	从三品	负责国家折狱详刑之事。少卿为副职。	卿一人从三品，少卿二人从四品上，为卿副职。其下属有正二人从五品下，丞六人从六品上，司直六人从六品上，评事十二人从八品下。
	鸿胪寺	卿	从三品	负责宾客及凶仪之事。总领二署，以率其官属，供其职务。少卿为副职。	卿一人从三品，少卿二人从四品下，为卿副职。领典客、司仪二署。
	司农寺	卿	从三品	负责国家仓储委积之政令，总领四署与各监官属，谨其出纳，修其职务。少卿为副职。	卿一人从三品，少卿二人从四品上，为卿副职。总领上林、太仓、钩盾、导官四署与各监官属。
	太府寺	卿	从三品	负责国家财货之政令。总领八署官属，举其纲目，修其职务。少卿为副职。	卿一人从三品，少卿二人从四品上，为卿副职。总领京都四市平准、左右藏、常平八署官属。

第八章 / 政清治明，盛世贞观 /

续表

种类	官名	官品	职责	组织设置
四监	国子监 祭酒	从三品	负责国家储学训导之政令。	祭酒一人从三品，司业二人从四品下。有六学：国子、太学、四门、律学、书学、算学。
	少府监 监	从三品	负责百官技巧之政令。总领五署之官属，庀其二徒，谨其缮作。少监为副职。	监一人从三品，少监二人从四品下。总中尚、左尚、右尚、织染。负责管理五署官属及各铸钱监、各互市监。
	将作监 大匠	从三品	负责国家修建土木工匠之政令。总领四署百工等监，以供其职事。少匠为副职。	大匠一人从三品，少匠二人从四品下。总左校、右校、中校、甄官四署，百工、就谷、库谷、斜谷、太阴、伊阳等监。
	都水监 使者	正五品上	负责川泽津梁之政令。总领二署官属，凡渔浦之禁，衡虞之守，皆归其管理。	使者二人正五品上。总领舟楫、河梁二署官属。
十六卫	左右卫 大将军	正三品	负责宫廷宿卫，凡五府三卫及折冲府骁骑番上者受其名簿而配以职。	十六卫，各置大将军一人正三品，将军各二人从三品，此外尚有长史各一人从六品上，录事参军各一人正八品上，仓曹、兵曹参军各二人正八品下，骑曹、胄曹参军各一人正八品下。
	左右骁卫 大将军	正三品	负责同左右卫，凡翊府之翊卫，外府豹骑番上者分配之。	
	左右武卫 大将军	正三品	负责同左右卫，凡翊府之翊卫，外府熊渠番上者分配之。	

续表

种类	官名	官品	职责	组织设置
十六卫	左右威卫大将军	正三品	负责同左右卫，凡翊府之翊卫，外府羽林番上者分配之。	贞元二年初，置十六卫上将军，从二品。 番上指各地轮值赴京服役的府兵。
	左右领军卫大将军	正三品	负责同左右卫，凡翊府之翊卫，外府射声番上者分配之。	
	左右金吾卫大将军	正三品	负责宫中京城巡警烽候道路水草之宜，凡翊府之翊卫及外府饮飞番上皆属。	
	左右监门卫大将军	正三品	负责各门禁卫及门籍。	
	左右牛千卫大将军	正三品	负责侍卫及供给兵仗。	

所谓五府，新志《十六卫》："亲卫之府一，为亲府。勋卫之府二，一为勋一府，二为勋二府。翊卫之府二，一为翊一府，二为翊二府，凡五府。"

所谓三卫，旧志《兵部尚书》："凡左右卫亲卫勋卫翊卫，及左右率府亲勋翊卫，及诸卫之翊府，通谓之三卫。"

所谓骁骑，旧志《兵部尚书》："凡兵士隶卫各有其名，左右卫为骁骑，左右骁骑为豹骑，左右武卫为熊渠，左右威卫为羽林，左右领军卫为射声，左右领金吾卫为饮飞。"

2. 唯才是举应识我

在用人方面，太宗坚持唯才是举、唯贤是与。

太宗十分赞同魏徵提出的"因其材以取之，审其能以任之，用其所长，舍其所短"的观点，认可"天下未定，可专取其才、不考其行；天下太平，则非才行兼备不可"的用人导向。他说：

"故明主之任人，如巧匠之制木。直者以为辕，曲者以为轮，长者以为栋梁，短者以为栱桷。无曲直长短，各有所施。明主之任人亦犹是也。智者取其谋，愚者取其力，勇者取其威，怯者取其慎。无智愚勇怯兼而用之。故良匠无弃材，明君无弃士。"（《帝范·审官第四》）

太宗为官择人，反对以新旧为别，力避魏徵引管仲回答齐桓公所概括的用人五忌：不能知人；知而不能用；用而不能任；任而不能信；既信而又使小人参之。

为了吏治清明，太宗还建立和发展了唐朝的文官制度。

唐朝文官任用制度繁多，官衔有职、散、勋、爵之称，区别在于，爵以定崇卑、官以分职务、阶以叙劳、勋以叙功，四者各不相蒙，有官、爵卑而勋、阶高的，也有勋、阶卑而官、爵高的，十分容易使人迷乱。但正是通过这种合理的序列和丰富的阶衔等级设计，唐朝构建了一个一元化的复式品位结构，通过官员的身份认同，增强了社会激励，引导了社会流动，成为重要的政治调节方式。

唐代官员分九品，每品分正、从，正四品以下，又有上、下，共计九品三十阶，称为"流内"。未入流内者，为流外，其品秩卑微，与白丁无异，不受重视。

文官流内都有其"阶"，所叙之"阶"即是散官。所谓散官，唐律疏议定义为"依令无执掌者"，即有官名而无职事，作用是"官有尊卑，以此定位"，如某人按其父祖封爵而以荫补入仕所叙之阶。

唐代文武散官共分九品，每品分正、从，正四品以下，又有上、下，因未设正一品，故为二十九阶。

文散官第一阶为从一品"开府仪同三司"，意为非三公（司徒、司寇、司空）而享三公待遇，三公官名都有"司"，故称"三司"，一般是元老重臣去职或致仕的荣誉头衔。武散官第一阶为从一品骠骑大将军。

除散官外，又有职事官。

所谓职事官，为"依令有执掌者"，即在政府中充任职位且有实际业务的官员，有职、有位、有权、有责，是唐朝行政权力运转的基础官员体系。

职事官分文武，共九品，每品分正、从，文官正四品以下，又有上、下，共三十等；武职从正三品起即分上、下，共三十二等。

职事官类别有：正员官，即政府正常编制官员，太宗即位后进行了大规模压缩，当初高祖晋阳起兵，为赢得支持，在向关中进军的途中大量任官，"口询功能，手注官秩"，一天任命千人，太宗认为"官不在多，惟其得人，得其善，虽少也足够，得其不善，再多也没用"，便让房玄龄等核定朝廷文武官员 640 名，比隋时朝廷内官 2581 员减少四分之三还多；检校官，即兼任职事官，指代理某官；试官，分为实任和虚衔，始于武后时期；员外官，指正式编制外额外增加的官员，滥置始于武后和中宗时期。

唐朝《职官令》规定了政府机构、官员的设置和配备，《唐律》规定官员数设置超过限额或不应置而置，"一人杖一百，三人加一等，十人徒二年。"

唐朝九品以上职事官必带散位。职事官为现职，通称为"官"，散位为铨叙之级，称为"阶"。职事官可随时调动，而散官必须按部就班，以劳考叙阶升级。

就职事官而言，流外与流内是一界限，有品级则为流内，凡流内都有阶，以示资历及地位序列高低；未入九品者为流外，品秩卑微，多充任京师官署吏员，流外亦分品级，经考铨后，可递升流内，称为入流。流外入流制度是唐朝与科举制度并举的入仕制度，武德初年即实施。

流内官三品、五品又是两个界限，三品以上官员由皇帝亲择，称"册授"；三品以下、五品以上由中书门下根据乡贯、历任、考课等情况编入"具员簿"，有官员出缺则由宰相进拟，由皇帝核准任命，为制授；六品以下由吏部注拟除授，为旨授。吏部注拟的流内六品至九品官，称"流内铨"或"大选"，其铨有三，由吏部尚书和二侍郎分别主持。尚书称"尚书铨"，掌六品、七品选事，侍郎二人，称"中铨"和"东铨"，分掌八品、九品选事。流外九品吏员由吏部郎中判署，以京师诸吏为主，称"流外铨"或"小选"。

官员的俸禄、章服、班位根据品阶而定。以章服来说，贞观四年（630年），三品以上服紫，四品、五品服绯（朱红），六品、七品服绿，八品、九品服青，妇人从夫之色。唐代高级官员都有一个表示身份的鲤鱼状金符（鱼符），以袋盛之，称"鱼袋"，三品以上以金饰之，称金鱼袋，五品以上以银饰之，称银鱼袋。

勋官，即授某人一定官称，有品级而无职掌。

《周礼》上说"王功曰勋"。勋官出自北周、齐交战之际，本来用以奖励战功、酬劳战士，具体为上柱国、柱国、上大将军、大将军、上开府仪同三司、开府仪同三司、上仪同三司、仪同三司、大都督、帅都督、都督等府兵军职，但是北周实施不久就虚衔化。隋朝建立后，把以上十一个官号作为勋官位阶。唐承隋制，文武官均可授勋官，改其名为上柱国、柱国、上护军、护军、上轻车都尉、轻车都尉、上骑都尉、骑都尉、骁骑尉、飞骑尉、云骑尉、武骑尉，自正二品至从七品，共十二转。按规定，勋官可与相应品级的公卿大臣处于同等班位。但实际上因授勋过多，动以万计，无职事的勋官实际地位往往在胥吏之下，仅为荣誉称号，失去了最初的奖励功能。

唐朝爵位分九等：

王，食邑万户，正一品，一般只授予皇子，唯一的例外是杜伏威曾被高祖授予吴王；嗣王、郡王，食邑五千户，从一品，授予宗室和归附的割据势力；国公，食邑三千户，功臣爵位的上限；开国郡公，食邑二千户，正二品；开国县公，食邑一千五百户，从二品；开国县侯，食邑一千户，从三品；开国县伯，食邑七百户，正四品上；开国县子，食邑五百户，正五品上；开国县男，食邑三百户，从五品上。"食实封"才可享受实际的经济利益，否则仅为名誉。

唐代官员有职事官、散官、勋官、爵位之别，而官阶调整则由每年考课决定。

唐朝官员考课时间为每年一小考，四年一大考。考课由本司及本州县长官按规定考核功过行能，分上上至下下九等写入考状，由吏部与各道观察使复验，任期满后，根据考绩结果升降。京城诸司考核在九月三十日以前结束，各地府州考课簿在十月二十五日以前交朝集使送至京城，最迟不得超过正月三十日。

尚书省吏部考功司负责百官考课，考功郎中主持京官，考功员外郎负责外官。亲王及中书、门下二省、京官三品以上及都督、刺史、都护、节度使、观察使，由尚书省吏部考功司与有关部门协调考课，状奏听旨裁决，有时也由皇帝亲自考课，如高宗曾考定大理卿唐临"形如死灰，心若铁石"，四品以下，由尚书省协同主考官校定，考毕，发给考牒为据。

尚书省还负责四品至九品官流外吏员的四等考级。

官员考课标准和内容为四善二十七最。善，指不同职务官员履职最高要求；最，指最能胜任职事、上功或首功。

"四善"为所有官员的共同素质与标准：为德义有闻、清慎明著、公平可称、恪勤匪懈。

"二十七最"则是把从近侍到镇防各种官员按职责分类后的最佳评语：一、献可替否，拾遗补缺，为近侍之最（适用于两省官）；二、铨衡人物，擢尽良才，为选司之最（适用于吏兵二部司铨选之官）；三、扬清激浊，褒贬必当，为考校之最（适用于考功官员）；四、礼制仪式，动合经典，为礼官之最（适用于太常寺官员和鸿胪寺部分官员）；五、音律克谐，不失节奏，为乐官之最（适用于太常寺掌乐律之官）；六、决断不滞，与夺合理，为判事之最（适用于九寺五监之丞）；七、部统有方，警守无失，为宿卫之最；八、兵士调习，戎装充备，为督领之最；九、推鞫得情，处断平允，为法官之最；十、雠校精审，明于刊定，为校正之最；十一、承旨敷奏，吐纳明敏，为宣纳之最（适用两省部分官员）；十二、训导有方，生徒充业，为学官之最；十三、赏罚严明，攻战必胜，为将帅之最；十四、礼义兴行，肃清所部，为政教之最（适用于刺吏、县令）；十五、详录典正，辞理兼举，为文史之最；十六、访察精审，弹举必当，为纠正之最；十七、明于勘覆，稽失无隐，为勾检之最（适于录事参军、尚书左右丞、主簿等）；十八、职事修理，供承强济，为监掌之最；十九、功课皆充，丁匠无怨，为役使之最；二十、耕耨以时，收获成课，为屯官之最；二十一、谨于盖藏，明于出纳，为仓库之最；二十二、推步盈虚，究理精密，为历官之最；二十三、占候医卜，效验居多，为方术之最；二十四、检察有方，行旅无壅，为关津之最；二十五、市廛不扰，奸滥不作，为市司之最；二十六、牧养肥硕，蕃息孳多，为牧官之最；二十七、边境肃清，城隍修理，为镇防之最。

有些主管户籍税收等经济事务的官员，还要将业绩及损失上报，作为评定考级的参考数据。

唐朝规定，一最作为不同岗位的标准要求，和普遍的官员素质（四善）相结合，分九等：

一最以上有四善为上上，一最以上有三善或无最而有四善为上中，一最以上有二善或无最而有三善为上下；一最以上有一或无最而有二善为中上，一最以上或无最而有一善为中中，职事粗理、善最弗闻为中下；爱憎任情、处断乖理为下上，背公向私、职务废阙为下中，居官谄诈及贪浊有状为下下。

唐朝皇帝经常亲自为宰相等高级官员书写考词。高祖曾亲自把敢于诤谏的李纲、孙伏伽考为上第；太宗亲自掌选各州刺史的考课任用，在卧室屏风上写下姓名，坐卧恒看；玄宗也为中书令张说书写"才望兼著，理合褒升，考中上"考词。

总章年间，尚书卢承庆初考内外官，一名官员督运漕粮，遇风失米，评为"监运损粮，考中下"，那人容止自若，无一言而退，卢承庆看重其雅量，改写为"非力所及，考中中"，那人既不高兴，也无愧词，便又改写为"宠辱不惊，考中上"。

小考与物质待遇有关，大考与品阶升降有关。小考赏以加禄，罚以夺禄，获中上考以上，每进一等加禄一季，中中考保持本禄，获中下考以下，每退一等，夺禄一季。大考赏以晋阶，罚以降职，五品以下官，四次考核中中以上考的，可加官进阶，获下下考的解职，重者左迁贬黜，以至追究刑事责任。

唐朝文官任用形态种类很多，主要有拜、迁、转、擢、进、除、改、左迁、左除、授、左授、贬等，表示任用新官职与旧官职在秩位上的升降关系。

"韦挺，贞观初，侍中王珪数举之，由是迁尚书右丞。俄授吏部侍郎，转黄门侍郎，进拜御史大夫，封扶阳县男。……寻迁太常卿。"（《旧唐书·韦挺传》）

拜，唐朝任官通称，指正式任命，少有官职升降的含义，常用于初任。拜，一般指任官，不含品秩升降之意，但是如果前面加擢，比如，由考功员外郎（从六品）擢拜中书舍人（正五品），则品秩升级，此外，超拜也是官职升迁之意。

迁，改任称迁，即由一官职调任另一同品级或高品级的官职。唐时改官，常用迁。谏议大夫（正五品上），迁给事中（正五品上）；中书舍人（正五品上），迁兵部侍郎（正四品下）。左迁，与迁不同，由较高官职调降较低官职，如国子监祭酒（从三品）左迁岳州别驾（州刺史佐官，正五品下）。唐人改官，均称迁或左迁。

转，亦改官之称，所改之官或同品级或较高品级，如陕州刺史转汝州刺史。

擢，调升之意，由低品升高品级，如大理少卿（从四品）擢太常少卿（正四品）。

进，晋升官职之意，有时品位未升而职位较优，也用进，如兵部尚书（正三品）进侍中（正三品）。

除，拜官称除，极少用于初任，如工部侍郎（正四品下）除卫尉卿（从三品）。

改，调任他职，可由低职调任高职，也可由高职调任低职，可由同级调优缺，也可调劣缺，如刑部侍郎（正四品下）改京兆尹（从三品）。

授，即授予官职之意，可用于初任，也可用于转任，如授万年县尉。授与拜、除相似，可做任官之通称。左授，由较高职位降低任较低职位，或由较优职位改任较劣职位，如中书令（正三品）左授台州刺史（从三品）。

贬，调任较低的官，比左迁、左授更为明显而强烈。唐人称贬，指由中央高官调任地方卑官，或中央要害部门调边地闲散部门，或由距京师较近之地官职调任较远之官职，如，太子少保（从二品）贬睦州刺史（从三品）。

需要指出的是，太宗因宰相品位崇高，不轻易授人，便量谋变通，常以他官而居相职。贞观八年（634年），左仆射李靖因病辞任，诏令其病情稍有好转便可每三两日至门下中书平章政事，高宗永淳元年（682）始以"平章事"入官衔，唐中叶，凡为宰相必于本官外加"同平章事"衔。贞观十七年（643年），诏以李靖为詹事并同中书门下三品，唐中书令、侍中为三品，"同中书门下三品"即和中书令、侍中一样参政。之后，这两种称呼便成为以他官而居相职的固定名称。这样任官的好处在于，因三省长官人数有限，以此等名目增加参政人数可集思广益，可制约宰相以避免专权，可利于皇帝驾驭品位较低的官员，有利于任，也有利于免。

唐代的官吏考核体系完备，考核机构设置合理而效率很高，考核程序严密，考核标准法律化，因此对于吏治清明和提高行政机构效率发挥了较好的作用。

唐朝地方官制表

区域名称	主管设官	品秩	职权	备注
道	采访使			唐朝于各道置按察使，后改为采访处置使，在所辖大郡办公。改为观察使后，其有戎旅之地即置节度使。分天下为四十余道，大者十余州，小者二三州，但令访察善恶，举其大纲。然甲兵财赋民俗之事无所不领，称之都府。权势不胜其重，能生杀人，或专私其所领州，而虐视支郡。（《文献通考·卷六十一·采访处置使》）

续表

区域名称	主管设官	品秩	职权	备注
府	牧	从二品	牧及都督刺史负责清肃邦畿，考覆官吏，宣布德化，抚和齐人，劝课农桑，教谕五教。每年一巡属县，观风俗，问百姓，录囚徒，恤鳏寡，阅丁口，务知百姓疾苦，内有笃学异能闻于乡闾者，举而进之；有不孝悌，悖礼乱，不遵守法令的，纠而绳之。其吏在官，公廉正己，清直守节者必察之；其贪秽谄谀、求名徇私者亦谨而察之，皆附于考课，以为褒贬。若善恶殊尤者，随即奏闻，若狱讼之枉疑，甲兵之征遣，兴造之便宜，符瑞之尤异，亦以上闻。其常则申于尚书省而已。若孝子顺孙，义夫节妇，志行闻于乡闾者，亦随实申奏，表其门闾，若精诚感通则加优赏。其孝悌力田者，考使集日，具以名闻。其所部有须改更，究以便宜从事。	京兆（即雍州）为西都，河南（即洛州）为东都，太原（即并州）为李唐发祥之地，故建为北都，通名为府，牧各一人，置尹（从三品）为副职。亲王任州官则称牧，但亲王为牧，不领政事，职务归尹总管。
都督府	大 都督	从二品	^	^
^	中 都督	正三品	^	^
^	下 都督	从三品	^	^
州	上 刺史	从三品	^	^
^	中 刺史	正四品上	^	^
^	下 刺史	正四品上	^	^

续表

区域名称	主管设官	品秩	职权	备注
县	京县	令	正五品上	京畿及天下各县令职责，在于负责导扬风化，抚字黎民，敦四民之业，崇五士之祠，养鳏寡，抚孤贫，审理冤屈，躬亲狱讼，务知百姓疾苦。	长安、万年、河南、洛阳、太原、晋阳六县。京兆、河南、太原所管各县。
	畿县	令	正六品上		
	上县	令	从六品上		
	中县	令	正七品上		
	中下县	令	从七品上		
	下县	令	从七品下		
县以下组织	乡	耆老			大唐凡百户为一里，里置正一人，五里为一乡，乡置耆老一人，以耆年平谨者，县补之，亦称父老。（《通典·卷三十·乡官》）百户为里，五里为乡，两京及州县之郭内分为坊，郊外为村，里及村皆有正以司督察（里正兼劝课农桑，催驱赋役）。四家为邻，五邻为保，保有长，以相禁约。
	里	正			
	坊、村	正			
	保	长			
	邻居	长			

3. 天下英雄尽入彀

有人说，从对世界文明的影响来说，科举制可称为中国的第五大发明。

作为中国历史上一种选拔官员的制度，科举制在中国历史上持续了一千三百多年，是古代用人制度的一次重大飞跃。

科举考试不问家世，不需举荐，注重唯才是举，具有开放性和公正性，给草野寒畯之士开辟了登进之途，增加了社会阶级的流动，消解了社会内部张力，适合了封建社会的政治需要，成为当时最进步、也是最重要的选官制度。

西汉乡举里选是国家定制，通过察举，即由丞相、列侯、刺史、守相等推举，经考核，任以官职，或对策，"匹夫为公卿、白衣为将相"者比较普遍。

东汉末年，天下大乱，选官制度遭到破坏。曹魏首创九品中正制，定为上上、上中、上下、中上、中中、中下、下上、下中、下下九品，中正从众从贤以荐举职官。到晋朝，门阀世族控制选官，"上品无寒门，下品无士族"，九品中正制成为世袭制的翻版。

隋文帝代周，选官制度发生变化，朝廷将选官任人的权力集中到吏部，也开创了多种选人途径。文帝曾命各州每年向朝廷荐举三人做官，并要求"京官五品以上、总管、刺史，以志行修谨、清平干济二科举人"。

大业三年（607年），炀帝诏令"文武有职事者，五品以上，宜依令十科举人"，十科为：孝悌有闻、德行敦厚、书仪可称、操履清洁、强毅正直、执宪不挠、学业优敏、文才美秀、才堪将略、膂力骁壮。后减为四科，即有"文才美秀"科，即进士科。

进士科以考试策问为主，一般把炀帝创设进士科作为科举考试制度正式产生的标志。隋朝科举考试，录取和任用权完全在中央，以试卷凭文取人，使人才选拔有了客观的标准，声名德望已不再是主要依据。考试选人，打破了门阀士族把持选士的局面，使广大下层民众有了入仕机会，是中国古代选士制度的大分界线。

隋朝的科举考试尚处于草创阶段，举秀才仅十余人。唐朝国运较长，政局相对稳定，考试取人变成国家行为。可以说，科举制创始于隋而确立、发扬于唐。

唐初科举得人较少。武德元年（618年）五月，拜官一人；武德二年、三年未举行贡举。武德四年（621年）四月，高祖敕令各州于学士及白丁中：

> "有明经、秀才、俊士、进士明于理体为乡里称者，县考试，州长重覆，岁随方物入贡。"（《新唐书·选举志》）

这条敕令意义重大，标志着科举制度最迟在高祖武德四年已经确立，同时也可推定科举制创始于隋，因为敕下之日，唐朝立国不到四年，仍忙于平定各地割据势力，军务繁忙，无暇在选官方面更立新制，故可推断，武德四年选官，采用的州县考试、次第录用的方法，应是沿袭隋制。《唐摭言》记载，武德五年（622年）十月，聚集四科共218人，其中明经143人、秀才6人、俊士39人、进士30人，十一月赴尚书省考试，十二月吏部上奏，考功员外郎申世宁取秀才一人、俊士十四人。这次考试孙伏伽名列甲榜第一名，为中国历史上有据可查的第一位状元。

科举制应试者来源，一是乡贡，就是不上学的在州、县官府报考；一是生徒，就是在中央和地方官学上学的在校生。为此京师建立了国子监指导下的五类学校，其中国子学、太学和四门学建立于高祖时期，其余书学和律学学校是太宗增设的。武德九年（626年），学校有学生342名，贞观时期，学生达到3260人。

唐朝教育管理机构国子监长官设祭酒一人、司业二人，教师设博士五人、助教五人、直讲四人。国子学，生额三百人，入学资格为文武三品以上官员子孙、若从二品以上曾孙及勋官二品、县公、京官四品带三品勋官之子；太学，生额五百人，五品以上子孙、职事官五品期亲若三品曾孙及勋官三品以上之子弟；四门学，生额共1300人，五百人为勋官三品以上无封、四品有封及文武七品以上子弟，八百人为庶人俊异子弟；律、书、算三学，生额为五十、四十、三十人，招录八品以下子弟及庶人中通晓专业知识之人。

可见国子学、太学是贵族性质的学校；四门学介于贵族与一般官僚和庶民之间；律、书、算三学面向下级官吏和普通百姓，是专科学校。朝廷还设立弘文馆，校勘图籍，教授五品以上职事官子弟。

科举考试由朝廷主持招考。太宗即位，科考次数大幅增加，几乎每年举行。

考生遵循自由报考原则，除了倡优、隶、卒等"贱民"及犯法者之外，考生身份几乎没有限制，反映了科举制的开放性特征。

李义府出身庶族，贞观八年（634年）进士及第。太宗通过考试认识了李义府，亲自召见，并让他以乌鸦为题赋诗，李义府诗末句是"上林多许树，不借一枝栖"，太宗说"我把全树借你，岂只一枝"。后来，李义府成为高宗朝的宰相。

科举考试报考办法是：生徒经校内考试合格，名单报尚书省；非在校生在州县考试合格后，由京师和各道供给衣食，到京师参加尚书省考试。

唐初，科考时间定于每年十一月初一赴尚书省，第二年三月二十一日考完。贞观二年（628年），刘林甫改为四时听选。贞观十九年（645年），马周又改回原制。

唐朝科举考试设科繁多，不同时期科目设立也不同，前后总计不下几十种：

"其科之目，有秀才，有明经，有俊士，有进士，有明法，有明字，有明算，有一史，有三史，有《开元礼》，有道举，有童子。而明经之别，有五经，有三经，有二经，有学究一经，有三礼，有三传，有史科。此岁举之常选也。其天子自诏者曰制举，所以待非常之才焉。"（《新唐书·选举志》）

常设科目中，秀才、明经、俊士、进士四科乃因隋之旧，其余则为唐朝新设。

秀才科科等最高，考中也最难，故得人极少。考五道方略策（计谋策略），依文理通顺透彻程度分上上、上中、上下、中上四等录取，按四等授官，即正八品上、下和从八品上、下。《登科记》记载，高祖武德五年录一名，九年录二名；太宗贞观元年录一名，七年录二名，十九年录三名，高祖、太宗、高宗三朝，仅录秀才二十九名。唐朝沿袭汉代贡生"担保"制，由于举人惮于所试方略之策，州长惮于贡士不第而被罚，高宗后期便停考此科，玄宗开元时虽又恢复，但是

"其时以进士渐难，而秀才本科无帖经及杂文之限，反易于进士。主司以其科废久，不欲收奖，应者多落之，三十年来，无及第者。至天宝初，礼部侍郎韦陟始奏请，有堪此举者，令官长特荐，其常年举送者并停。"（《通典·选举三》）

天宝初，秀才不再是常举，而只是"特荐"。也就是说，"秀才"作为贡举科目被最终废罢。此后，"秀才"一词虽广泛使用，但含义却起了质的变化。中晚唐"秀才"是进士的通称，宋代"秀才"泛指应举士人，明清专指府、州、县学的生员。

明经与进士是有唐一代最主要的科考常举科目。

明经科以经义策问为主，范围是儒家经典，科目最多，取士人数最多，得官相对容易。大致分帖文、口试两类，也为四等。帖，类似填空题，在经文或经的注文中选一句，帖住其中三字，应试者填空；口试，经问大义十条，答时务策三道。唐初，明经指通两经；在武后时期，又增加了五经、三经及学究一经。

德宗贞元二年（786年），设《开元礼》科。考玄宗开元年间礼仪制度，通大义一百条，策三道，越级授官；义通七成、策通两个，及第。

贞元九年（793年），设三礼科，考《周礼》《礼记》《仪礼》，

每经问大义三十条、试策三道，全通为上等，大义通二十五以上、策通两篇以上为及第。

三传科，考《春秋左传》大义五十条，《公羊传》《谷梁传》各大义三十条，策君三道，义通七成、策通两个以上即及第。

穆宗长庆二年（822年），设三史科，一史考《史记》，三史考《史记》《汉书》《后汉书》，每史问大义百条、策三道，义通七成、策通两道即及第。

进士科始于隋大业三年（607年），盛于贞观、永徽之际，是唐代科举制中最重要的科目之一，唐朝于此科得人最盛。

唐初，进士科仅考五道时务策（当世要事的对策），太宗加试经史一部，武则天则明确为帖经、杂文、时务策三场考试。永隆二年（681年），考功员外郎刘思立认为"进士惟诵旧策，皆无实才"，所以才加试诗赋杂文二篇。帖经是考察默写经书的能力，通过后试文（时、赋各一篇），再试策三条。帖经、文、策三试通过为及第；经、策全通为甲第；策过四、帖过四以上为乙第；策、帖都通三，或策虽全通而帖不及四，或帖虽通四而策不通四，未及第。

增考诗赋后，如帖经不过，诗赋考得好也可录取，直接导致了唐诗的兴盛。钱起诗"曲终人不见，江上数峰青"就是天宝年间帖试诗《湘灵鼓瑟》里的名句。

进士之策，以时务为多，如果不能针砭时事，难以得到高分。

与明经科考取者为十分之一二相比，进士科录取者不过百分之一二，最为难考，因有"三十老明经，五十少进士"之谓。玄宗时每年参加进士科考试的不低于一千人，及第者最多时不过三十多人，即唐诗所说"桂树只生三十枝"。据徐松《登科记考》记载，唐朝国祚289年，贡举进士266次，进士及第6442人。据统计，唐代约有50万人参加进士科考试，平均每年录取23到24人之间。

进士科虽难考，却最受推重。无论何人，一旦及第，便可一步登天，称"登龙门",考中者称为"白衣公卿"或"一品白衫"。宪宗到懿宗共有宰相133人,进士出身98人,占74%。有唐一代共有宰相368人,进士及第出身者143人,约占三分之一。缙绅虽位极人臣,不由进士者,终不为美。薛元超说,"吾不才,富贵过人,平生有三恨:始不以进士擢第,不娶王姓女,不得修国史。"(《唐语林·企羡》)连宣宗也十分羡慕进士,在宫中自题"乡贡进士李显龙"。

明法、明算、明字、医举,类似今天的法律、算术、文字训诂和书法、医学专科考试。

"明法"是西汉以来察举科目之一,太宗置律学后,始为贡举科目,试律七条、令三条,全通为甲第,通八为乙第。"明字""明算"则是太宗置书学、算学之后新设科目,考生来自学生。明字先帖经,再口试,后试策,笔试《说文》《字林》20条,通18条为合格,考的是文字、训诂和书法,反映了唐代重视书法的风尚,楷书四大家除赵孟頫外,欧阳询、颜真卿、柳公权均属唐代;算学,考核算术,录大义本条为问答,明数造术,详明术理,然后为通。这三科均为选拔明习法令、文字训诂和书法、数学方面的专门人才,应试与及第者人数都不太多。

医举开设于玄宗开元二十年(732年),考十道医经方术策,通七成为合格。

其他如道举,玄宗时曾举行过,考《老子》《庄子》《文子》《列子》等。

童子科,十岁以下能通一经及《孝经》《论语》者,背诵十卷的可授官,通七卷的可授予出身。

武举,武则天专为选拔武官而设,由兵部员外郎主持,分平射和武举科,郭子仪就是由武举高等补左卫长史的。

与乡贡、生徒科考不同的是制举。皇帝的命令称作"制",制举就是皇帝特别召集一些人举行的科考。皇帝自定科目、亲临策试,时间和内容并无常科可循。制举及第的优秀等第，由皇帝直接委任较高官职，一般的可授予出身，由吏部依格令选补。太宗朝制举虽少，但确实选拔了一些人才。高宗显庆时制举及第最为隆重，但入选只三数名，又非每年举行，影响不及常科，不如进士出身荣耀。

尚书省考试及第只是取得做官的资格，即"出身"。要想任官，还得经由吏部注拟，合格者可授官。

唐制，五品以上不用再试，名单直报中书门下，宰臣拟议，皇帝批核，程序简单；六品以下，文官由吏部、武官由兵部拟议。

吏部注拟，常由尚书和二侍郎掌任，称"三铨"，内容为身、言、书、判四项：书，楷法遒美；判，文理优长；身，体貌丰伟，据说有一读书人方于缺唇，连应十多科而不能录取；言，言辞辩正。书判在先，身言在后，书判尤重。判是最正式的笔试，为任官的必试科目，因此唐人无不工楷书，无不习判语。四项合格，以德行为先，德均以才，才均以劳。

三铨之后，得者为留，不得者为放。留者，开始注官，即询问所能而拟定何官，一般注、唱三次，即吏部铨衡拟定选人将任官职，征询选人是否同意，选人如不同意，吏部另拟，如又不同意，再由吏部第三度另拟，如选人又不同意，则等候多集；如同意吏部所拟之官，则列入考第表，报告尚书仆射，转门下省，给事中看读，黄门侍郎省察，侍中审阅。门下省如认为不合便可驳下，如审查通过，便奏呈皇帝下旨任命，任命状即所谓"告身"。

惯例，须三铨三注三唱而后拟官，季春方结束。因选人众多，官缺不多，故有出身二十年而不得官职之人。吏部铨选合格，脱去粗麻布衣服，换上官服，即"释褐"，释褐包括散官和职事官。

唐朝通过科举考试，把选官的权力集于中央，改变了重视门第的观念，密切了读书、考试、做官三者的联系，强调了真才实学的重要，打通了天下人机会平等的入仕大门，士人竞相科举，即使老死文场也无所遗憾。

太宗以开科取士笼络天下士人，故有诗说"太宗皇帝真长策，赚得英雄尽白头！"传言太宗曾经走到端门，

"见新进士缀行而出，喜曰：'天下英雄入吾彀中矣！'"

（《唐摭言·卷一》）

唐朝的科举制度经历代发展，几乎被全世界所接受，许多世纪以后，这一制度为西方国家以考试录用人员的文官考试制度提供了一个遥远的榜样和经验。

4. 斗米三钱古未有

上古中国，奴隶社会实施的是土地国有的井田制。秦国商鞅变法，废除井田制，按照军功爵位分配田地。汉承秦制，到汉武帝，董仲舒提出若干限田建议。王莽篡位，实施王田制。东汉末，土地兼并严重。曹魏开始实施屯田制。司马炎称帝，废止屯田，推行占田课田制，规定了丁男女占田课田数，按户收调。

南北朝时期，北魏于太和九年（485年）施行均田制，改订租调，经北齐、北周、隋、唐各朝，直至唐建中元年（780年）颁行两税法才告结束，历时近三百年，是中国封建社会一个重要的土地田亩制度。

文帝代周，隋朝的均田制，前文已有叙述。高颎制定了输籍定样，使豪强的大批荫附人口成为国家的编户，这是隋代强盛的重要原因。

经历隋末丧乱，唐初州、县萧条，人口稀少。武德二年（619年），高祖初定租、庸、调法，规定"每丁租二石，绢二匹，绵三两"，限额之外"不得横有调敛"。武德七年（624年），唐朝对内军事行动基本结束，四月，修订租庸调法。

"凡赋役之制有四：一曰租，二曰调，三曰役，四曰杂徭。

课户每丁租粟二石；其调随乡土所产绫、绢、绝（粗绸）各二

丈，布加五分之一，……。凡丁，岁役二旬（有闰之年加二日），无事则收其庸，每日三尺；有事而加役者，旬有五日免其调，三旬则租调俱免。"（《旧唐书·食货志》）

租为政府配给土地给百姓耕种，年老归还，授田期间承担田赋，即为均田，唐朝受田户每年纳粟二石。

庸即是役，乃百姓对国家的义务劳役，唐制百姓每年服役二十日，如不服役可用绢代役，一天折绢三尺，二十天共六丈，隋时规定年满五十可"输庸停防"，唐朝没有年龄限制，均可"输庸代役"。

调是一种土地贡输，一般为每年纳绢二丈，另加丝绵三两；或者纳麻布二丈五尺，另加麻三斤。

土地制度是赋役制度的基础，而均田制是特定历史条件下用法律体现出来的土地所有制形式。高祖修订了计口授田的土地分配法，使农民重新与土地结合。

"丁男、中男给（田）一顷，……所授之田，十分之二为世业，八为口分。世业之田，身死则承户者便授之；口分，则收入官，更以给人。"（《旧唐书·志二十八》）

丁男（二十一岁）、中男（年十八岁以上）给田一顷，老男（年六十岁以上）、笃疾、废疾者给田四十亩，寡妻妾给田三十亩，若为户主再增二十亩，这是北魏酌量授田的延续。受田亩数分成两部分，十分之二为世业田，十分之八为口分田。受田者死亡之后，业田由承户者继承，口分田上交官府，再分给他人。对因"王事没落外藩者""身死王事"和"因战伤及笃疾废疾者"，暂时不减少或收回该户的田地。

唐朝还规定非宽闲之乡不得额外更占土地。宽乡指受田悉足的乡，不足的为狭乡。人口受足田后仍有剩田，务必垦殖，法律允许这种情况下受田面积增多。

唐承隋制，官吏普遍受田，分为永业田、公廨田和职分田。

永业田是官吏私田，可以传给子孙，世代享有。唐朝规定，各级官吏从一品到九品，凡有官、勋都授给永业田，具体为：亲王一百顷，职事官正一品六十顷，郡王和职事官从一品五十顷，国公若职事官正二品四十顷，郡公若职事官从二品三十五顷，县公若职事官正三品二十五顷，职事官从三品二十顷，侯若职事官正四品十四顷，伯若职事官从四品十一顷，子若职事官正五品八顷，男若职事官从五品五顷；上柱国三十顷，柱国二十五顷，上护军二十顷，护军十五顷，上轻车都尉一十顷，轻车都尉七顷，上骑都尉六顷，骑都尉四顷，骁骑尉、飞骑尉各八十亩，云骑尉、武骑尉各六十亩。五品已上散官同职事官给田。

公廨田供各级官府作为办公费用，可借给农民耕种，秋冬收租，耕种公廨田和职分田的百姓叫佃民。公廨田具体数目为：大都督府四十顷，中都督府三十五顷，下都督、都护、上州各三十顷，中州二十顷；宫总监、下州各十五顷，上县十顷，中县八顷，中下县六顷，上牧监、上镇各五顷，下县及中牧、下牧、司竹监、中镇、诸军折冲府各四顷，诸冶监、诸仓监、下镇、上关各三顷，互市监、诸屯监、上戍、中关及津各二顷，下关一顷五十亩；中戍、下戍、岳、渎各一顷。

职分田是官吏俸禄的一部分。州府官吏的职分田具体数目为：一品十二顷，二品十顷，三品九顷，四品七顷，五品六顷，六品四顷，七品三顷五十亩，八品二顷五十亩，九品二顷。诸州都督、都护、亲王府官二品十二顷，三品十顷，四品八顷，五品七顷，六品五顷，七品四顷，八品三顷，九品二顷五十亩。

公廨田和职分田不是官吏的私田，离职时要交给继任官吏。旱田以三月三十日、稻田以四月三十日、麦田以九月三十日为时间节点，之前到任的领这一季的田租，之后到任的，田租归前任。此外，官吏还可以获得赐田，这更是私产。

相比前朝，唐朝在均田制度上做出了相应的调整。除了寡妻妾和妇女户主外，其他妇人不再受田，这是因为从北魏到隋文帝都规定，一个丁男受露田八十亩，妇人四十亩，另外每丁又受永业田二十亩，这样算下来，如果是单丁，受田一共一百亩，如果是一对夫妇，受田一百四十亩。一对夫妇受田只比单丁多四十亩，但是所纳之赋税却是单丁的二倍，从而导致许多人不愿结婚，或出现阳翟郡（今河南禹州）数万户百姓户籍之上无妻现象。唐初均田令中规定妇女不受田、不纳税，正是针对这个问题给出的解决方案。

唐朝取消了奴婢和牛的受田，这是因为唐朝官吏除了职分田和公廨田外，还可依照官品高下占有永业田及临时获得赐田，再通过奴婢和牛受田已无必要。

唐朝增加了僧、尼、道士、女冠（女道士）为受田对象，道士和僧人给田三十亩，女冠和尼姑给田二十亩，这主要是由于佛教的发展，寺观占田已经成为普遍现象，因而在法令中不得不承认这些既定事实，将其纳入均田体制。

唐朝规定"诸田不得贴赁及质"，只有"远役外任，无人守业"的情况下才可贴赁和抵押。对一些特定情况，如因家贫而卖永业田供葬，卖口分田充宅及碾硙（用水力推动的石磨）、邸店和从狭乡迁徙到宽乡，也可买卖。官吏的永业田和赐田听任买卖和贴赁，而北魏只有永业田在富余和不足的情况下，才可买卖。

唐朝禁止私自耕种公田和私下认领公私之田，禁止居官挟势侵扰百姓私田，侵夺园圃的罪加一等，禁止私自耕种别人墓田和把人葬在别人的田地。北魏规定土广民稀的地方"官借民种莳"，唐朝也可官田借民佃种，令人佃食。

租调制是地租再分配，根本目的就是将农民束缚在土地上以征取租调力役。

对于受田土地不足的地区，唐朝调整了赋税对象，扬州租调以钱，岭南以米，安南以丝，益州以罗绸绫绢，江南以布代租，有品爵的及孝子、顺孙、义夫、节妇，则免除课役。凡遇水、旱、虫、霜灾害，则按损失比例减免，损失十分之四的免租，损失十分之六以上的免租、调，损失十分之七以上的课役俱免。

朝廷有时候也下诏减免租赋，但唐初十分有限，因为当时国家府库犹虚。武德九年（626年）八月，高祖免关内及蒲、芮、虞、泰、陕、鼎六州二年租调。贞观元年六月，山东各州大旱，太宗下诏免交当年租赋。

由于唐初承隋末战乱余绪，"田亩荒废，饥馑荐臻"，有时赶上自然灾害，农业生产遭到破坏，百姓生活受到严重影响。

贞观元年（627年）八月，关东及河南、陇右沿边各州庄稼遭霜害，关中饥荒，出现了买卖男女现象；贞观二年（628年），发生蝗灾，河南、河北遭霜害；贞观三年（629年），关内各州大旱；贞观四年（630年），高昌王麹文泰路过秦陇一带，说"城邑萧条，非复有隋之比"；贞观七年（633年）八月，山东、河南三十州大水，粮食涨价，一些地区一匹绢才买一斗米。

"荐属霜旱，自关辅绵及三河之地，米价腾贵，斗易一缣。"（《全唐文》）

"国以人为本，人以衣食为本"，如何解决百姓的衣食问题呢？

朝廷出台一系列措施，极力鼓励农民迁往空地、荒地较多的地区。

贞观二年，太宗下诏，"安置客口，官人支配得所；并令考司录为功最"，希望地方官善相劝勉。"客口"，就是迁居客地附籍的客户，其中有灾民、流民，也有部分自耕农，他们迁居的地方主要是宽乡。政策规定，"居狭乡者听其从宽"，就是原住轻役之地的可迁到重役之地，但是原住京城各县的不准迁往他县，原住关内各州的不准迁往关外，原住有军府州的不准迁往没有军府的州。如果"人居狭乡，乐迁就宽乡"的，可以免除赋役负担，"去本居千里外，复三年。五百里外，复二年。三百里外，复一年之类。"对

第八章 / 政清治明，盛世贞观 /

不执行赋役令的官员，"徒二年"。

贞观十一年（637年），新颁布的《唐律》规定，宽乡占田逾限不作违反律令论处，移民垦荒可减免租税，

"若占于宽闲之处不坐。谓计口受足以外，仍有剩田，务从垦辟，庶尽地利，故所占虽多，律不与罪。"（《唐律疏议》·卷十三）

贞观十八年（644年），太宗巡视灵口，下诏雍州受田较少者可以移往宽乡。

朝廷还严惩荒芜土地的行为，荒指不耕种，芜指不锄草。

朝廷明确规定"授人田、课农桑"的工作由里正负责，武德年间定制四家为一邻，五邻为一保，五保为一里，里设里正。每年十月一日，里正要整理勘验土地图簿，向县令汇报受田退田之数，并接受上司对七项重点工作的监督检查。

"假有里正，应课而不课是一事；应受而不授是二事；应还而不收是三事；授田先不课役后课役是四事；先少后无是五事；先富后贫是六事；田畴荒芜是七事，皆累为坐。"（《唐律疏议·户婚》）

对发生土地荒芜现象的，朝廷首先问责州、县长官，以面积多少论处：

荒芜面积达到十分之一的笞三十，每增加十分之一处罚加一等，假若管田百顷，荒芜十顷则笞三十，每十顷加一等，荒芜九十顷，最高一年徒刑。对户主荒芜土地的，以荒芜面积五分之一为标准，"一分笞三十，一分加一等"，假设所受之田五十亩，"一分笞三十"就是荒芜十亩土地，户主笞三十，"一分加一等"，即荒芜土地二十亩笞四十，三十亩笞五十，四十亩杖六十，五十亩杖七十。受田多的，以此为准。

另外，农田如发生涝、霜、雹、虫、蝗自然灾害，里正应向县

如实汇报，县汇报给州，州汇报给省，应报而不报或汇报不实的，杖七十。主管部门核验灾情不实的，同罪。"应损而征，不应损而免"，妄以灾情增减，据情况定罪，最高三年徒刑。

为劝课农桑，太宗还恢复了废弃达数百年之久的籍田仪式，体现了提倡举国上下尽力农耕的象征意义。

太宗常派使臣到各地巡视，要求他们到田间劝励农耕，严禁州县有司送迎。

贞观元年，营造宫殿的材料都准备好了，但一想到隋朝"民不堪命、率土分崩"的历史教训，太宗便停止营建。第二年，群臣再三提议造一座高燥的台阁，以改善宫中低洼潮湿的环境，太宗没有同意。《唐律》专门制定了"非法兴造"的条文，指出"诸非法兴造及杂徭役，十庸以上坐赃论"。

太宗力求避免政事活动干扰农时。贞观五年（630年），他不顾阴阳家的预测，将太子冠礼日期由二月改为秋后农闲十月。

太宗为不忘武备，经常进行狩猎，但是贞观年间组织的七次田猎都在十、十一、十二月农闲时进行。

贞观十六年（642年），太宗下诏要求"今省徭赋，不夺其时"，意味着农民用于土地上的劳动时间相对增多。

太宗还沿袭隋制，设置义仓，以救灾备荒。

太宗推行的一系列劝农政策，在贞观四年就取得了十分明显的效果，

"流散者咸归乡里，米斗不过三四钱，终岁断死刑才二十人。东至于海，南极五岭，皆外户不闭，行旅不赍粮，取给于道路焉。"（《资治通鉴·唐纪》）

贞观八年、九年，十三年到十六年，都是丰收年头，粮价从斗米一匹绢跌至斗米四、五钱，再跌至斗米两、三钱，古昔未有，正是"贞观之治"的具体反映。

武德四年，高祖下诏"废五铢钱，行开元通宝钱"，沿用近八九百年的五铢钱时代宣告结束。"开元"即开国，"通宝"即流通的宝货。

唐朝改变了秦半两钱、汉五铢钱以重量为币名的传统，自此历朝均称所造钱币为"通宝""元宝"并冠以年号，是中国钱币名称上的一大变化，也是货币作为等价符号的一个历史性飞跃。至此，钱币之更具价值尺度，在我国货币发展史上具有划时代的意义。

"开元通宝"积十钱重一两，采用十进制计算，计量单位得到统一，计算手续简化，为商业交换带来了极大的便利，货币的作用达到更高级的阶段。

高祖准许秦王和齐王各三处官炉、裴寂一处官炉铸钱，盗铸者处死。因商业发达，钱币需要量增加，钱币十分缺乏，政府便下令强制人民兼用钱币和实物。绢帛在唐代仍然当作货币使用，黄金则仍作为贮藏手段，也用作价值尺度，但很少用作日常流通手段。这是一个重要的转折，唐朝的社会经济从此走上一条飞跃发展之路。

5. 依法治国宽简仁

大业十三年（617年）七月，高祖起兵太原，为争取民众支持，所颁政令十分仁厚。十一月进入关中，便废止隋朝法律，与民约法十二条，规定除杀人、劫盗、背军、叛逆等行为处死外，其余均非死罪，成为新王朝的一种宽厚姿态。

武德元年（618年），高祖根据隋《大业律》，以务存宽简、以便于时为原则，制定五十三条格。

武德七年（624年）新律颁布，基本沿袭《开皇律》，称《武德律》。

贞观元年（627年）正月，太宗接受裴弘献修改武德年间高祖律令的建议，命长孙无忌、房玄龄与学士、法官厘正《武德律》，历时十年乃成，贞观十一年（637年）正月正式颁布，史称《贞观律》。《贞观律》共十二篇、五百条，在体例上基本沿袭开皇和武德两律，只是在内容上做了一些改动，"减大辟（死罪）者九十二条，减流入徒者七十一条"，量刑上减轻了许多对轻罪的刑罚。

太宗还编定《贞观令》三十卷、《贞观式》二十卷、《贞观格》十八卷，系从武德以来发布的三千余件诏敕中定留七百条。

以上律、令、格、式，形成了我国封建社会最完整、最成熟、对后世乃至周边邻国影响深远的贞观法治格局。

太宗提出德主刑辅的立法思想。"仁本，刑末"源于孔孟的"仁"和"仁政"学说，太宗认为"以仁义治国，国祚延长，用法律管理百姓，虽然能救弊于一时，败亡也快，他曾对侍臣说，"我听说秦朝刚得天下时，治理国家与周朝一样。然而周朝推行仁政，积功累德，所以保有八百年基业。秦朝恣意奢淫，喜欢施行刑罚，二世而亡。"在"止盗"的问题上，有人要求重法禁止，太宗却说"百姓之所以成为盗贼，是因为赋繁役重，官吏贪求，饥寒切身，无暇顾及廉耻。我应当去奢省费，轻徭薄赋，任用廉吏，让百姓衣食有余，则自然不去为盗，所以不用严刑重法。"太宗以仁义诚信治国，于刑法十分慎重，从中国政治文化角度来审视贞观法治"德主刑辅"思想，可以发现，这一点已成为嗣后中华法系基本特质。

太宗修订唐律，坚持以礼为纲，要求明经和善律并重，明确了礼法结合的立法宗旨。《贞观律》大多数篇章都按礼定律，以礼释律，《大戴礼记·本命》有七出三不去的出妻论述，《贞观律》便有七出三不去的规定；《礼记·曲礼》有悼耄不刑的提法，《贞观律》便规定老、小犯法可减刑。《贞观律》还规定了以八议、请、减、赎为主，辅之以官当等特权优待制度，体现了礼教"刑不上大夫"的原则。"失礼之禁，著在刑书"，正如《明史·刑法志》所说，"唐撰律令，一准乎礼以为出入。"

第八章 / 政清治明，盛世贞观 /

《旧唐书·刑法志》提出了酷法亡隋之论,"炀帝忌刻,法令尤峻,人不堪命,遂至于亡。"隋法苛烦,唐法宽简,太宗把立法的宽严同王朝的兴亡联系起来,贞观元年太宗说,"死者不可再生,用法务在宽简。"用法宽简,成为修订唐律的立法原则之一。"宽"即"宽仁",是针对隋法"酷刑"而提出的立法原则;"简"即"简约",是针对隋朝的"烦法"而提出的立法原则。

《贞观律》在刑罚体系上沿袭了隋朝的五刑体例,从理论上来说,五刑体例深受阴阳五行学说影响,笞、杖、徒刑各分五等,三流二死加起来也是五等,五为天地中数,体现刑罚适中的观念。笞、杖、徒、流的等级均为奇数,奇数为阳,以示生刑之意;死刑(二死)为偶数,偶数为阴,唐律疏议说,"二者,法阴数也,阴主杀罚,因而则之,即古大辟之刑也。"但唐朝也做了改进,就主刑而言,其突出优点是一罪一刑,按轻重处以笞、杖、徒、流、死五刑,更趋合理。

笞刑是最轻的刑罚。唐律疏议说,"笞者,击也,又训为耻。言人有小愆,法须惩诫,故加捶挞以耻之。"通过笞责,使犯人改过自新,以合古人"扑作教刑"之义。笞刑分五等,为笞十、二十、三十、四十、五十。

杖刑比笞刑稍重,分五等,为杖六十、七十、八十、九十、一百。

徒刑,"徒者,奴也,盖奴辱之",即在一定时期内剥夺犯人人身自由,强服劳役的刑罚,分为徒一年至图三年五等,每等递增半年,以三年为上限,从理论上看,无疑是受到了《周礼》中的"上罪三年而舍"的影响。

流刑,"谓不忍刑杀,宥之于远也",即将犯人遣送到一定距离以外的地区,并强迫其服一定期限(一般为一年)的劳役。流刑分三等:二千里、二千五百里、三千里,通称"三流",唐朝分别称近流、中流、长流，三流俱服劳役一年。唐律三流之制从理论上来说，源于《尚书》中"五流有宅，五宅三居"的说法，因此除"三流"外，还有"五流"：即加役流，将一部分死刑改为斩右趾，其后又废除斩右趾之刑改为加役流三千里，居作三年；反逆缘坐流，即因家人犯谋反、谋大逆等罪而缘坐被处流刑；子孙犯过失（杀）流，即子孙因过失杀祖父母、父母而被处以流刑；不孝流，即子孙因犯不孝罪而被处流刑；会赦犹流，即虽遇大赦，仍减处流刑，如造畜蛊毒、谋反大逆等。这"五流"大都属减死之刑，故适用上不同于"三流"。

死刑，"绞、斩之坐，刑之极也"，又称极刑，是最重的刑罚。唐律分死刑为绞、斩二等，称为"二死"。由于绞刑可以保全尸体的完整，斩刑则要身首分离，所以在一定程度上，绞刑轻于斩刑。唐律规定死囚不得应绞而斩或应斩而绞。

唐律规定，除十恶大罪外，自笞刑至死刑允许以铜赎罪，赎金数额根据刑罚的轻重依次递增。笞刑五等，赎铜一至五斤；杖刑五等，赎铜六至十斤；徒刑五等，赎铜二十至六十斤；流刑三等，赎铜八十至一百斤；死刑（绞、斩）赎铜一百二十斤。死罪只有在过失犯罪情况下才允许赎，而有些流罪和徒罪也不允许赎。

唐律所确立的五刑制度被后世所继承，虽然在执行方式上略有变化，但从刑罚制度而言，直至清末法律改革，历朝历代始终沿袭了五刑体例。

太宗提倡恤刑慎杀。

贞观二年（628年），房玄龄提出"兄弟连坐俱死而祖孙配没"的规定不合理，因为祖孙亲重而兄弟属轻，据理论情，应改为"兄弟配流为允"，得到太宗同意。

贞观四年（630年），太宗读《明堂灸书》，看到"人五藏之系，咸附于背"之条，认为笞背刑罚过于残忍，下诏禁止笞背之刑。

《贞观律》规定了三个年龄阶段的刑事责任减免，"年七十以上、十五以下及废疾，犯流罪以下，听赎""九十以上、七岁以下，虽有死罪，不加刑"。太宗认为，前代严刑逼供而致冤狱泛滥，规定刑讯仅在"反复参验，犹未能决"的范围内才能作为辅助手段，但是拷讯不得超过三次、笞打不得超过二百下。

贞观五年（630年），太宗吸取怒斩罪不至死的"河内妖人"教训，下诏天下各州死刑三覆奏，在京死刑五覆奏，"决前一日三覆奏，决日三覆奏"，有一年全国判死刑者只有二十九人。

贞观十六年（642年），太宗告诫司法人员务在宽平，不要因为名利，擅自杀人以"危人自达"。

"夫作甲者欲其坚，恐人之伤；作箭者欲其锐，恐人不伤。何则？各有司存，利在称职故也。朕常问法官刑罚轻重，每称法网宽于往代，仍恐主狱之司，利在杀人，危人自达，以钓声价。今之所忧，正在此耳。深宜禁止，务在宽平。"（《贞观政要·论刑法》）

太宗主张依法为治，认为"法者，非朕一人之法，乃天下之法"。言外之意，即使是皇帝本人，也不得随意干预司法部门依法办案。

贞观元年，太宗因选人多有"诈冒资荫"，敕令自首，不首者死。不久，柳雄隐瞒伪造资历被发现，太宗定其流放，大理寺少卿（大理寺卿副职）戴胄认为"法"优于"言（敕）"，坚持判死。太宗质问戴胄："你想守法而使我失信么？"戴胄回答："敕令，出于一时喜怒；法律，是国家布于天下的大信。"太宗十分赞赏"法"是国家"大信"的观点，不仅收回敕令，还发出"法有所失，公能正之，朕何忧也"的赞叹。此后，太宗多次采纳戴胄犯颜直谏之议，天下无复冤狱。

贞观三年（629年），濮州刺史庞相寿因贪赃而被"追还解任"，因是秦王故旧，请求宽恕，太宗派人转告他说"今取他物，只应为贫"，太宗不说其"贪"，而称为"贫"，送绢百匹，令他复职，以此使之愧疚，不再贪污。魏徵认为有亏法度，是徇私情而枉法，太宗欣然采纳，召见庞相寿说，天子不能偏于一府恩泽而使为善者不去遵守法律，庞相寿见皇帝如此诚恳地对他解释，默然流涕离开。

贞观九年（635年）发生了盐泽道行军总管、岷州都督高甑生诬告李靖谋逆事件，高甑生随李靖讨伐吐谷浑，因失期未至指定地点而受到李靖责备，便怀恨在心，战争结束后，他与广州都督府长史唐奉义联名诬告李靖，太宗根本不信，经司法程序调查，最终查无实据，太宗依法判二人减死徙边。有人为高甑生求情，说高甑生是秦府旧日功臣，请求宽恕他的过失，太宗回答说：

"虽藩邸旧劳，诚不可忘，然理国守法，事须画一，今若赦之，使开侥幸之路。且国家建义太原，元从及征战有功者甚众，若甑生获免，谁不觊觎？有功之人，皆须犯法。我所以必不赦者，正为此也。"（《贞观政要·论刑法》）

在君主专制时代，皇帝是法外之人。太宗不以主观意志为转移，援法定罪，蕴涵着现代"罪刑法定"思想的进步因素。

太宗要求法令不可数变。

贞观十年（636年），太宗说"法令数变则烦，官长不能尽记，又前后差违，吏得以为奸。自今变法，皆宜详慎而行之"。同时规定，"律、令、式不便于事者"，由尚书省召集七品以上京官集体讨论议定，上奏皇帝裁定，不经讨论而上奏，徒二年。法者，国家所以布大信于天下者，如果法律相对稳定，人们可以对行为做出一种预期的法律评价，进而获得心理上的安全感；如果自由裁量权滥用，会使百姓产生无所适从、朝不保夕的不安全感。

《新唐书·刑法志》记载，"自房玄龄等更定律、令、格、式，讫太宗世，用之无所变改。"可见"法令不可数变"的立法原则，有唐一代得以坚持施行。

太宗要求律、令、格、式要规范划一，以使量刑准确。

律、令、格、式是唐律四种基本形式。《新唐书·刑法志》说，律，"人之为恶，入于罪戾，一断以律"；令，"禁于未然曰令"，尊卑贵贱之等数、国家之制度；格，"设于此而逆于彼曰格"，百官有司之所常行；式，"设于此而使彼效之，谓之式"，诸司常守之法。《唐六典》概括为"律以正刑定罪，令以设范立制，格以禁违止邪，式以轨物程式"。大致看来，律是刑事法规，相当于刑法典；令是国家体制和基本制度；格是国家各部门机关处理公务时所应遵守的行政法规；式是国家机关的公文程式。令、格、式带有行政法规的性质，凡违反者，按唐律有关条款处罚。律、令、格、式相互配合补充，构成了完备的法律体系。

贞观十一年（637年），太宗要求明确律、令、格、式条文，不可一罪列数种条文，以致滋生奸诈。太宗说，"刘邦每天繁忙，萧何原本小吏，汉法制定之后，犹称'划一'。如今更应仔细思考，诏令必须审定，不可轻出，以为永久示范。"太宗希望大臣们像萧何那样，使修订后的唐律条文严谨准确，不要互相解释，杜绝"欲出罪即引轻条，欲入罪则引重条"现象。为此，《唐律·断狱》规定，"诸断罪皆须具引律、令、格、式正文，违者笞三十。若数事共条，止引所犯罪者听。"

太宗痛恨官吏贪浊，枉法受财必无赦免，重贪均处死刑。

"在京流外有犯赃者，皆遣执奏，随其所犯，置以重法。由是官吏多自清谨。制驭王公、妃主之家，大姓豪猾之伍，皆畏威屏迹，无敢侵欺细人。"

贞观六年，太宗亲自审讯在押犯人，看到死囚，悯其将死，便放归其家，约定明年秋后问斩，同时敕令遣散天下监狱中所有死囚，约定秋后前来长安。到贞观七年九月，所放天下死囚共三百九十人，在无人督率的情况下全部如期到长安朝堂请见，无一人逃跑不归，最终太宗把他们全部赦免。

一系列措施的有效施行，致使唐朝社会治安进一步良好，商旅野次，无复盗贼，囹圄常空，马牛布野，外户不闭，法制建设初见成效。

可以说，武德和贞观时代逐步形成的唐律皆无法摆脱隋朝开皇、大业两朝旧律影响，但是在儒家思想指导下，太宗以"宽仁慎行、礼法合一"为基本原则，以"诸法合体、以刑为主"为主要内容，以律、令、格、式相互配合补充，制定出规范详备、科条简要、中典治国、用刑持平特点的封建法典，成为中国封建时代法典的典范，尤其对死刑的宽免及执行的慎重，成为后世的美谈。

贞观律令制度不仅对唐朝政治经济发展起了巨大的促进作用，还影响了此后中国封建法制发展过程。

五代各国立法取法于唐，宋朝法制"因唐律、令、格、式而随时损益"，元代"参照唐宋之制"修订《至元新格》，明初制律主张"宜尊唐旧"，大清律"所载律条与唐律大同者四百一十有奇，合者亦什居三四"。

作为当时的世界强国，唐律也对亚洲各国法典的形成与发展影响很大，朝鲜《高丽律》和日本《大宝律令》都以唐律为蓝本，越南李太尊时期的《刑书》也参用唐律。

"一准乎礼，而得古今之平。"唐朝律令政治的目标，在于礼的法制化，由繁而简，由重而轻，由霸而王，由刑而礼。

唐朝依法立国的精神，成为后世的光辉榜样。

主要参考书目

[1][唐]魏徵等．隋书[M]．北京：中华书局，1987．

[2][唐]吴兢．贞观政要[M]．上海：上海古籍出版社，1978．

[3][唐]杜佑．通典[M]．北京：中华书局，2015．

[4][唐]刘餗．隋唐嘉话[M]．西安：三秦出版社，2004．

[5][唐]长孙无忌等撰．唐律疏议[M]．北京：法律出版社，1999．

[6][后晋]刘昫等．旧唐书[M]．北京：中华书局，1975．

[7][宋]欧阳修，宋祁等．新唐书[M]．北京：中华书局，1975．

[8][宋]司马光．资治通鉴[M]．北京：中华书局，1956．

[9][宋]王钦若等．册府元龟[M]．北京：中华书局，1960．

[10][清]陆心源．唐文拾遗续拾遗[M]．台湾：文海出版社，1962．

[11][清]王夫之．读通鉴论[M]．北京：中华书局，1979．

[12]韩国馨．隋炀帝[M]．武汉：湖北人民出版社，1957．

[13]黄惠贤．魏晋南北朝隋唐史研究与资料[M]．武汉：湖北人民出版社，2010．

[14]王仲荦．隋唐五代史[M]．上海：上海人民出版社，2003．

[15]史念海．中国通史·第六卷·隋唐时期[M]．上海：上海人民出版社，2004．

[16]张世文．唐太宗传[M]．北京：中国文史出版社，2004．

[17] 三军大学. 中国历代战争史·第七卷 [M]. 台湾：军事译文出版社，1972.

[18] 刘东社. 贞观朝谏事考订廿九条 [J]. 陕西教育学院学报，1996，（1）：52-62.

[19] 王寿南. 唐代政治史论集 [M]. 台湾：台湾商务印书馆，1977.

[20] 陈寅恪. 隋唐制度渊源略论稿唐代政治史论稿 [M]. 北京：三联书店，2011.

[21] 郭齐家. 中国古代考试制度 [M]. 北京：商务印书馆，1997.

[22] 张希清. 中国科举考试制度 [M]. 北京：新华出版社，1993.

[23] 李世愉，孟彦弘. 中国古代官制概论 [M]. 北京：中国社会科学出版社，2009.

[24] 阎步克. 中国古代官阶制度引论 [M]. 北京：北京大学出版出版社，2010.

[25] 贺旭志，贺世庆. 中国历代职官词典 [M]. 北京：中国社会出版社，2003.

[26] 葛金芳. 土地赋役制 [M]. 上海：上海人民出版社，1998.

[27] 高明士. 律令法与天下法 [M]. 上海：上海古籍出版社，2013.

[28] 史念海. 中国古都和文化 [M]. 北京：中华书局，1996.

[29] 杨波. 长安的春天唐代科举与进士生活 [M]. 北京：中华书局，2007.

[30] 马大正. 中国边疆经略史 [M]. 郑州：中州古籍出版社，2000.

[31] 余太山. 西域通史 [M]. 郑州：中州古籍出版社，2003.

[32][日] 谷川道雄. 隋唐帝国形成史论 [M]. 上海：上海古籍出版社，2004.

[33][美]谢弗著；吴玉贵译.唐代的外来文明[M].北京：中国社会科学出版社，1995.

[34][英]崔瑞德，[美]费正清.剑桥中国隋唐史[M].北京：中国社会科学出版社，1990.